Sibylle Tönnies

Die Menschenrechtsidee

Sibylle Tönnies

Die Menschen-
rechtsidee

Ein abendländisches
Exportgut

VS VERLAG

Bibliografische Information der Deutschen Nationalbibliothek
Die Deutsche Nationalbibliothek verzeichnet diese Publikation in der
Deutschen Nationalbibliografie; detaillierte bibliografische Daten sind im Internet über
<http://dnb.d-nb.de> abrufbar.

1. Auflage 2011

Alle Rechte vorbehalten
© VS Verlag für Sozialwissenschaften | Springer Fachmedien Wiesbaden GmbH 2011

Lektorat: Frank Engelhardt | Cori Mackrodt

VS Verlag für Sozialwissenschaften ist Teil der Fachverlagsgruppe
Springer Science+Business Media.
www.vs-verlag.de

Umschlaggestaltung: KünkelLopka Medienentwicklung, Heidelberg
Umschlagbild: Athena-Temple in Paestum, Italien; Heinz-Josef Lücking
Druck und buchbinderische Verarbeitung: Ten Brink, Meppel
Gedruckt auf säurefreiem und chlorfrei gebleichtem Papier
Printed in the Netherlands

ISBN 978-3-531-16434-2

Inhalt

Einführung

Sagt doch „Naturrecht"! möchte ich deshalb denen zurufen, die sich heute mit den Menschenrechten befassen. Zwar ist der neue Begriff „Universalismus" viel treffender (und wird auch hier verwendet werden), aber nur mithilfe des Worts „Naturrecht" wird der Anschluss an „das alte Wahre" hergestellt, der Anschluss an die Diskussionen der letzten zweieinhalb Jahrtausende. Unter diesem Begriff hat sich das Menschenrechtskonzept sowohl im Alten Europa als auch in der Neuen Welt („Natural Law") eingeführt, unter diesem Begriff wurde es bis in die siebziger Jahre des vorigen Jahrhunderts hinein angegriffen und verteidigt.

Nur eine mögliche Irritation kann dabei eintreten: Das katholische „Naturrecht" – die Lehre Thomas von Aquins – nimmt den Begriff ebenfalls in Anspruch, weicht aber inhaltlich in wesentlichen Punkten von dem Konzept ab (3. Kapitel). Um dieser Irritation aus dem Weg zu gehen, hat man das Menschenrechtskonzept manchmal als „klassisches" oder auch „rationales" Naturrecht" bezeichnet.

Eine Idee triumphiert

Menschenrechte, Menschenrechte – von allen Dächern schallt es: „Menschenrechte!" Um ihretwillen werden immer neue Institute und immer neue Lehrstühle geschaffen, Konferenzen veranstaltet und Festreden gehalten. Um ihretwillen werden – last not least – Angriffskriege geführt, obwohl das im Völkerrecht verboten ist. Aber: Gibt es sie denn überhaupt – die Menschenrechte? wird unsere Frage sein. Kaum jemand wagt mehr sie offen zu stellen. Dabei steht sie doch durchaus im Raum. Wie kommen wir eigentlich dazu, an die Existenz dieser Rechte zu glauben? Glauben wir deshalb an sie, weil sie im Jahre 1948 von den Vereinten Nationen feierlich verkündet wurden? Das kann es nicht sein. Wir nehmen an, dass die Menschenrechte „da" sind, schon vor 1948 „da" waren und – ewig und ungeschrieben – überall in der Luft schweben, gleichgültig, ob sie offiziell anerkannt werden oder nicht.

Ihre luftige, aber felsenfeste Geltung brachte Schiller im Wilhelm Tell zum Ausdruck:

„Nein, eine Grenze hat Tyrannenmacht:
Wenn der Gedrückte nirgends Recht kann finden,
Wenn unerträglich wird die Last,
Greift er hinauf getrosten Mutes in den Himmel
Und holt herunter seine ew'gen Rechte,
Die droben hangen unveräußerlich
Und unzerbrechlich, wie die Sterne selbst."

Die Tatsache, dass ein derart luftiges Denkgebäude universale Anerkennung findet, ist ein Wunder: Es gibt kein Land der Erde mehr, das sie leugnen wollte. Die Chinesen haben – als es um die Olympischen Spiele ging – nicht gesagt: Für uns gibt es keine Menschenrechte, wir lehnen sie ab als westliches Importgut und werden die Todesstrafe nach unserem Gutdünken weiter praktizieren, sondern: „Es ist nicht der richtige Zeitpunkt für China, die Todesstrafe abzuschaffen; das chinesische Volk würde die Abschaffung nicht akzeptieren". „Noch nicht" hieß das implizit – und war ein Kotau vor dem Recht auf Leben.

Zusammen mit der olympischen Fackel ist das Bekenntnis zu den universalen Menschenrechten im Jahre 2008 um die Erde gegangen. Wo immer die Fackel bei ihrem Lauf um die Erde auftauchte, wurden die ewigen Rechte angemahnt. Dieser Siegeszug einer Idee ist weltgeschichtlich einmalig; die Aufklärung, die sie auf den Höhepunkt ihrer Anerkennung gebracht hat, hätte die hohe Symbolik des Geschehens begeistert gewürdigt. Wäre der heutige Zeitgeist – so wie der Zeitgeist der Aufklärung – auf Zuversicht angelegt, würde man jetzt Schillers Lied „An die Freude" singen. Wenn es dort hieß:

„Brüder, flieget von den Sitzen, wenn der volle Römer kreist, lasst den Schaum zum Himmel spritzen: Dieses Glas dem guten Geist!"

– so war das ein Toast auf die Menschenrechte (4. Kapitel).

„Freude, schöner Götterfunken" – das war die Freude darüber, dass sich der gute Geist durchgesetzt hat. So hieß es weiter: „Deine Zauber binden wieder, was die Mode streng geteilt". Als „Mode" wurde die Hierarchie bezeichnet, die die Menschen voneinander trennt; sie wurde als vergängliche Mode angesehen im Unterschied zu Freiheit und Gleichheit, die dem ewigen, ungeschriebenen Naturrecht angehören.

Diese Rechte waren zu Schillers Zeit keineswegs praktisch durchgesetzt; allein die Tatsache, dass sich ihre Idee verbreitete, löste seine Freude aus: „Alle Menschen werden Brüder, wo dein sanfter Flügel weilt!" – Das war am Vorabend der Französischen Revolution. Mit überraschender Geschwindigkeit ist diese Idee Gemeingut der Welt geworden: dass Verhältnisse, in denen Menschen nicht als Gleiche und Freie nebeneinander stehen, lediglich „Moden" sind, die abgeschafft werden müssen.

Es war verkehrt, das Lied an die Freude zur Europa-Hymne zu erklären. „Seid umschlungen, Millionen, dieser Kuss der ganzen Welt" – diese Aufforderung findet ihre Grenzen offenbar nicht in Gibraltar und nicht am Ural; deshalb hat die „Festung Europa" nicht das Recht, das Lied für sich zu reservieren. Wir werden sehen, dass jede Art von Eingrenzung, jede Ausgrenzung anderer, jeder Ausdruck von „Wir und die Anderen" dem Universalismus zuwider ist. Die Universalität gibt dem im übrigen verschwommenen, in sich widersprüchlichen Konzept ein festes Profil.

„Gemeinsames Ideal"

Damit ist die Frage aber noch nicht beantwortet, ob es die Menschenrechte überhaupt gibt. Sind die Menschen wirklich von Geburt aus mit dem Anspruch auf Freiheit und Gleichbehandlung ausgestattet?

Die Vorstellung, dass diese Rechte „droben hangen unveräußerlich", hat im modernen Denken keinen Rückhalt. Sie ist idealistisch und der Idealismus ist eine philosophische Richtung, die heute generell als unwissenschaftlich gilt. Die moderne Philosophie erwartet, dass Aussagen entweder rein logische Deduktionen oder aber auf empirische Fakten gegründet sind.

Nun kann man die Tatsache, dass die Menschenrechte 1948 deklariert, nach und nach ratifiziert und überall in der Welt anerkannt wurden, als empirische Grundlage ansehen, und manche Philosophen sind mit dieser Grundierung der Menschenrechte auch zufrieden. Ihr eigentlicher Charakter wird damit aber verkannt. Als Schiller sein Lied schrieb, gab es diese empirischen Tatsachen noch nicht – und doch wird niemand seiner Huldigung die Berechtigung absprechen. Gerade wenn sie nicht kodifiziert sind, gerade wenn sie nicht anerkannt, sondern mit Füßen getreten werden (wie jetzt in Tibet), erheben sich die Menschenrechte zu ihrer vollen Majestät.

Die Behauptung, es gebe ewige, unverletzliche Menschenrechte, teilt das Schicksal aller Aussagen, die dem Guten den Vorzug vor dem Bösen geben: Sie sind Wertungen, die philosophisch nicht zu fundieren sind. Als „Skandal der Philosophie" werden wir mit einem alten Wort die Tatsache bezeichnen, dass sie nicht imstande ist, die Überlegenheit des Guten stichhaltig zu begründen: Das Gute ist keine Eigenschaft der Dinge, sondern liegt im Auge des Betrachters. Leben ist besser als Tod, Heilen ist besser als Töten, Aufbauen ist besser als Zerstören, Lieben ist besser als Hassen, Frieden ist besser als Krieg – diese Aussagen lassen sich bestreiten; sie lassen sich nicht so fundieren, dass auch Adolf Hitler ihnen zustimmen müsste (wie sich der Soziologe Alexander Rüstow, von dem wir hier noch öfter hören werden, gern ausdrückte). Deshalb muss man sagen: Es gibt „in Wirklichkeit" keine ewigen, ungeschriebenen und unantastbaren Menschenrechte. Ihre Existenz ist eine Wunschvorstellung; sie sind Ideale.

Damit scheinen sie aus der ernsthaften Betrachtung auszuscheiden. Das Streben nach Idealen ist tabuisiert. Wenn man allerdings die Formulierung betrachtet, mit der die Menschenrechte 1948 in New York deklariert wurden, sieht man, dass damals gegenüber dem Idealen gar keine Scheu bestand. Man machte sich über die praktische Wirksamkeit keine großen Illusionen, sah aber schon in der globalen Einigung auf ein Ideal einen Fortschritt. In der Präambel ist zwar die Rede von der „Verpflichtung, die Menschenrechte und Grundfreiheiten zu verwirklichen"; deren Deklaration selber aber besteht in dem Satz:

> „Da eine gemeinsame Auffassung über diese Rechte und Freiheiten von größter Wichtigkeit für die volle Erfüllung dieser Verpflichtung ist, verkündet die Generalversammlung die vorliegende Allgemeine Erklärung der Menschenrechte als das von allen Völkern und Nationen zu erreichende gemeinsame Ideal."

Eine gemeinsame Auffassung wurde zum Ausdruck gebracht – mehr nicht. Mehr nicht? Es ist ungeheuer viel. Die ganze bisherige Geschichte hindurch hatten die Nationen den größten Wert darauf gelegt, dass sich ihre Ideale unterscheiden. Darin bestand ihre Identität, darin bestand ihr Stolz; dazu waren sie bereit Blut zu vergießen und ihre Söhne zu opfern. Es war eine große Leistung, die Völker zu diesem einheitlichen verbalen Bekenntnis zu bewegen – eine Leistung, die einer Frau zuzuschreiben ist: Eleanor Roosevelt.

„Alle Menschen sind frei geboren und gleich an Würde und Rechten", ist die „gemeinsame Auffassung". Jeder hat Anspruch auf diese Rechte, „ohne jede Unterscheidung, wie die nach Rassen, Hautfarbe, Geschlecht, Sprache, Religion, politischer oder anderer Meinung, nationaler oder sozialer Herkunft, Besitz, Geburt oder sonstigem Status." Im Einzelnen heißt es dann: Jeder hat das Recht auf Leben, Freiheit und Sicherheit der Person. Niemand darf in Sklaverei oder Knechtschaft gehalten, der Folter oder einer grausamen, unmenschlichen oder entwürdigen Behandlung oder Strafe unterworfen werden. Jeder hat das Recht, überall als Rechtsperson anerkannt zu werden. „Universal Declaration of Human Rights" heißt diese Erklärung genau genommen. Der Begriff „universal" hat begünstigt, dass man das in dieser Erklärung zum Ausdruck gekommene Denken jetzt nicht mehr „Naturrecht", sondern „Universalismus" nennt. Man versteht es als Grundlage der Weltkultur.

Den Kern des „gemeinsamen Ideals" – so wird sich herausstellen – bildet nicht die Freiheit, sondern die Gleichheit. Die Freiheit schillert, während die

Idee der Gleichheit festere Konturen hat: Richtigerweise stehen die Menschen als Gleiche nebeneinander – und nicht über- und untereinander gestaffelt in hierarchischer Ordnung.

Wenn dieses Ideal auch als ewig und universal gilt, so ist es in der Menschheitsgeschichte doch relativ neu und musste sich mühsam durch die Jahrhunderte bis in unsere Zeit hindurch kämpfen. In der Wahl Barack Obamas zum amerikanischen Präsidenten hat es einen ungeahnten Triumph erlebt. Trotzdem stehen der Geltung dieses Prinzips noch die größten Hindernisse entgegen.

Wir können uns von diesen Hindernissen am schnellsten ein Bild machen, wenn wir ins uns selbst hineinblicken: Wie leicht lassen wir uns imponieren von allem „Höheren", wie empfindlich reagieren wir, wenn wir uns „degradiert" fühlen, wie zufrieden sind wir, wenn wir „oben" angesiedelt werden! „Wat bün ick, wat büst du?"(um es auf Plattdeutsch zu sagen) ist die Frage, die wir leider immer wieder stellen. „Wir alle, ohne Ausnahme, tragen dieses ererbte Gift in uns, an den verschiedensten, oft ganz unerwarteten Stellen und in den mannigfachsten, oft schwer erkennbaren Formen. Keiner ist davon frei, wir alle, sämtlich und sonderlich, sind Mitschuldige dieser großen Schuld der Zeiten, dieser wahren Erbsünde. Eine Erbschuld, die nur schwer und langsam, durch Krankheitseinsicht und Gesundheitswillen, durch tätige Reue Alles und Jedes, abgetragen und getilgt werden kann", sagte Alexander Rüstow. Je bewusster wir die Dominanz des Hierarchischen in uns selbst spüren, desto ehrfürchtiger können wir auf die Tatsache blicken, dass sich die Gleichheitsidee jedenfalls als offizielle Maxime Geltung verschaffen konnte.

Drei Wurzeln

Wir werden sehen, dass das Menschenrechtsdenken drei Wurzeln hat: eine griechische, eine römische und eine christliche.

Wenn man die griechische Philosophie ins Auge fasst, denkt man zuerst an die Lehren von Platon und Aristoteles. Die Idee der prinzipiellen Gleichheit der Menschen stammt aber nicht von diesen berühmten Philosophen. Beiden war die Sklavenhaltung selbstverständlich, beide wollten an der gesellschaftlichen Hierarchie nicht rütteln und kamen gar nicht auf die Idee, alle Menschen als Freie und Gleiche anzusehen. Wir werden sehen, dass es eine kleine radikale Minderheit war, die diese Idee in Athen propagierte und bis heute nicht genug gewürdigt wird. Ihre Anhänger wurden Kyniker genannt (1. Kapitel). Anders als die übrigen Bürger leiteten sie ihr Selbstbewusstsein nicht von ihrer Zugehörigkeit zur athenischen Polis ab; sie fühlten sich als Weltbürger und einer von ihnen – Diogenes – prägte das Wort „Kosmopolit". Auf ihren Lehren baute die „Stoa" genannte

Philosophie auf, die viel größeren Einfluss auf die Kultur des Abendlands haben sollte als die Lehren von Platon und Aristoteles.

Nachdem die Römer Griechenland besiegt und seine Kultur übernommen hatten, kam die Stoa und mit ihr der kynische Grundgedanke nach Rom. Mehr und mehr stand die hierarchische Ordnung in Frage, und mehr und mehr bildete sich ein neuer Topos heraus: Natura. Das, was von Natur aus gegeben ist, wurde jetzt maßgeblich. So kam – ganz keimhaft, ganz vorsichtig – die Vorstellung, dass jeder Mensch – nackt und hilflos geboren – dem anderen „gleich" sei, in das Weltbild der Gebildeten (2. Kapitel).

Nun wäre die Gleichheitsidee vielleicht eine vergessene philosophische Caprice geblieben, wenn sie nicht durch eine Neuerung in der römischen Rechtswelt, die das praktische Leben veränderte, Rückenwind bekommen hätte. Mit der Ausdehnung des römischen Reichs über Europa trafen sich unzählige Stämme auf dem Forum und machten Geschäfte miteinander, deren Streitfälle entschieden werden mussten. Die römischen Juristen schufen deshalb ein Fremdenrecht – Ius Gentium genannt – das eine geniale Vereinfachung enthielt: Alle, die an einem Rechtsgeschäft beteiligt waren, wurden für gleichwertig erklärt – gleichgültig, ob sie zu Hause vielleicht Fürsten oder Knechte waren. So entstand die Idee der gleichen Rechtssubjektivität, die uns heute selbstverständlich ist. Sie hatte praktisch juristischen Charakter und war ethisch neutral.

Dadurch unterschied sie sich von der Gleichheitsidee, wie sie sich in der dritten kulturellen Strömung entfaltete, in der sie den Kern der Ethik bildete: dem Christentum, das sich mit der Ausdehnung Roms in Europa ausbreitete. Von Anfang an rekrutierten sich die Christen aus den untersten Schichten, aus den Slums der Großstädte. Schon die erste Gemeinde in Jerusalem nannte sich Ebonim, was „die Armen" bedeutet. Die christliche Religion sei eine Sklavenmoral – so wurde sie deshalb von Nietzsche kritisiert. Und er hatte Recht. Die Botschaft, dass es unter dem Auge Gottes keine Statusunterschiede gebe, war besonders attraktiv für die „Enterbten dieser Erde". Sie konnten ihren Trost finden in der scharfen Kritik, die Jesus immer wieder an den Reichen, Mächtigen und Geldgierigen geübt hat. Und daran, dass er diejenigen, die im Tempel Bankgeschäfte betrieben, sogar gewaltsam aus „dem Hause seines Vaters" vertrieben hat.

Kulturimperialismus

Mit diesen drei Wurzeln haben wir die Menschenrechtsidee als abendländisches Kulturgut aufgefasst. Dagegen gibt es heute Widerspruch. Andere Kulturen kennen die in dieser Idee behüteten Werte auch – so heißt es mit Recht. Nehmen wir zum Beispiel den Buddhismus. Keineswegs steht sein Bemühen das Leben zu wahren dem westlichen nach – im Gegenteil. Wir können von Asien noch viel Sensibilität lernen.

Dennoch werden wir hier den Standpunkt vertreten, dass der Universalismus insofern abendländischer Herkunft ist, als es hier um „Rechte" geht, um die subjektiven, einklagbaren Rechte eines Jeden und einer Jeden. Das gibt es nur in der europäischen Tradition.

Die anderen Kulturen setzen, wenn auch ihr Ethos oft höher steht, auf die rechtlose Brüderlichkeit der Gemeinschaft (5. Kapitel). Darin liegt der Vorsprung des Universalismus. Er baut nicht auf die natürliche Harmonie, sondern verlangt eine staatliche Justiz, die den subjektiven Rechten die Chance gibt, in Gerichtsverfahren durchgesetzt zu werden. Er ist auf die moderne Gesellschaft eingestellt.

Aber auch dann, wenn dieser Vorsprung anerkannt wird, stellt sich die brennende Frage: Kann man die Menschenrechtsidee der ganzen Welt aufdrücken? Der Zweifel ist berechtigt. Denn der Gedanke, dass die Menschen mit einem Kordon von unveräußerlichen Rechten umgürtet seien, wird wie Coca Cola in die entferntesten Ecken und Enden der Welt exportiert, wo er nicht in den kulturellen Kontext passt und gewachsene Traditionen stört. Die Frage ist noch beunruhigender, wenn sie so gestellt wird: Darf man die Menschenrechte anderer Kulturen mit Gewalt aufdrücken (11. Kapitel)?

Kulturimperialismus ist der Begriff, unter dem solche Übergriffe kritisiert werden (7. Kapitel). „Triumphalismus" sagten die jungen Amerikaner in den siebziger Jahren, als sie entdeckten, dass die Besiedelung ihres Kontinentes mit der gewaltsamen Unterwerfung und Christianisierung der indianischen Kultur einhergegangen war. Handelt es sich heute um einen ähnlich problematischen Überlagerungsprozess, wenn die Menschenrechte widerstrebenden Kulturen oktroyiert werden?

Zur Verteidigung dieses Vorgehens wird die Universalität der Menschenrechte angeführt. Sie seien ihrem Charakter nach allgemein und bildeten die denkbar höchsten moralischen Standards; ihre Regeln seien so abstrakt, dass sie alle Kulturen übergreifen. Deshalb mache ihre Geltung nicht Halt vor irgendeiner ethnischen, religiösen oder sonstigen soziologischen Besonderheit. Der Mensch, den sie schützen, sei das abstrakte Individuum, dessen Hautfarbe, sozialer Status und Glaubensrichtung gleichgültig seien. Die menschliche Würde, das Recht auf Leben, Gesundheit, körperliche Unversehrtheit, die Entfaltung der Persönlichkeit und die freie Meinungsäußerung – diese Rechte kämen allen zu.

Gegenbewegungen

Das ist von dem Boden dieses Konzeptes aus konsequent gedacht. Es betrachtet die Menschen – das ist sein Kernsatz – als prinzipiell Gleiche; ihre Unterschiede sind irrelevant. Es ignoriert aber, dass die Art und Weise, auf die Menschen zusammen leben, nicht unbedingt an universalen ethischen Maßstäben zu messen ist, die von außen herangetragen werden. Ein kultureller Zusammenhang kann eine Richtigkeit haben, die von innen her kommt: aus seiner Besonderheit, aus seiner eigentümlichen geschichtlichen Gewachsenheit, die untrennbare Kontexte gebildet hat; aus seiner Tradition, die in langer Übung ein Gewebe hergestellt hat, aus dem man nicht einzelne Fäden herausziehen kann, ohne den gesamten Zusammenhalt zu gefährden.

Vielleicht haben die Chinesen Recht, wenn sie sagen, dass der Drogenkonsum in ihrem Land ohne die Todesstrafe überhand nehmen würde. Kann man ihnen vorschreiben, diese Einzelheit aus ihrem Rechtssystem zu entfernen? Vielleicht haben die Muslime ja Recht, wenn sie sagen, dass die Verschleierung der Frauen ihre Kultur vor den Zerfallserscheinungen bewahre, die im Westen die Familien auflösen. (Mit Abscheu sehen die Muslime, wie in unserer Kultur die alten Menschen ausgesondert werden.) Wer will sich anmaßen, ihre in Jahrhunderten gebildeten Auffassungen als Irrtümer zu bezeichnen? Hat man es denn mit Wilden zu tun, denen man Zivilisation beibringen muss?

Nach den Napoleonischen Kriegen, in denen das universalistische Denken in Deutschland gewaltsam eingeführt werden sollte, stand es schon unter derselben Kritik. Von der schweren Krise, in die es damals geriet, sollte es sich nicht mehr erholen. Erst mit massiven militärischen Mitteln konnte es 1945 – Weimar war nur ein Intermezzo gewesen – hier eingeführt werden.

Man kann die Abkehr von der Idee der Menschenrechte dem „deutschen Sonderweg" zurechnen (8. Kapitel). Diese Abkehr bekam schon während der Französischen Revolution. Als bekannt geworden war, dass die Gleichheit in Frankreich mit der Guillotine hergestellt wurde, wendete sich der Zeitgeist beinahe von einem Tag auf den anderen. Er hatte das Licht der Aufklärung – die Menschenrechtsidee – jetzt in ihrer zerstörerischen Wirkung erfasst. „Weh denen, die dem ewig Blinden des Lichtes Himmelsfackel leihn, sie strahlt ihm nicht, sie kann nur zünden und äschert Städt und Dörfer ein", hatte Schiller während des Terreurs in Paris gesagt.

Nicht nur die entsetzliche Art, auf die in Frankreich die Menschenrechte praktiziert wurden, sondern diese Rechte selbst wurden anschließend abgelehnt. Die von der Aufklärung wegführenden restaurativen Strömungen gehörten der neuen Strömung zu, die „Romantik" hieß, und unter diesem Stichwort wollen wir uns mit ihnen befassen.

Wir werden sehen, dass sich damals die geistigen Energien gegen sämtliche äußeren Vorgaben für das Gute und Richtige richteten. Zu Ansehen kam das von innen heraus organisch Gewachsene, in Jahrhunderten Entstandene, Besondere, womöglich Bizarre und Skurrile – alles, was sich nicht allgemeinen Regeln beugt, sondern seine Partikularität entfaltet. In Dichtung und Malerei wurde „die Blüte des Besonderen" bewundert und hervorgehoben. Den Prinzipien der Revolution wurde vorgehalten, dass sie nicht mit dem geschichtlichen Kontext verwoben seien, sondern äußerlich und künstlich über den Dingen schwebten. Sie seien nicht in „Still-wachsendem-Werden" in den Verhältnissen selbst entstanden, sondern den Köpfen französischer Philosophen entsprungen. Diese Missachtung des Rational-Künstlichen wurde in den Befreiungskriegen zur Definition einer deutschen Identität – die es bisher noch nicht gab – verwendet. Die Deutschen besannen sich des Eigenen, Partikularen, Von-Selbst-Gewordenen: ihrer Sprache, ihrer Märchen, ihrer Volkslieder – ihrer Liebe zu hierarchisch gestaffelter Ordnung.

Die Romantik fand sofort die Schwachstelle des Universalismus – den Aspekt, der ihn bis heute unsympathisch macht: Wenn der Mensch so konzipiert wird, als sei er von Geburt an mit einem unsichtbaren Kordon von Rechten gegen andere umgürtet, wird er als egoistischer, mit seinem Nächsten unverbundener, prinzipiell gegen ihn gerichteter Einzelner vorausgesetzt. Er findet keinen Schutz in familiären Bindungen, er ist in kein Kollektiv fest eingebettet. Hier gilt nicht, wie bei König Artus, die Maxime „Alle für einen und einer für alle" sondern „Jeder gegen jeden".

Wann immer die Menschenrechtsidee später kritisiert wurde, ging es um diese Schwäche (9. Kapitel). Auch der Marxismus hat sie deshalb abgelehnt, genau wie, natürlich, der Nationalsozialismus. Auch im Feminismus wurde Kritik an dem kalten Individualismus der Konzeption geübt. In allen diesen Gegenbewegungen wird ihm das Ideal einer organischen Einigkeit entgegengestellt.

Heute wird die Gegenposition einer von Natur aus solidarischen und harmonischen Gesellschaft, die ihre Mitglieder nicht mit unsichtbaren Rechten gegeneinander bewaffnet, sondern in „Rechtloser Brüderlichkeit" zufriedenstellt, von asiatischer Seite aus vorgetragen, von islamischer und chinesischer.

Postmoderne

Auch in unserer eigenen Kultur hat die Menschenrechtsidee bis heute mächtige Gegner, wenn sie sich auch nicht offen als solche gerieren. Die Wahrung der ewigen Rechte in Asien darf gern angemahnt werden, aber als Vorgabe für Regulierungen im Lande findet sie keine Anerkennung (10. Kapitel). Übergeordnete Grundsätze stören heute. Sie passen nicht in unsere Zeit, die sich Postmoderne nennt und allgemeine Maximen gern als Konstruktionen entlarvt. In der Philosophie der Gegenwart steht der Universalismus deshalb als erratischer Block.

Durch diese Diskrepanz führt der Zeitgeist ein Doppelleben. Es ist politisch korrekt, die Menschenrechte anzumahnen und sich womöglich immer neue auszudenken. Andererseits aber heißt es: „Allgemeine Werte gibt es gar nicht! Gut

und Böse sind nur Konstruktionen. Alles ist relativ!" Diese Auffassung ist von
der Philosophie hinab in die weitesten Kreise und ins Alltagsleben gesunken.
Die einzige Hilfe, die sich in dieser ethischen Leere anbietet, scheint Habermas Diskurstheorie zu sein. Sie stellt einen Kunstgriff zur Verfügung, mit dem
sich das Ideale auf ein Faktum gründen lässt, ein unleugbares Stück Wirklichkeit:
die Tatsache, dass die Menschen miteinander sprechen. Eine Idee erweist sich
als gut, sagt Habermas, wenn sie das Ergebnis eines Miteinander-Sprechens ist.
In der Tatsache, dass sie miteinander reden, liege die stumme Erklärung, dass
sie wahr und richtig reden. Obwohl daraus weder logisch noch empirisch folgt,
dass das tatsächlich der Fall ist, konnte diese wackelige Fundierung des Guten
erfolgreich werden. Die Not des Zeitgeistes ist so groß, dass er die Hilfestellung
angenommen hat.

Die postmoderne Gesamtausrichtung konnte dadurch aber nicht wirksam
bekämpft werden; der idealistische Geist der Menschenrechtserklärung erhielt
keine Unterstützung. Das Universale wird gering geachtet, Ansehen genießt nur
das Vereinzelte, Differierende, Divergente – bis heute.

Dabei ist doch die gegenläufige Richtung der lebendigen Weltkultur gar
nicht zu übersehen: Die Auflösung des Besonderen und Differenten, die jeden
Tag deutlicher in Erscheinung tretende An-Ähnelung der Kinder der Welt, die
das Gleiche anziehen, das Gleiche essen, das Gleiche angucken, das gleiche hören und sich nach den gleichen Rhythmen bewegen (12. Kapitel). Dem ist ein
universales Denken durchaus angemessen, und im Zuge dieser faktischen Angleichung kommt es auch tatsächlich immer mehr zur Entfaltung.

Man mag die Universalisierung der Weltkultur, die in Riesenschritten voranschreitet, als Amerikanisierung verdammen und die Verluste, die sie – wie jede
Nivellierung – einbringt, beklagen; sie ist aber auf der anderen Seite ein Vorgang,
in dem unerhörte Chancen für die Menschheitsentwicklung liegen. Lange wird
sich der schroffe Widerspruch, in dem die Gegenwartsphilosophie zu diesem
unaufhaltsamen Angleichungsprozess steht, nicht halten lassen. Die Philosophie
wird nachgeben und sich der Tatsache anbequemen müssen, dass eine Universalkultur im Vorrücken ist.

Der Universalismus und der Staat

Bei oberflächlicher Betrachtung meint man, dass die Menschenrechte dem Staat
entgegen gerichtet seien und die Aufgabe hätten, seine Macht einzudämmen. Das
ist zwar einerseits richtig – andererseits aber setzen diese Rechte den Staat voraus. Er allein ist imstande, sie zu garantieren, er allein besitzt das notwendige
Gewaltmonopol, um die Individuen vor Eingriffen in diese Rechte zu schützen
(6. Kapitel).

Die Vorstellung, dass das Individuum umso mehr Freiheit genieße, je schwächer der Staat sei, ist zwar verbreitet, aber falsch. Das Gegenteil ist der Fall. Wir werden sehen, dass die Freiheit des Individuums eines starken Staates bedarf. Bevor es ihn gab, musste der Einzelne – wenn er nicht gerade ein Abenteurer war, der wahrscheinlich nicht alt wurde – dort bleiben, wo er geboren war. Er konnte sich aus seiner Gemeinschaft nicht emanzipieren, solange er von ihrem Schutz abhängig war, und musste mit seinem Platz in der vorgegebenen Hierarchie seinen Frieden machen. Zunächst musste sich der neuzeitliche Staat formieren – dann erst konnten sich unter seinen Schirmen Freiheit und Gleichheit entwickeln.

Diese Bedeutung des Staates wurde in den letzten Jahrzehnten übersehen. Er wurde – in all seinen Funktionen – wenig gewürdigt und oft sogar verachtet. Alle Theorie war sich darin einig: Habermas bekämpfte ihn als „System", gegen das sich die „Lebenswelt" durchsetzen müsse; Niklas Luhmann suchte ihn in seiner Systemtheorie klein zu machen und wollte ihn in seiner Rolle als Wächter der Grundrechte nicht anerkennen. Diese Maximen störten das freie selbstregulierte Spiel der Kräfte. In der französischen Postmoderne, zumal bei Foucault, trat der Staat vollends als Berserker auf. In dieser Epoche standen nur Aktivitäten in Ansehen, die von unten kamen: aus der sogenannten Zivilgesellschaft, und der Sinn für ein durchsetzungsfähiges Regieren war verschwunden.

Diese Zeit ist auch seit der Wirtschaftskrise noch nicht ganz vorbei. Noch kann man Foucaults Wort „Wir wollen nicht regiert werden!" hören. Aber die Parole passt nicht mehr. Tag für Tag wird man in den Nachrichten darüber belehrt, wie schädlich der Mangel an Staatsmacht ist.

Man sieht es innen wie außen: eine regulierende Instanz wird dringend benötigt. Failed state – in meiner Jugend hätte man den Zustand, den dieses neue Wort beschreibt, noch für erstrebenswert gehalten, weil er einer munteren autonomen Lebenswelt – womöglich einer Guerilla – Raum gibt. Jetzt wird das Wort richtig als die Bezeichnung des Chaos verstanden, das die Menschenrechte untergehen lässt.

Deshalb wird unsere Frage sein, ob der Nationalstaat nicht mit der Aufgabe des Schutzes der Menschenrechte überfordert ist; ob deren kosmopolitischer Charakter die Welt nicht dazu zwingt eine weltstaatliche Instanz zu dulden, die sie über die Grenzen hinweg garantieren kann – eine Instanz, die, anders als die UNO, über das tatsächliche Welt-Gewaltmonopol verfügt. Wir werden deshalb die Eignung und Bereitschaft der USA für diese weltpolizeiliche Rolle untersuchen.

Brüderlichkeit oder Individualismus

Dieser Text wird eine deutliche Parteinahme für die Ansicht sein, dass die Menschenrechte, ihrer philosophischen Schwäche ungeachtet, universal maßgebend sind. Die Berechtigung der Gegenpositionen wird aber nicht unterschlagen werden. Wenn man sie dem Universalismus gebündelt gegenüberstellt, fügen sie sich in eine große archetypische Polarität zwischen dem Organischen und dem Künstlichen ein (die ich andernorts als „Der Dimorphismus der Wahrheit. Universalismus und Relativismus in der Rechtsphilosophie" dargestellt habe). Über dieser Polarität steht der Satz des Dichters Novalis: „Beide Teile haben große, notwendige Ansprüche und müssen sie machen, getrieben vom Geiste der Welt und der Menschheit. Beide sind unvertilgbare Mächte der Menschenbrust." Im Jahre 1799 war die Frage „Naturrecht oder Relativismus" Gegenstand der kriegerischen Auseinandersetzungen mit der französischen Revolutionsarmee. Keine dieser Mächte, sagte Novalis damals, „hoffe die andere zu vernichten, alle Eroberungen wollen hier nichts sagen, denn die innere Hauptstadt jedes Reichs liegt nicht hinter Erdwällen und lässt sich nicht erstürmen."

Wir werden letzten Endes versuchen, die beiden Standpunkte – die „unvertilgbaren Mächte der Menschenbrust" – aus ihrem Widerspruch zu befreien. Sie lassen sich jeweils verschiedenen Anwendungsbereichen zuordnen: Partikular Gewachsenes mag nach seiner eigenen Facon selig werden und in rechtloser Brüderlichkeit verbleiben, während die schon von der Industrialisierung und dem westlichen Way of Life geprägten modernen Verhältnisse nicht ohne äußere, ethisch geleitete Richtlinien auskommen.

Darauf laufen unsere Überlegungen hinaus (13. Kapitel): Wo die Individuen schon aus ihren traditionellen Verbänden herausgelöst sind, wo sie in Großstädten anonym nebeneinander leben und in Arbeitsverhältnissen stehen, die nicht durch gute alte Sitten geschützt sind, wo die Großfamilie aufgelöst ist und der Einzelne allein steht – wo sich, kurz gesagt, die moderne Gesellschaft durchgesetzt hat, sind die Vorgaben der allgemeinen Menschenrechte notwendig. Sie müssen die verlorengegangene Solidarität der Gemeinschaften ersetzen. Wo das aber nicht der Fall ist – wo das Zusammenleben tatsächlich noch eine traditionelle, innerliche Richtigkeit hat, mögen sie zurücktreten.

Da solche Gemeinschaften in der Welt kaum noch zu finden sind, wird die praktische Relevanz dieser Einschränkung immer geringer. Die rechtlose Brüderlichkeit wird immer mehr zum Schaftspelz, den sich industrialisierte Gesellschaft überwerfen.

1. Kapitel: Die griechische Antike

Antigone

Es bedeutete einen großen Fortschritt für die Menschen, dass sie irgendwann imstande waren friedlich in einer Ordnung zusammen zu leben, die größer war als ihr eigener Stamm; es bedeutete einen großen Fortschritt, dass sie irgendwann einer Autorität gehorchen konnten, die über den Häuptern ihrer Familienclans stand und mächtig genug war, um deren aufreibende Fehden unterbinden zu können. Große befriedete Bereiche waren damit geschaffen, in denen sich die Zivilisation entfalten konnte.

Die Frage, ob diese Ordnung „richtig" war, musste angesichts dieses Fortschritts noch lange Zeit außen vor bleiben. Ihre „Richtigkeit" lag für lange Zeit allein in der Tatsache, dass die Entscheidungsgewalt über die Stammesordnung hinaus zentralisiert war. Ob in dieser Ordnung jeder Einzelne zu seinem Recht kam, ob ihre Mitglieder womöglich als Freie und Gleiche nebeneinanderstehen – das war die Sorge späterer Zeiten.

Dennoch war der Widerstand gegen die etablierte Ordnung das Thema eines der ersten Theaterstücke, die aus der Geschichte erhalten sind: Antigone. Der Konflikt mit der Staatsgewalt wurde schon im 5. Jahrhundert vor Christi auf der Bühne des griechischen Amphitheaters vorgeführt.

Antigone hat über den Leichnam ihres Bruders Erde geworfen, obwohl der König ausdrücklich befohlen hatte, dass er nicht – dem Ritus entsprechend – bestattet, sondern den Vögeln zum Fraß vorgeworfen werde. Antigone wird dabei erwischt, wie sie heimlich, des Nachts, den Ritus erfüllt; sie wird verhaftet und dem König vorgeführt:

Kreon, König von Theben:
Hast du gewusst, dass es verboten war?

Antigone:
Ich wusst' es allerdings, es war doch klar!

Kreon:
Und wagtest, mein Gesetz zu übertreten?

Antigone:
Der das verkündete, war ja nicht Zeus,
Auch Dike in der Totengötter Rat
Gab solch Gesetz den Menschen nie. So groß
Schien dein Befehl mir nicht, der sterbliche,
Dass er die ungeschriebnen Gottgebote,
Die wandellosen, konnte übertreffen.
Sie stammen nicht von heute oder gestern,
Sie leben immer, keiner weiß, seit wann.

Hier trennen sich zum ersten Mal das himmlisch-ewige und das irdisch-wandelbare Recht. Auf eindrucksvolle Weise: Immerhin bezahlt Antigone dafür, dass sie den wandellosen Gottgeboten folgte, mit dem Leben – wie so mancher nach ihr, bis in die Gegenwart hinein und, so muss man befürchten, noch darüber hinaus.

Antigone wird gern zitiert, wenn für die wandellosen Gebote, die alle sterblichen Befehle übertreffen, eine Lanze gebrochen wird. Heute sieht man die Menschenrechte als solche Gebote an. Antigones Fall ist aber kein Menschenrechts-Fall. Sie tritt nicht für die universalen Werte ein, die heute als wandellose Gebote angesehen werden. Denn diese drei Argumente trägt sie zur Rechtfertigung ihres Ungehorsams vor: Ihr Bruder habe in der Unterwelt ewig zu leiden ohne ein Erdbegräbnis; ein solches käme ihm zu, weil er von hoher Geburt und kein Sklave war; es könne niemals Unrecht sein, die eigenen Blutsverwandten zu ehren.

Antigone kämpft für die Einhaltung einer religiös gebotenen Sitte. Die Erdbestattung ist kein universales Gebot und ihr Ungehorsam ist abergläubisch motiviert. Mit ihrem Hinweis auf den sozialen Status ihres Bruders baut sie auf Hierarchie, und dieser Hinweis gehört, ebenso wie ihre Berufung auf die Verwandtschaft, nicht dem Menschenrechts-Milieu an. Antigones Motive sind irrational und partikular.

Erst im Laufe der Jahrhunderte hat sich eine universale Vorstellung von den „ungeschriebnen Gottgeboten" – von dem, was tatsächlich ewig ist und allgemeine Geltung beanspruchen kann, aus der Fülle der partikularen Werthaltungen heraus gehoben und kristallisiert – bis hin zu den Werten, die in der Declaration of Human Rights von 1948 durch die UN-Vollversammlung als verbindlich für die ganze Welt erklärt wurden.

Die Verbindung zwischen Antigones Konflikt und der Menschenrechts-Frage besteht deshalb nur in der Spannung zwischen der herrschenden und der als richtig angesehenen Ordnung. Diese Spannung ist allerdings ein wesentliches Element unseres Themas. Die Menschenrechte stellen, wenn sie praktisch werden, immer einen Angriff auf die herrschende Ordnung dar.

Bei genauerem Hinsehen erkennt man allerdings auch eine inhaltliche Beziehung zu den Werten, die heute als ungeschrieben gültig angesehen werden.

Antigones Motive mögen irrational sein – aber auch die modernen Werte sind letzten Endes nicht rational zu begründen. Warum denn Freiheit und Gleichheit – statt der nützlichen Sklaverei? Weil sie nicht für alle, sondern nur für einige nützlich ist? Für die höheren Schichten, die die Diskurse führen – also für uns, für dich und für mich – würde sie Vorteile bieten. Warum sollen wir denn altruistisch sein? (Bei Nietzsche werden wir diese Unbefangenheit der Betrachtung wiederfinden.)

Wer hat uns denn Freiheit und Gleichheit befohlen? Die Götter? Gott? die Natur? die Vorsehung? die Vernunft? die Geschichte? der Volkswille? die Selbstevidenz? die Diskurse?

Hinter dieser Frage steht das alte Problem der Legitimation des Guten. Einsichtige Betrachter haben schon immer zugegeben, dass die Bevorzugung des Guten gegenüber dem Bösen letzten Endes ein unerklärliches Gebot des Herzens ist. Paulus sprach von den „fleischernen Tafeln", Kant von dem „Sittengesetz", das ihm soviel Ehrfurcht erregte wie „der gestirnte Himmel", und bessere Antworten konnte bisher niemand geben.

Wir müssen uns damit abfinden, dass die Menschenrechte das Produkt eines bodenlosen Idealismus sind. Es geht ihnen so, wie es dem Guten überhaupt geht: Die Philosophie kann seine Überlegenheit nicht begründen – was mit dem alten Wort vom „Skandal der Philosophie" bezeichnet wurde. Wir müssen, wenn wir die Menschenrechte anerkennen wollen, mit einem Widerspruch leben, mit dem „unserer Epoche inhärenten Widerspruch: mit unserem Gewissen an ein Naturrecht gebunden zu sein, dessen Negierung unser Intellekt uns gebietet", wie der Rechtsphilosoph Ernst Fraenkel sagte.

Antigones Ungehorsam – so abergläubisch er auch motiviert sein mag – ist Ausdruck der ewigen Stimme des Gewissens; nur deshalb konnte er durch die Jahrhunderte hindurch auf so viel Sympathie stoßen. Hegel nannte das Drama „eines der erhabensten, in jeder Rücksicht vortrefflichsten Kunstwerke aller Zeiten." Wenn die Vorstellung, ihr Bruder werde ohne die Bestattung seines Leichnams jenseitige Qualen erleiden, auch irrational-partikular ist, so ist Antigones Motiv doch universal: Sie handelt aus Liebe.

Man hat die Menschenrechtsidee in der Französischen Revolution als Trinität von „Freiheit, Gleichheit, Brüderlichkeit" zusammengefasst. Die Liebe ist das Element, das sich in dem dritten dieser Begriffe ausdrückt. Er spielt, da er kein Recht formuliert, innerhalb der Ideengeschichte eine Sonderrolle.

Der abstrakte Mensch

Wenn gerade behauptet wurde, dass nur solche Auffassungen die Menschenrechtsidee ausfüllen, die nicht partikular, sondern universal sind, so fragt sich:

Welchen Charakter müssen Inhalte haben, um den Anspruch auf Universalität einlösen zu können?

Zur Beantwortung dieser Frage wollen wir die Idee zu den keimhaften Anfängen zurückverfolgen, in denen sie sich bis zu der heutigen Auffassung hin entwickelt haben; wir wollen das schwache Samenkorn betrachten, das in der Weltkultur aufgehen und sich entfalten wird bis hin zu der global deklarierten Vorstellung, dass die Menschen als Freie und Gleiche nebeneinanderstehen.

Und wir werden sehen: Nicht etwa entwickelte sich der Keim in der Weise, dass sich einige Privilegierte ihre Unabhängigkeit vom Staat erkämpft haben und dieser Status dann auf alle ausgeweitet wurde. So wird die Geschichte zwar gern erzählt; dann spielt die Magna Charta eine bedeutende Rolle, in der sich die englischen Lords gewisse Freiheiten gegenüber ihrem König garantieren ließen. Dieser Gedanke führt aber in die Irre.

Die Menschenrechtsidee geht nicht auf die Rechtsposition von Privilegierten zurück; sie hat ihre Wurzeln im Gegenteil da, wo der „Mensch an sich" entdeckt wurde, der unabhängig von seinen konkreten Eigenschaften „un-qualifiziert" aufgefasst wurde – gleichgültig, ob es sich um Kaiser, König, Edelmann oder Bürger, Bauer, Bettelmann handelte.

„Un-qualifiziert" – mit diesem Begriff verwenden wir ein Wort des spanischen Philosophen Ortega y Gasset (1883–1955), das diesen Text begleiten wird. Ortega sprach von der „Souveränität des unqualifizierten Individuums". Mit dem eigentlich auf Staaten gemünzten Begriff der Souveränität ist der Status gemeint, den die Menschenrechtsidee jedem Individuum – ungeachtet seiner „Qualifikation" – zubilligt. Es wird, sowie es erwachsen ist, als „dominus sui" angesehen – wie sich der Holländer Hugo Grotius ausgedrückt hat, als „Herr seiner selbst". Und in dieser Eigenschaft steht es sich mit allen anderen – hoch und niedrig, Mann und Frau, schwarz und weiß – gleich.

Die Menschenrechtsidee hat also ihren Anfang dort, wo der soziale Kontext, in dem ein Individuum steht, zum ersten Mal gleichgültig war; da, wo der abstrakte, aus Herkunft und Status herausgelöste Mensch das erste Mal ins Auge gefasst wurde; da, wo seine Zugehörigkeit zu einem bestimmten Kollektiv ignoriert und er auf seine Urqualität zurück geführt wurde und nichts zählte als diese Urqualität: dass er Menschenantlitz trägt.

Die Idee hat deshalb ihren Anfang dort, wo der Mensch das erste Mal unabhängig von seiner Position in der Gemeinschaft begriffen wurde, nicht als Bürger seiner Polis also, sondern als Weltbürger – als „Kosmopolit".

Diese Auffassung wird von der Realität nicht gestützt; sie ist eine philosophische Konstruktion, denn in Wirklichkeit ist der Mensch ohne die Einbettung in eine Gemeinschaft gar nicht lebensfähig. Er ist ein „Zoon politikon", wie Aristoteles, ein „Gattungswesen", wie Karl Marx sagte. Ein Herdentier also. Man kann es deshalb als Wunder ansehen, dass die Idee des losgelösten, abstrakten

Menschen vor mehr als zweitausend Jahren plötzlich aufleuchtete – zunächst allerdings nur als schneller, das Dunkel erhellender Blitz.

Ein hochkultiviertes Milieu war dazu notwendig: eine geübte Abstraktionsfähigkeit und die innere Unabhängigkeit von traditionellen Hierarchien. Ein Niveau also, das sich nicht lange halten konnte, eine geistige Ebene, die wieder zusammen brechen und später immer wieder mühsam aufgebaut werden musste. Ein solches Niveau gab es im Altertum nur an einem Ort der Welt: in Athen.

Der egalitäre Impuls war in der athenischen Demokratie vorbereitet. Man hatte in Athen schon im 6. Jahrhundert Schluss gemacht mit der hergebrachten Herrschaft bestimmter Familien, Schluss mit der Adelsherrschaft also, Schluss mit der gewachsenen, bodenständigen, erblichen Zusammengehörigkeit. Alle freien Männer – arm und reich, hoch und niedrig, trafen die politischen Entscheidungen in gemeinsamer Abstimmung. (Es wird für unsere Gedankengänge noch wichtig sein, wenn hier erwähnt wird, dass die demokratische Verfassung zunächst in kleinen Kolonien, die Athener in Kleinasien gegründet hatten, ausprobiert worden war. Dort stand auch der Tempel, der hier auf dem Umschlagbild gezeigt ist).

Die athenische Demokratie musste nach außen hart verteidigt werden, besonders gegen das streng hierarchisch geführte Sparta. In der berühmten „Leichenrede", die Perikles nach einer Schlacht gegen die Spartaner über den aufgebahrten Gefallenen hielt, kennzeichnete er die Werte, für die die Männer ihr Leben hingegeben hatten:

> „Wir leben unter einer Verfassung, die keine Nachahmung der Verfassungen unserer Nachbarn ist; eher sind wir selbst ein Vorbild, das von ihnen nachgeahmt wird. Demokratie ist der Name dieser Verfassung – Volksherrschaft –, weil sie sich nicht auf eine kleine Minderheit, sondern auf die Mehrheit stützt. Ihre Gesetze geben jedem in seinen persönlichen Angelegenheiten das gleiche Recht und in den öffentlichen Angelegenheiten wird niemand mehr aufgrund seiner Herkunft eingeschätzt, sondern – je nach dem Gebiet, um das es geht – aufgrund seiner Fähigkeiten. Weder durch Armut noch durch seinen niedrigen Stand ist jemand daran gehindert, etwas für unsere Stadt zu leisten."

Mit dieser politischen Gleichheit war schon ein wesentliches Element des Menschenrechts-Denkens verwirklicht. Aber es fehlte doch noch ein entscheidendes Element: die Universalität. Nur etwa ein Zehntel der Bevölkerung war begünstigt. Die Gleichheit der freien Bürger hatte noch einen exklusiven Charakter. Sie beruhte auf dem Privileg, der athenischen Polis zuzugehören, war daher partikular und hatte noch nicht den „Menschen an sich" erfasst. Die Zugehörigkeit zu dieser Polis wurde als größte Ehre der Athener angesehen, während die Fremden als Barbaren galten – als solche, die gar nicht sprechen, sondern nur Barbarbar sagen konnten.

Die berühmten griechischen Philosophen Platon und Aristoteles waren nicht diejenigen, die das Konzept vom unqualifizierten Individuum aufgebracht haben. Sie legten im Gegenteil den größten Wert auf den Status. Beide malten sich den Idealstaat in einer Weise aus, in der der „Mensch an sich" keine Rolle spielte. „Die ethische Wertung des Menschen als solchen ist noch nicht erreicht," sagte Albert Schweitzer (1875–1965) in seinem großen Buch „Kultur und Ethik" über Athen. „Darum hat der Staat nicht die Vervollkommnung aller, sondern nur die einer bestimmten Klasse im Auge."

Plato plädierte dafür, dass man schwächliche Kinder Hungers sterben lasse, damit die Bevölkerungszahl nicht wachse. Die Sklaverei, sagte er, sei eine natürliche Einrichtung; nur der „Freie" sei ein vollwertiger Mensch. In seinem Entwurf des Idealstaats wird Menschenzucht getrieben: Nur diejenigen dürfen sich vermehren, die eine treffliche Nachkommenschaft erwarten lassen. Aristoteles meinte nicht nur, dass es Menschen gebe, die von Natur aus zu niedriger Arbeit bestimmt seien, sondern auch, dass ganze Völker diese Bestimmung hätten. Die Frage ‚Worin besteht das Gute im Staat?' beantworteten beide, Plato wie Aristoteles, so: Er müsse es einer Anzahl seiner Angehörigen, den Freien, möglich machen, ohne materielle Sorgen ganz ihrer körperlichen und geistigen Bildung zu leben und die öffentlichen Angelegenheiten zu leiten.

Nach Ernst Blochs Ansicht war Platos Staatslehre nur eine Kuriosität, während er würdigte, dass Aristoteles die Staatstheorie gefördert habe. „Zu den moralischen Fortschritten aber, die das politische Denken in den letzten Jahrhunderten gemacht hat, haben diese Konzepte nichts beigetragen", sagte er.

In Athen war es noch selbstverständlich, dass die Sklaven aus dem ethischen Denken ausgeschlossen waren. Erst im römischen Reich wird ihre Menschen-Natur entdeckt werden – und es wird der Kaiser persönlich sein, nämlich Marc Aurel, der diese Entdeckung machen wird – allerdings wird auch er daraus keine praktische Konsequenzen ziehen. In Athen stand die Gleichrangigkeit der Sklaven (von gewissen Lichtblicken abgesehen) noch gar nicht zur Diskussion.

Die Sophisten

Das freie geistige Milieu, das nötig war, um den menschenrechtlichen Universalismus zu „erdenken", wurde von Philosophen vorbereitet, deren grenzenlose Kritikfreudigkeit vor Heilig-Herkömmlichem keinen Halt machte: den Sophisten.

Die Sophisten traten seit der 2. Hälfte des 5. Jahrhunderts auf: elegante junge Leute, die sich als Wanderlehrer selbstbewusst in ihrer Toga bewegten und nach Möglichkeit peloponnesische Sklaven hinter sich führten. Sie wirkten als Lehrer in den Häusern der Reichen, deren Söhne einmal eine Rolle im öffentlichen Leben spielen sollten; sie reisten im Lande umher und hielten gegen hohes Honorar Vorträge über die Redekunst, die Rechtswissenschaft und die Ethik.

Sie hießen „Sophisten", weil sie ihre Lehre „Weisheitslehre" nannten (Sophia = Weisheit). Bis heute spricht man – allerdings abwertend – von „sophistisch"; dann nämlich, wenn eine Argumentation spitzfindig und rabulistisch ist.

Für diese jungen Leute hatte der traditionelle Glauben seine bindende Kraft verloren; unter ihrem Einfluss begann sich der griechische Geist von der alten Götterwelt zu emanzipieren. Dabei kam es den Sophisten weniger auf den richtigen Standpunkt an als darauf, elastisch zu denken, nämlich „dialektisch": Sie lehrten in ihrem Rhetorik-Unterricht, zu ein und derselben Frage sowohl den Pro- als auch den Kontra-Standpunkt zu vertreten. Hegel („Das Verderben der griechischen Sittlichkeit") sagte über ihre Argumentationsweise: „Die Bewegung des Gedankens und das innerliche Ergehen darin, dies interesselose Spiel wird nun selbst zum Interesse"; er nannte die sophistische Geistesbildung „Gymnastik". Dadurch wurde eine relativistische Haltung begünstigt – eine Haltung also, die keine absolute Wahrheit duldet, sondern jeden Standpunkt nur in einem bestimmten Kontext gelten lässt.

Nicht nur die Religion wurde von den Sophisten relativiert, sondern ganz allgemein der *Nomos*. Dieses griechische Wort hat in der Geschichte des Abendlandes die allergrößte Bedeutung gewonnen. Unser Wort Norm kommt daher, von dem normieren abgeleitet ist ebenso wie das Wort normal, das aus der Umgangssprache gar nicht wegzudenken ist.

Die aufgeweckten Wanderlehrer, die den Nomos in Frage stellten, bezweifelten jede Art von Norm, trete sie als Religion, Gesetz oder Sitte auf. Sie machten ihren Zeitgenossen klar, dass der Nomos menschengemacht und nicht notwendig als das Richtige anzusehen sei.

Was war der Prüfstein, das Kriterium für das wahrhaft Richtige? Woran maßen die Sophisten den Nomos? An der Natur – für die sie das Wort *Physis* hatten. So verschwommen dieser Begriff auch sein mag: Hier sehen wir den Fortschritt gegenüber Antigones Kritik, die auf allzu Partikular-Herkömmliches zurückgriff. Das Wort physis ist in Begriffen wie Physik, Physiologie und Physiognomie in unserer Sprache ebenfalls noch präsent. (Noch deutlicher in die Gegenwart hinein reicht allerdings das lateinische Wort *Natura*, das die Übersetzung für Physis ist.)

Das erste Mal taucht die Polarität zwischen nomos und physis bei einem Sophisten namens Thyrasymachos auf. Nicht die Natur, sondern lediglich der Nomos habe die gesellschaftlichen Hierarchien geschaffen, sagte er. „Die Natur hat uns zu Brüdern, Freunden und Mitbürgern gemacht, nicht das Gesetz." Auch Hippias erklärte, dass die Menschen von Natur aus Mitbürger seien und nur durch den Nomos voneinander abgehoben würden. Aus demselben Grund heraus nannte Lykophron den Adel einen eingebildeten Vorzug, während Alkidamas sogar schon darauf hinwies, dass der Unterschied zwischen Sklaven und Freien in der Natur unbekannt sei.

Dennoch kann man die Sophisten nicht als die Menschenrechtsbegründer ansehen. Es blieb bei solchen nebenbei geäußerten Bemerkungen, die keine selbständige Ethik erzeugten. Im übrigen war die sophistische Argumentationsweise tatsächlich oft unangenehm „sophistisch". Einen Eindruck davon gibt ein Papyros, das erst vor hundert Jahren wiedergefunden und Antiphon zugeschrieben wurde, einem wegen seiner Redekunst berühmten Advokaten:

> „Die Rechtmäßigkeit besteht darin, dass man in dem Staat, in dem man Bürger ist, das Gesetz (nomos) und die Sitte nicht verletzt. Am vorteilhaftesten wird sich der einzelne Mensch zur Rechtmäßigkeit stellen, wenn er Gesetz und Brauch dann einhält, wenn Zeugen anwesend sind. Ist das aber nicht der Fall, so sind die Gebote der Natur (physis) maßgeblich. Denn die Forderungen von Gesetz und Brauch sind willkürlich auferlegt, die Gebote der Natur hingegen beruhen auf Notwendigkeit."

Antiphon fährt fort:

> „Wenn man bei der Übertretung von Gesetz und Brauch unbemerkt bleibt, treffen einen weder Schande noch Strafe. Anders ist es, wenn man die aus der Natur empor gewachsenen Gesetze bricht: Dann zieht man sich ein Unheil zu, auch wenn es niemand merkt. In diesem Fall wird das Unheil nicht größer dadurch, dass alle Welt die Verfehlung sieht. Denn der Schaden entsteht dann nicht durch die Meinung der anderen, sondern aus der Wirklichkeit selbst. Ich untersuche diese Fragen so gründlich, weil das meiste von dem, was nach Gesetz und Brauch für Recht gilt, im Widerspruch zur Natur steht."

So weit, so gut. Im Folgenden rutscht der Text aber in „Sophismen" ab, die ich dem Leser ersparen möchte; es geht nicht mehr um Recht und Unrecht, sondern nur noch um Vorteil und Nachteil.

Das Denken der Sophisten war zu sprunghaft und frivol, als dass sie als Vordenker der Menschenrechtsidee angesehen werden könnten. Sie sahen sich letzten Endes auch nicht an die Physis als Maßstab gebunden, sondern feierten ihre individuelle Willkür. Sie waren Relativisten – eine Haltung, die dem Universalismus polar entgegensteht.

„Anthropos metron", sagte Protagoras – ein Wort, das in seiner lateinischen Übersetzung „Homo mensura" bis heute in der Philosophie Verwendung findet: Der Mensch ist das Maß aller Dinge. Jeder kann denken, was er will, soll das bedeuten, und jeder hat damit auf seine Weise Recht. „Was ist Wahrheit?" diese spöttische Bemerkung des Pontius Pilatus steht in der Homo-mensura-Tradition, die heute, in der Postmoderne, allerdings ohne bewusste Anknüpfung wieder aufgeblüht ist.

Der Homo-mensura-Satz förderte eine wilde Beliebigkeit. Meineid und Tempelraub erschienen den Sophisten als erlaubt, Eltern sollten ihre Kinder heiraten dürfen, Recht sei Genuss, dem Mächtigen sei alles erlaubt. Davon unterscheidet sich das Menschenrechts-Denken ganz prinzipiell. Es ist nicht „sophistisch", sondern baut eine solide moralische Basis auf. Es besteht aus einem Satz von Ideen, die als allgemeingültig gelten und keineswegs nach freiem Belieben anerkannt oder verworfen werden können. Im Gegenteil. Deshalb wird dieses Set von Ideen ja „Universalismus" genannt. „Homo mensura" steht auf dem relativistischen Gegenpol. Die Sophisten haben aber insofern zum Menschenrechts-Konzept beigetragen, als sie mit ihrer selbstbewussten, unabhängigen Art die Gedankenfreiheit eingeführt haben, die sich – nachdem sie im Mittelalter wieder verfallen war – erst viele Jahrhunderte später in der Renaissance und der Aufklärung wieder durchsetzen sollte. Hegel nannte die Lehre der Sophisten die „griechische Aufklärung".

Auch die Unterscheidung zwischen Nomos und Physis muss den Sophisten hoch angerechnet werden, denn diese Polarität hat das Spannungsfeld geboten, innerhalb dessen die Menschenrechtsidee die Jahrhunderte hindurch diskutiert werden sollte. Geistiger Fortschritt wird immer dadurch bewirkt, dass eine treffende Polarisierung gelingt. (Dieser Grundsatz gilt auch für Zeiten wie der unsrigen, die meint auf Dichotomisierungen verzichten zu können.)

Die Kyniker

Das Konzept vom Wert des unqualifizierten Individuums und der Würde des abstrakten Menschen kam erst bei den Kynikern zur Reife. Ihren Namen hatten sie von dem griechischen Wort für „Hund". Von ihrem römischen Chronisten wurden sie später so geschildert: „Sie lehren, dass man einfach leben soll, das heißt, nur zu essen, um den Hunger zu stillen, und sich mit einem Mantel als Kleidungsstück zu begnügen. Reichtum, Ruhm und hohe Geburt gelten ihnen nichts. Manche von ihnen leben nur von pflanzlicher Nahrung und kaltem Wasser und begnügen sich mit jedem Unterschlupf, sogar mit einem Fass, wie es Diogenes bewohnte, der erklärte, es sei die Besonderheit der Götter, nichts, und die Besonderheit der Gottähnlichen, nur wenig zu brauchen."

Diese äußere Bescheidenheit sollte die kynische Philosophie demonstrieren: Der Mensch trägt seinen Wert in sich selbst, er hat von Natur aus keinen „Stand" und kann deshalb auf alles verzichten, was diesen Stand zum Ausdruck bringt. Jeder Mensch hat prinzipiell den gleichen Wert wie jeder andere.

Von den Sophisten unterschieden sich die Kyniker dadurch, dass sie auf ein allgemeingültiges Konzept aus waren. Sie selbst grenzten sich allerdings aus anderen Gründen von den Sophisten ab: Sie verachteten ihren Ehrgeiz und ihre

Ruhmsucht, ihre Vornehmtuerei und die Tatsache, dass sie sich für ihre Weisheitslehre bezahlen ließen. Sie selbst hingegen lebten asketisch und ungebunden unter freiem Himmel, lungerten auf Straßen und Plätzen herum und demonstrierten durch ungekämmte Haare, Kleidung und Lebensweise, dass ihnen die Anerkennung ihrer Mitbürger gleichgültig war. Sie wollten als „Menschen an sich" gewürdigt werden. Berühmt geworden ist nur einer von ihnen: Diogenes. Und auch er ist nicht als Begründer der Menschenrechte berühmt geworden – als solcher ist er fast vergessen. Was man von ihm durch die Zeiten in Erinnerung hat, ist seine anstößige Lebensweise – die Tatsache, dass er in einer Tonne wohnte und ein Bürgerschreck war.

Schon diese antiken Hippies fragten sich: Why don't we do it in the road? Diogenes, sagt man, habe ohne Scham öffentlich onaniert und dazu erklärt, er wünschte, dass man auch den Hunger so einfach durch Magenreiben befriedigen könnte. Ernst Bloch erzählte in seinen (nur in Mitschrift erhaltenen) Leipziger Vorlesungen:

> „Sie wollten wie Hunde leben und nahmen sich deren Geschlechtsleben, die Promenadenmischung, zum Vorbild. Zum Beispiel heiratete einer der Jünger des Diogenes eine Jüngerin des Diogenes, ein Mädchen aus sehr reichem und vornehmem thebenianischem Hause. Das ging zwar gegen die Regel, denn Heiraten ist ja eine Bindung, aber die beiden machten es wieder gut, indem sie ihr Beilager mittags um zwölf Uhr im hellsten Sonnenschein auf den Treppen eines Tempels auf dem Markt vor aller Augen feierten. Das war kynische Praxis. Man kann sich die Freude der wohlsituierten, vornehmen Schwiegereltern in Theben leicht vorstellen."

Man müsse so lange philosophieren, bis man in Feldherren nur noch Eselstreiber sähe, sagte Diogenes. Immer wieder kommt in den Anekdoten, die über ihn erzählt und später in Rom gesammelt wurden, der große Alexander vor, dessen Machtfülle einen denkbar krassen Gegensatz zu der kynischen Schlichtheit bot. Als Alexander den Philosophen besuchte (was historisch zweifelhaft ist), ließ dieser sich nicht von ihm beeindrucken, sondern erwarb sich umgekehrt den Respekt des großen Heerführers. Bis heute ist im Volksmund dieses Lied bekannt: „Diogenes saß in der Tonne und sprach: So geh mir aus der Sonne!" Alexander hatte ihn – so die Legende – gefragt, was er sich von ihm wünsche, und dies war die berühmte Antwort: er möge zur Seite treten, damit er die Sonne nicht verdecke. Die Reden, die Diogenes hielt, waren Moralpredigten, in denen das einfache Leben gepriesen und der Luxus und die Eitelkeit verächtlich gemacht wurden. Man nannte solche Moralpredigten „kynische Diatriben". Weil sie in der Geschichte der Menschenrechte immer wieder eine Rolle spielen, werden wir dieses Wort noch aufgreifen.

In der Odyssee werden die Kyniker parodistisch erwähnt. Die Zauberin Circe hat die Gefährten des Odysseus in Schweine verwandelt, und Odysseus beklagt das Schicksal seines Freundes Krylos. Das Schwein Krylos aber antwortet ihm: „Odysseus, du brauchst mich nicht zu beklagen, ich bin sehr glücklich darüber, dass ich ein Schwein bin. Ich bin jetzt genau das, was die weisesten der Menschen, nämlich die kynischen Denker, als das Beste bezeichnet haben."

Tatsächlich wollten die Kyniker weder Schweine noch Hunde sein, sondern Weltbürger. „Krates gibt Krates von Theben auf, dank dir, Tyche, Lehrerin des Guten!" sagte der Diogenes-Schüler Krates, der durch ein schweres Schicksal („Tyche") aus seiner Heimatstadt Theben verbannt worden war und diese Entwurzelung nachträglich als günstig ansah – als günstig für seine geistige Emanzipation, die ihn zum „Kosmopoliten" machte.

Dieses Wort bezeichnet einen Menschen, für den nicht seine Stadt, sondern der Kosmos die „Polis" ist. Es taucht in der Weltliteratur das erste Mal in der Biographie des Diogenes auf, und zwar in diesem Zusammenhang: „Auf die Frage, welchen Gewinn ihm die Philosophie gebracht habe, meinte Diogenes: ‚Zumindest das eine: auf jede Schicksalswende gefasst zu sein.' Gefragt, wo er beheimatet sei, antwortete er: ‚Ich bin Kosmopolit.'"

Erst dieser Verzicht auf die Polis setzte die Idee von Freiheit und Gleichheit wirklich frei. In der Geborgenheit der Gemeinschaft gedeiht sie nicht. Das ist auf den ersten Blick erstaunlich, es ist beinahe ein Paradox, und wir werden dieses Phänomen weiter im Auge haben, um es dann im letzten Kapitel zum zentralen Thema zu machen. Albert Schweitzer sprach in diesem Zusammenhang von einer „unheimlichen Gesetzmäßigkeit": dass ethisches Gedankengut nur in sozial aufgelösten Kontexten zur Blüte kommen kann.

Der Nachruhm

Das schlechte Benehmen der Kyniker ist vielleicht noch in Erinnerung; die erhabene Idee aber, die hinter den Respektlosigkeiten stand, wird Diogenes nicht zugeschrieben: die Idee, dass alle Menschen die gleiche, angeborene Würde haben und keiner dem anderen von Natur aus überlegen ist. Der große Alexander allerdings war angemessen beeindruckt. Er soll anschließend an seinen Besuch gesagt haben: „Wenn ich nicht Alexander wäre, möchte ich Diogenes sein."

Wenn Diogenes auf Ruhmlosigkeit Wert gelegt hat, so wurde sie ihm beschieden. Denn die Beachtung, die er heute findet, ist seiner Leistung keineswegs angemessen. Die kynische Philosophie findet hauptsächlich dann Erwähnung, wenn die Ursprünge der großen philosophischen Schule benannt werden, die aus ihr folgte: der Stoa. Die ältere Stoa ist aber im Wesentlichen deshalb berühmt geworden, weil sie die Unabhängigkeit von den äußeren Lebensumständen (wir sprechen bis heute von „stoischer Ruhe") propagiert hat. Den Blick für den abstrakten Menschen hat die Stoa erst in ihrer „jüngeren", römischen Form wiedergefunden. Wir werden sehen, dass einer der großen Vertreter der jüngeren Stoa, Epiktet, ein glühender Verehrer des Diogenes war und das in seinem „Handbüchlein" auch stürmisch zum Ausdruck gebracht hat. Dennoch möchte man Diogenes bis heute nicht angemessen würdigen. Er hat das Stigma des Bürgerschrecks bis heute nicht verloren, er gilt als Enfant terrible der Antike – und nimmt nicht den Platz ein, der ihm zusteht: den Platz des Begründers des Universalismus, der ersten globalen Idee, die unaufhaltsam die Welt erobert. Ihm gebührt eine Statue vor dem UN-Gebäude.

Noch in der Aufklärung allerdings, als die Menschenrechtsidee beinahe explosionsartig zur Geltung kam, war man sich der großen Bedeutung des alten Kynikers bewusst. Diogenes wurde als „erster Rousseau" bezeichnet. Bei Alexander Rüstow heißt es: „Rousseaus allgemeiner Zusammenhang mit dem antiken Kynismus war den klassisch gebildeten Zeitgenossen natürlich klar. So schreibt König Friedrich II, von Preußen am 1. September 1762 an den Marshall von Keith, an Rousseau sei ein christlicher Heiliger verloren gegangen, „mais à présent il ne sera regardé qu'en qualité de philosophe singulier, qui ressuscite après deux mille ans la secte de Diogène." – (Aber zur Zeit wird man ihn wohl nur als eigentümlichen Philosophen sehen, der nach zweitausend Jahren die Sekte von Diogenes wiederbelebt.)

Die Bedeutung Rousseaus steht heute völlig außer Frage; die Feststellung aber, dass sein Denken auf Diogenes zurückgeht und dieser insofern der Vater der Menschenrechte war, habe ich bisher nur bestätigt gefunden bei Friedrich II., George Sorel, Alexander Rüstow, Ernst Bloch und Mary Kaldor.

Allerdings ist die Schule, die Diogenes gegründet hatte, schon in Rom immer mehr abgerutscht. Die Lebensweise der Kyniker diente immer weniger philosophischen Absichten; viele römische Nachfolger ergingen sich in immer seltsameren Albernheiten und sanken in ihren Gewohnheiten zum Pöbel herab. Es hätte schlecht ausgesehen für die immer noch zarte Idee, die wir hier verfolgen, wenn nicht Epiktet, der ein nach Rom verkaufter Sklave war, sich ihrer angenommen und sie von dem problematischen Beiwerk gereinigt hätte. (Wir werden von ihm noch mehr hören, wenn der Blick nach Rom geht.)

Epiktet sah schon die Underdog-Problematik, die Diogenes auf sich gezogen hatte: „Wir fühlen kaum seine Größe, wir schätzen einen Charakter wie Diogenes nicht nach Gebühr, wir sehen immer nur die heutigen Kyniker, die unter dem Tische oder an der Tür liegen und Diogenes nachzuahmen glauben, indem sie sich unanständig benehmen."

Das Humanum

Es gibt noch eine Fülle von weiteren Anekdoten über Diogenes, die deshalb erhalten sind, weil er lange nach seinem Tod in den gebildeten Kreisen Roms populär wurde. Bekannt – und in der Renaissance gern gemalt – wurde die Szene, in der er mit der Laterne auf dem Marktplatz umhergeht und in alle Ecken leuchtet. Danach gefragt, was er suche, antwortet er: „Ich suche einen Menschen!" Hier tritt der „abstrakte Mensch" in seiner Aufwertung zum „wahren, richtigen, vollgültigen Menschen" auf, wie auch in dieser Anekdote: „Bei seiner Heimkehr aus Olympia wollte jemand von ihm wissen, ob die Spiele viele Besucher gehabt hätten. ‚Ja', sagte er, ‚aber Menschen gab es da kaum.' Das Wort „Mensch" (Homo) wird auf diese Weise nicht neutral aufgefasst, sondern als Wertschätzung verstanden: Human, humanitär – als Fremdwort hat es diese Bedeutung angenommen.

Im nächsten Kapitel, wenn unser Schauplatz Rom ist, werden wir die Worte von Marc Aurel hören: „Wenn du des Morgens nicht gerne aufstehen magst, so denke: Ich erwache, um als Mensch zu wirken."

Diese Haltung wurde zum Kennzeichen des „Humanismus" und sollte in der Aufklärung zu neuer Blüte kommen, als die Dichter „die Menschheit in ihrer Brust" entdeckten. „Menschlichkeit" sollte das heißen.

„Handwerker siehst du", rief Hölderlin aus, „aber keine Menschen, Denker, aber keine Menschen, Priester, aber keine Menschen, Herrn und Knechte, Junge und gesetzte Leute, aber keine Menschen." Überall da, wo diese Hochachtung vor dem „Menschen an sich" zum Ausdruck kommt, zeigt sich, zumindest im Keim, der Universalismus, der letzten Endes in der Menschenrechtserklärung von 1948 aufgegangen ist.

Wir werden noch das berühmte Wort von Seneca hören: „Ein jeglicher – wenn ihn auch sonst nichts empfiehlt – er steht bei mir in Gunst, weil er den Namen Mensch trägt". – Auch dann, „wenn ihn sonst nichts empfiehlt" – wenn er also, mit Ortegas Worten, ein un-qualifiziertes Individuum ist – wird seine Zugehörigkeit zum Menschengeschlecht gewürdigt.

Die Anerkennung der „Menschheit", das heißt, des „Menschseins", ging oft mit der Bewunderung des menschlichen Antlitzes einher – wohlgemerkt: des Antlitzes an sich. Matthias Claudius dankte Gott dafür, „dass ich dich, schön menschlich Antlitz trage." Diese Bewunderung drückt sich in der biblischen Vorstellung aus, dass Gott den Menschen nach seinem eigenen Bilde geschaffen habe. (Den wahren Sachverhalt hat man gut mit dem Begriff „Anthropomorphismus" bezeichnet.) Die Tatsache, dass das Burka-Tragen so viel Protest hervorruft, mag damit zusammenhängen: Wer sein Antlitz nicht zeigt, ist eher als Gespenst denn als Mensch anzusehen.

Die Wertung des Menschen an sich ist auch in unserem heutigen Sprachgebrauch noch voll erhalten: „Menschlich" zu handeln gilt als etwas Gutes, „unmenschlich" als etwas Böses – ungeachtet der Tatsache, dass man weiß, zu welchen Grausamkeiten der Mensch fähig ist. Von hierher kommt die Vorstellung von der „Menschenwürde". Dieser in der Aufklärung (durch Samuel Pufendorf) eingeführte Begriff fasst das zusammen, was dem abstrakten Menschen – und sei er ein unmündiger Säugling oder ein dementer Alter, und sei er ein Mörder oder geisteskrank und benähme sich wie ein Tier – zukommt.

Die höchste philosophische Wertschätzung der „Menschheit" hat Kant in seinem „praktischen Imperativ" so formuliert: „Handle so, dass du die Menschheit sowohl in deiner Person als in der Person eines jeden andern jederzeit zugleich als Zweck, niemals bloß als Mittel brauchst." Damit ist das Verbot ausgesprochen, den Einzelnen aufzuopfern – auch nicht den Zwecken der Gemeinschaft.

Wenn uns diese Wertschätzung des „Menschen an sich" selbstverständlich vorkommt, so liegt das daran, dass wir in diese Tradition von Kind auf eingebettet sind. Sie ist tatsächlich keineswegs selbstverständlich; sie ist das Produkt von Hochkultur. Wir müssen den antiken Begründern und allen denen, die diese Idee durch die Jahrhunderte hindurch bis in unsere Tage hinein getragen haben, dankbar sein:

„Hier doch und von hier aus trat zuerst das Pathos der menschlichen Würde auf, in seiner spezifisch naturrechtlichen Gestalt; großer Dank gebührt so der Stoa, der Wiege", sagte Ernst Bloch. Er fand hier die Grundlage des „aufrechten Ganges". (Obwohl er – wie alle Marxisten – dem Naturrecht kritisch gegenüberstand, gehört Bloch zu dessen besten Kennern; sein Buch „Naturrecht und menschliche Würde" hat auf den vorliegenden Text großen Einfluss gehabt.)

Hegel mahnte zur Dankbarkeit für solche Gedanken, die alltäglich geworden sind: „Die Geschichte lehrt, dass dergleichen, was uns trivial scheinen kann, nicht immer in der Welt gewesen sei, dass solcher Gedanke vielmehr Epoche in der Geschichte des menschlichen Geistes machte." („Die Vernunft in der Geschichte")

Wie wenig selbstverständlich, wie gefährdet das Konzept vom abstrakten Menschen ist, hat sich vor nicht allzu langer Zeit – noch zu meinen Lebzeiten – in Deutschland gezeigt, als es theoretisch und praktisch verleugnet wurde. Noch danach aber und bis heute wird das Konzept abgelehnt (wir werden das im 10. Kapitel im Einzelnen sehen). Zum Beispiel ließ sich Theodor Adorno in der „Dialektik der Aufklärung" zu schweren Ausfällen gegen die blutlose Konstruktion hinreißen, und der amerikanische Soziologe Michael Walzer wetterte noch vor wenigen Jahren, als eine partikulare Ausrichtung – der Kommunitarismus – vorübergehend modern war, gegen das Gespenst „ohne Haare und Zähne".

Insgesamt ist zu sagen: Der Ausgangspunkt „Mensch" wurde in der neueren Soziologie aufgegeben. Sie sah sogar ihren Stolz darin, die theoretischen Schwierigkeiten zu meistern, die sich ergeben, wenn nicht die Individuen, sondern das, was sich zwischen ihnen abspielt, das Maßgebliche ist: die Kommunikation, der Diskurs. In der Systemtheorie ist die Auflösung des Topos „Mensch" die wichtigste Aussage. „Für die alteuropäische Tradition der Gesellschafts- und Rechtsphilosophie war die Prämisse selbstverständlich gewesen, dass der Mensch seine Freiheit und seine Tugend, sein Glück und sein Recht als lebender Teil der lebenden Gesellschaft findet", sagte Niklas Luhmann 1971 in seiner „Rechtssoziologie": „Die neueren Entwicklungen der soziologischen Systemtheorie zwingen dazu, mit dieser Vorstellung zu brechen." Das soziale System, das ein System sinnhaft aufeinander bezogener Handlungen sei, schließe den Menschen nicht ein, sondern aus.

Unübertroffen blieb allerdings der Protest gegen den Topos „Mensch" bei Max Stirner. In seiner Schrift „Der Einzige und sein Eigentum" (1844) sagte er: „Der Mensch – das ist auch ein Sparren, ein Gespenst, das gibt es gar nicht. An seiner Stelle gibt es niemand als „Mich", und zwar großgeschrieben."

Exkurs: Tiere

Ungeachtet solcher Rückschritte geht die Anerkennung des abstrakten Menschen voran und weitet sich auf die Tiere aus. Während sich in den früheren Jahrhunderten das Menschliche gern vom Tierischen als dem Untergeordneten absetzte, wird diese Welt heute mehr und mehr einbezogen. Die Tierwelt wird gar nicht mehr als untergeordnet empfunden; auch diese Hierarchie löst sich langsam auf. „Edel sei der Mensch, hilfreich und gut, denn das allein unterscheidet ihn von den Tieren" – dieses Goethewort haben wir uns als kleine Mädchen noch in die Poesiealben geschrieben. Heute haben kleine Mädchen gar nicht mehr das Bedürfnis, sich von den Tieren abzuheben und sich ihnen gegenüber als höher stehend zu empfinden.

Eine schweizerische Ethikkommission hat neuerdings sogar eine Studie prämiert, die den Titel hatte: „Über die Moral und die Würde von Lebewesen, die die Würde von Pflanzen einschließt". Die „Ehrfurcht vor dem Leben" weitet sich immer mehr aus. Gandhi, der ein tiefer Bewunderer der Persönlichkeit Jesu war, nahm Anstoß daran, dass dessen Bergpredigt kein Wort des Verhaltens des Menschen zu den Geschöpfen enthält, und Albert Schweitzer, der das Wort von der „Ehrfurcht vor dem Leben" geprägt hat, kritisierte, dass Kant nur die Pflicht des Menschen gegen den Menschen anerkannt hat. Nur indirekt nämlich hat bei Kant das Verbot der Tierquälerei Geltung: sie verroht den Menschen, es führt dazu, dass „eine der Moralität im Verhältnisse zu anderen Menschen sehr diensame natürliche Anlage geschwächt und nach und nach ausgetilgt wird."

Dieser Mangel wird immer mehr überwunden und die Begrenzung, die die „Menschen"-Rechte in sich tragen, immer mehr aufgehoben. „Die Zahl derer, die auf diese Weise dazu kommen, sich brüderlich zu den Geschöpfen zu verhalten, ist im Zunehmen begriffen, die Zahl derer, die sich als Herren der Geschöpfe betrachten und meinen, nach Gutdünken mit ihnen verfahren zu können, wird abnehmen. Mehr und mehr geht uns modernen Menschen wie von selbst auf, dass die Geschöpfe unsere Brüder sind und das Recht haben, von uns als solche behandelt zu werden", sagte Albert Schweitzer in einer Rede, in der er für das Verbot des Stierkampfes plädierte.

Der Humanismus

Wenn wir den Beginn des Menschenrechtsdenkens in den kynischen Ursprüngen der älteren Stoa angesetzt haben, sind wir der Auffassung gefolgt, dass das alte Griechenland die „Wiege des Abendlandes" sei. Will man dieser Auffassung folgen? Das heißt, mit anderen Worten: Will man dem humanistischen Ansatz folgen? Denn in der Bejahung dieser Frage lag für Jahrhunderte die Begründung dafür, dass die europäische Bildung „humanistisch" war: dass sie die alten, längst nicht mehr gesprochenen Sprachen pflegte und sich die Geschichten erzählte, die aus der Antike überliefert sind. In der antiken Kultur wurde der Durchbruch in die Geistesfreiheit gesehen, der, wenn er auch im Mittelalter wieder verschüttet war, doch in der Renaissance wieder geöffnet werden konnte.

> „Die Griechen sind das Volk, das, als Heros Archegetes im Bereich der abendländischen Kultur, diesen Durchbruch, einzig und erstmalig, prototypisch, exemplarisch und klassisch, d. h. mit Wirkung und Gültigkeit für alle Folgezeiten bis heute, vollzogen hat: Τό Ἑλληχόν ἐλεύτερον. Das ist es, was die Griechen und ihre Geschichte aus der Geschichte aller übrigen Völker unserer Welt heraushebt, was ihre Geschichte für uns mindesten ebenso wichtig erscheinen lässt wie unsere eigene Geschichte, die ihren höchsten Auftrag und ihre weltgeschichtliche Würde erst durch den Antritt und die Verwaltung dieses Erbes erhält",

sagte Alexander Rüstow in seiner „Ortsbestimmung der Gegenwart".

> „Dieser Standpunkt ist doch wohl auch der eigentlich und entscheidend humanistische. Verlässt man ihn, so ist die Geschichte der Botokuden, der Zulukaffern oder jedes beliebigen anderen Volkes genau so interessant, genau so wichtig, genau so ‚unmittelbar zu Gott', und wir befinden uns mitten in einem haltlosen Relativismus."

Dieser Satz würde heute als politisch inkorrekt – nämlich eurozentristisch – zurück gewiesen werden. Die Geschichte der Botokuden und Zulukaffern, würde man heute sagen, darf nicht in dieser Weise degradiert werden. Wir werden noch sehen, dass ein Vertreter der postmodernen Richtung, Francois Lyotard, tatsächlich den Standpunkt vertreten hat, dass der Gründungsmythos der Cashinana genau so bedeutend sei wie die Allgemeine Menschenrechtserklärung von 1948. Dieser Standpunkt ist, milde gesagt, nicht der humanistische.

Wie dem auch sei: Wenn man dem Menschenrechtsdenken „Eurozentrismus" vorwerfen will, kann man das Zentrum genau bestimmen: Es ist Athen.

2. Kapitel: Die römische Antike

Die Idee wandert nach Rom

Wie konnte es gelingen, dass die Menschenrechts-Idee – so unkonturiert und unformuliert, wie sie sich im vorigen Kapitel in Griechenland noch zeigte – den Sprung aus der verkümmernden hellenistischen Welt in das aufstrebende Rom schaffte? Wie konnte dieser Vorgang, den wir ihre erste „Rezeption" nennen wollen, gelingen?

Im zweiten Jahrhundert vor Christi war Griechenlands Macht, von Makedonien schon gebrochen, so schwach, dass sie den Römern keinen Widerstand bieten konnte und unterworfen wurde.

> „Diese Unterwerfung durch eine auswärtige Macht fremden Stammes, fremder Sprache und fremder bäurisch-kräftiger, aber barbarisch-düsterer Zivilisation, am ehesten noch mit den Spartanern zu vergleichen, hätte das Ende nicht nur der griechischen Gesellschaft in ihrer eigenständigen politisch-sozialen Existenz, sondern zugleich auch das Ende der von dieser Gesellschaft geschaffenen und getragenen griechischen Kultur bedeuten können, ein unrühmliches und trauriges Ende durch Unterjochung und Provinzialisierung. Dass es anders kam, war großenteils die Folge eines ganz ungewöhnlichen Glücksfall",

sagte Alexander Rüstow. Dieser Glücksfall bestand in der Begegnung zweier Männer: Nachdem die Römer in der Schlacht von Pydna die Herrschaft über die Griechen erlangt hatten, nahmen sie 1000 vornehme Männer als Geiseln mit nach Haus. Einer von ihnen war der Historiker Polybios. Der geschichtliche Glücksfall bestand darin, dass dieser Historiker als Hauslehrer in eine römische Familie aufgenommen wurde, die die Überlegenheit der griechischen Kultur erkannte und ihren Adoptivsohn an ihr bilden wollte. Es war die Familie der Scipionen, die den Sohn des Feldherrn adoptiert hatte, der der Sieger von Pydna gewesen war. Polybios Schüler sollte später als Scipio Africanus der Jüngere bekannt werden. „Dieser hochbegabte Jüngling", schrieb Rüstow,

> „fand in Polybios seinen Sokrates – in der Tat hätte man sich eine bedeutendere, eindrucksvollere und würdigere Verkörperung griechischen Geistes und griechischer Kultur gar nicht wünschen können. Später trat noch der aus Rhodos stammende Stoiker Panaitios neben Polybios. Da nun der junge Scipio, den Traditionen seines Vaters

wie seiner Adoptivfamilie folgend, nachmals der größte und erfolgreichste römische Feldherr seiner Zeit wurde und mit einem Kreis von bedeutenden Staatsmännern, die er um sich scharte, für Jahrzehnte die Richtung der römischen Politik bestimmte, so wurde diese schicksalshafte Begegnung entscheidend dafür, dass Rom sich zur vollen Rezeption der griechischen Kultur auf höchstem Niveau entschloss."

Die Tatsache, dass sich eine Siegermacht fast vollständig der Kultur der Besiegten unterordnet, ist bis heute erstaunlich. Den Römern wurde im Augenblick ihres politischen Triumphes offenbar, dass die besiegte Nation über Kräfte verfügte, denen sie als die Sieger nichts Gleichwertiges entgegenzusetzen hatten. Auf Grund ihrer großen Vergangenheit waren die Griechen in allen Formen des Lebens, in der Durchgeistigung ihres Daseins den Siegern weit überlegen. Cicero prägte später dafür das berühmte Wort: Victebamur a victa Graecia. Wir wurden von dem besiegten Griechenland besiegt.

Wenn die Begegnung zwischen Polybios und seinem Schüler Scipio so stark in den Vordergrund gestellt wird, handelt es sich allerdings um eine Überspitzung. Die römische Kultur war nämlich schon vorher von der griechischen beeinflusst worden. Wir haben diese spezielle Begegnung aber so betont, weil sich in ihr gerade die Ideen übertrugen, auf die es uns ankommt: die stoisch-humanen, kosmopolitischen. Tatsächlich hatte Scipios Vater schon zuvor seine Söhne von griechischen Wissenschaftlern und auch von griechischen Bildhauern, Malern, Pferde- und Hundekennern erziehen lassen.

Der Niederlage von Pydna war bereits die Besiedlung Süditaliens durch Griechen (unter anderem Etrusker) vorangegangen; vorangegangen waren auch schon kriegerische Auseinandersetzungen, in denen die römischen Soldaten die Länder des Ostens und ihre Tempel und Statuen gesehen hatten. Viele Menschen aus dem griechischen Kulturkreis waren nach Rom geströmt; nicht nur Polybios und Panaitios, sondern auch viele andere versklavte Griechen hatten Vertrauensposten in römischen Häusern erhalten.

Es gab allerdings auch Widerstand gegen die um sich greifende Graezisierung. Er wurde von dem Staatsmann Cato angeführt, der sie als Verweichlichung ansah, und hätte wohl zum Erfolg geführt, wenn nicht der Einfluss der Scipionen-Familie dagegen gewirkt hätte. Cato sah in der stoischen Philosophie – nicht zu Unrecht – eine Aufweichung der patriotischen Selbstbezüglichkeit und damit des kriegerischen Geistes. (Der Kosmopolitismus sollte immer unter diesem Angriff stehen; im Nationalsozialismus war es geradezu gefährlich, als „Kosmopolit" zu gelten.)

Polybios erfreute seine Gastgeber damit, dass er ein Buch über die römische Geschichte schrieb. Dort erklärte er, dass die Vorherrschaft der Römer infolge ihrer politischen Überlegenheit ganz unvermeidlich war; er wies andererseits aber immer wieder darauf hin, dass damit noch nicht feststünde, ob die römische

Herrschaft auch ein Segen für die unterworfene Welt sei. Erst die Nachgeborenen würden das einmal beurteilen können. Nicht der Sieg sei nämlich entscheidend, sondern das, was der Sieger daraus mache: Er müsse eine Ordnung schaffen, die für alle, nicht nur für ihn, den Sieger, angenehm sei. Hier bahnt sich der für die Menschenrechtsidee so wichtige Abschied von der primitiven Freund/Feind-Unterscheidung an. Dieser Abschied markiert bis heute eine Kulturstufe, die die Menschheit erst ganz langsam zu nehmen im Begriff ist: immer zwei Schritte vor und einen zurück. Noch im 20. Jahrhundert gab es, angeführt von Carl Schmitt, einen schlimmen Rückfall in das Freund/Feind-Konzept.

In Polybios war die universalistische Kulturstufe schon erreicht. „Wenn die Gestalt des Polybios dem jugendlichen Scipio einen unauslöschlichen Eindruck von der Hoheit griechischen Geistes vermittelt hatte, so war sich der angehende Feldherr und Staatsmann gewiss instinktiv auch dessen bewusst, dass sich eine Welt nur von der höchsten in ihr erreichten Kulturstufe aus anders als rein äußerlich beherrschen lässt", heißt es bei Rüstow.

Auch Panaitios, der Scipio auf eine Reise nach Afrika begleitete, machte dem jungen Feldherrn klar, dass der Gebildete von der Freund/Feind-Begrenzung absehen und moralische Grundsätze anerkennen müsse, die für alle Menschen und gegenüber allen Menschen gültig sind. Verpflichtungen gäbe es nicht nur gegenüber dem eigenen Staat, sagte Panaitios, sondern auch gegenüber den Angehörigen anderer Völker.

Scipio Africanus galt im Altertum als Lichtgestalt (in seinen Enkeln Gaius und Tiberius Gracchus setzte sich sein Denken fort). Scipio wurde von Cicero als derjenige gewürdigt, der den Weg zu der glücklichen Synthese zwischen der griechischen und der römischen Kultur geöffnet hat. Er sei ein Mann von vollendeten Umgangsformen und geistiger Offenheit gewesen, sagte Cicero, der etwa hundert Jahre später lebte und selbst ein Produkt dieser kulturellen Rezeption war, denn schon von Kind auf sprach und schrieb er fließend Griechisch.

Wir haben es, wenn wir die Menschenrechts-Idee durch die Geschichte hindurch bis in die Gegenwart hinein verfolgen, mit verschiedenen „Rezeptionen" zu tun – mit der Übernahme von geistigen Gütern aus fremden Kulturkreisen. In zwei dieser Fälle war diese Übernahme erfolgreich. Die Wanderung der kynisch gegründeten Stoa ins Römische Reich, die wir gerade im Auge haben, ist die erste Rezeption, im Zuge derer die Menschenrechtsidee in die nächste Epoche getragen wurde. Nachdem sie im Mittelalter wieder vergessen wurde, wird ihre zweite Rezeption in der Renaissance folgen und die glänzende Aufnahme, die diese Idee in der Aufklärung fand, vorbereiten – bis ihr zu Beginn des 19. Jahrhunderts im Zuge der Restauration der Zutritt nach Deutschland versperrt wurde. Diese dritte Rezeption misslang: Als Napoleon erbittert bekriegt wurde, nahm der „deutsche Sonderweg" seinen Anfang, auf dem sich Deutschland von den universalen Maximen abwandte. Erst nach dem Zweiten Weltkrieg kann hier wieder von der

Rezeption des universalistischen Gedankenguts die Rede sein – wenn man ein Flächenbombardement als Grundlage für eine Rezeption anerkennen möchte.

Die jüngere Stoa

Man nennt die Stoa – so, wie sie sich in Rom entfaltete – im Gegensatz zur älteren, griechischen – die jüngere Stoa. Sie setzte sich aus zwei Elementen zusammen: dem möglichst weitgehenden Gleichmut gegenüber dem äußeren Schicksal (der uns nicht weiter beschäftigen wird) und der Orientierung an der Natur – natura – die für unseren Zusammenhang wichtig ist. Denn die Stoa verstand unter natura den wohlgeordneten harmonischen Kosmos, dem die Rechts- und Staatsordnung entsprechen sollte. Das bis vor kurzem noch für den Universalismus gebräuchliche Wort „Naturrecht" kommt aus dieser Tradition. Die maßgeblichen Philosophen der jüngeren Stoa waren Cicero, Seneca, Epiktet und Marc Aurel.

Cicero lebte von 100 bis 50 vor Christi und gehörte zu der gebildeten Gesellschaftsschicht, die schon von Kind auf griechisch unterrichtet war. Er wurde – als Gegner von Cäsar – ermordet, aber sein hohes Ansehen blieb intakt. Im 19. Jahrhundert allerdings wurde er, besonders von Theodor Mommsen, klein gemacht: Seine größte Begabung sei die gewesen, offene Türen einzurennen. Nun ist es tatsächlich schwer, aus den vielen Schriften von Cicero eine konsistente und markante Philosophie heraus zu destillieren; vielleicht hat man ihn mit Recht manchmal als Opportunisten und Schönredner bezeichnet. Nichts Deutliches hat er zum Menschenrechtsdenken beigetragen, zu allgemein sind seine Sentenzen über das Gute und Richtige im Staat. Aber auch wenn er nicht wirklich klar machen konnte, welche Folgen sich aus der von ihm propagierten Orientierung an Natura eigentlich ergeben, so hat er doch sehr dazu beigetragen, dass diese Instanz zum epochalen Maßstab wurde. Lex naturae, Naturrecht – ohne Cicero wäre dieser Begriff kaum so erfolgreich ins Abendland eingeführt worden.

Cicero ist zur zentralen Figur der humanistischen Bildung geworden, weil an seinen Texten über Jahrhunderte das Lateinische gelehrt wurde. Sein Latein galt und gilt als das vollkommenste. Über das Sprachstudium wurden auch die Inhalte transportiert; es war die Grundlage der zweiten Rezeption, die in der Renaissance erfolgte. Deshalb bezeichnete Alexander Rüstow Cicero als das größte und fruchtbarste Vermittlertalent der Weltliteratur.

Seneca kam dem ethischen Gehalt des Universalismus erheblich näher. Er lebte ein halbes Jahrhundert später, nämlich von 4 bis 65 nach Christus und war also Jesu Zeitgenosse – ohne von ihm zu wissen. Seneca war der Erzieher des jungen Nero und hatte in den Jugendjahren des Kaisers die tatsächliche Leitung des römischen Reiches inne; er fiel aber später in die Ungnade seines Schülers und musste sich auf dessen Geheiß die Adern öffnen.

Wir haben schon Senecas große Worte kennengelernt, aber es ist kein Schade, sie noch einmal anzuhören (denn keineswegs hat sich diese Denkweise ein für allemal durchgesetzt – das Schielen auf Herkunft und Reichtum will sich immer wieder vordrängen). Kein Mensch sei edler als der andere, sagte Seneca in seiner Schrift „Von der Muße des Weisen", „die eine Mutter unser aller ist die Welt; der erste Ursprung eines jeden lässt sich, sei es durch hochberühmte oder niedrige Verwandtschaftsstufen, bis zu ihr zurückführen. – Keinem ist die Tugend verschlossen, allen steht sie offen, alle lässt sie zu: Freigeborene, Freigelassene, Sklaven, Könige und Vertriebene. Sie sieht nicht die Familie an, noch das Vermögen: Der Mensch allein ist ihr genug. Man irrt, wenn man meint, der Sklavenstand gehe das ganze Menschenwesen an: der edlere Teil desselben wird nicht davon berührt."

Oder: „Ein jeglicher, wenn ihn auch sonst nichts empfiehlt, steht bei mir in Gunst, weil er den Namen Mensch trägt."

Oder: „Man darf sich bei der Behandlung eines Sklaven nicht fragen, wie viel man ihm antun kann, ohne Anstoß zu erregen, sondern wie viel die Natur des Rechts und der Gerechtigkeit erlaubt, die gebietet, auch die Gefangenen und Erkauften schonend zu behandeln. Obwohl gegen einen Sklaven alles erlaubt ist, so gibt es doch etwas, was durch das gemeinsame Recht jedes lebenden Wesens als gegen einen Menschen nicht erlaubt bestimmt wird, weil er derselben Natur ist wie du."

Uns ist es mittlerweile selbstverständlich, dass man sich auch dann korrekt verhalten soll, wenn man keinen Anstoß erregt (theoretisch ist es uns jedenfalls selbstverständlich); vergleichen wir aber Senecas Worte mit denen der Sophisten, die wir im vorigen Kapitel kennengelernt haben, so sehen wir, wie mühsam diese Verinnerlichung des Gewissens kulturell erworben wurde.

Wie immer ist auch hier mit dem Begriff des abstrakten Menschen der Kosmopolitismus verbunden. In Senecas Augen gehörte der Mensch nicht einer, sondern zwei Republiken an: Die eine sei groß und allgemein, reiche so weit die Sonne leuchtet und umfasse Götter und Menschen; die andere aber sei die, in die er durch das Schicksal der Geburt als Bürger aufgenommen ist. Auch derjenige, der in dieser zweiten Republik keine Rolle spiele, meinte Seneca, könne doch der großen und allgemeinen Republik dienen, indem er die Gesinnung der Menschen verbessere und dadurch an dem Heraufkommen einer neuen Zeit arbeite.

Epiktet (von dem wir schon hörten) lebte wiederum eine Generation später, von 55 bis 135 nach Christi. Auch er war ein aus Griechenland nach Rom verkaufter Sklave, der freigelassen worden war. Aus seiner Heimat brachte er die Verehrung für Diogenes mit. Er lebte zwar nicht so auffällig asketisch wie dieser, konnte aber immerhin stolz darauf hinweisen, dass er infolge seiner bescheidenen Lebensführung seine Haustür nicht abzuschließen brauchte.

Epiktet vergötterte Diogenes und die Kyniker geradezu: Sie seien die Send-
boten des Zeus, meinte er in seinem berühmten (und bis heute gelesenen) „Handbüchlein der Moral". Diogenes sei der Vater aller Menschen, die Männer seien
seine Söhne, die Frauen seine Töchter. So sorge er für alle, so beschirme er alle. In
manchen Passagen erinnert diese Gedächtnispflege an die Apotheose, die um die
gleiche Zeit im besetzten Palästina Jesus Christus zuteil wurde: Ein Mensch, dessen Ideen als maßgeblich angesehen werden, wird zum Gott stilisiert. „Wie ist es
möglich, ohne Hab und Gut, ohne Kleider, ohne Haus und Herd, im Straßenstaube,
ohne Diener und ohne Heimat sich wohl zu fühlen?" fragt Epiktet, und antwortet:

> „Gott hat euch einen gesandt, der durch sein Beispiel zeigt, dass es möglich ist: Seht
> mich an, ich habe kein Haus, keine Heimat, besitze nichts, habe keinen, der mir
> dient; ich schlafe auf bloßer Erde, habe weder Weib noch Kinder, nicht einmal ein
> Zelt, sondern nur die Erde und den Himmel und einen alten Mantel."

Unwillkürlich wird man an das erinnert, was Jesus über sich sagte: „Die Füchse
haben Gruben und die Vögel unter dem Himmel haben Nester; aber des Menschen Sohn hat nicht, wohin er sein Haupt lege." Epiktet lässt Diogenes weiter
sprechen:

> „Und was fehlt mir? Ich kenne weder Trauer noch Furcht, ich bin ganz frei. Hat
> jemals einer von euch gesehen, dass ich etwas gewünscht und nicht erreicht hätte?
> dass ich etwas hätte meiden wollen und wäre doch hereingefallen? dass ich mich
> über Gott und Menschen beklagt hätte? Habe ich je auf einen geschimpft? hat einer
> von euch mich mürrisch gesehen? Wie trete ich denen gegenüber, die ihr fürchtet
> und bewundert? Behandle ich sie nicht wie Sklaven? Glaubt nicht jeder, wenn er
> mich ansieht, seinen König und Herrn zu sehen?"

In den letzten Sätzen kommt das geistige Band zwischen den beiden Elemente
der Stoa: dem „stoischen" Gleichmut und der Missachtung irdischer Rangordnungen – gut zum Ausdruck.

So sehr Epiktet Diogenes verehrte, so dringend warnte er seine Zeitgenossen
doch davor, dessen Lebensweise zu imitieren – denn das kam offenbar in Mode:

> „Du denkst: ‚Ich trage jetzt einen alten Mantel, den will ich weiter tragen; ich lie-
> ge auf hartem Lager, ich will mir einen Bettelsack und Bettelstab nehmen, will
> von Haus zu Haus gehen, will alle Vorübergehenden ansprechen und sie belästigen;
> wenn ich einen sehe, der sich glatt rasiert, sein Haar schön legt oder in Purpurklei-
> dern einhergeht, so will ich ihm das vorhalten. Wenn du dir die Sache in dieser Art
> vorstellst – Hände weg! fange gar nicht erst an, es ist nichts für dich."

Ebenso wie die Kyniker verlangte Epiktet aber vom Menschen, dass er sich aus seiner Gemeinschaft herauslöste. Das Gute, meinte er, habe nichts mit dem Respekt vor der eigenen Verwandtschaft zu tun. In einer Wechselrede heißt es: „Sogar der Vater geht mich nichts an, sondern nur das Gute. – So hart bist du? – Ja, so bin ich von Natur aus, diese Münze hat mir Gott gegeben. Denn, wenn gut etwas anderes ist als anständig und recht, dann fallen auch Vater, Bruder, Vaterland fort."

Wir haben die innere Unabhängigkeit von der Polis, die den Kosmopolitismus eröffnet, schon als wesentliches Element des Universalismus festgestellt; die Unabhängigkeit von der Familie kommt hinzu. Der ideale, losgelöste, individuierte Mensch hat nicht Weib noch Kind. Epiktet beschrieb die Behinderungen eines Familienvaters so:

> „Er muss einen Kessel haben, wo er Wasser für sein Kind warm machen kann, um es in der Wanne zu baden; wenn seine Frau im Wochenbett liegt, muss er Wolle, Öl, Kissen, zu Trinken beischaffen – und so kommt immer mehr Zeug ins Haus."

Wer eine Familie hat, sei nicht mehr Herr seiner selbst:

> „Muss er nicht seinen Kindern Kleider beschaffen? Wenn sie in die Schule gehen, müssen sie Tafel und Griffel haben, er muss ihnen das Bett machen; denn wenn sie aus dem Mutterleibe kommen, sind sie keine Kyniker. Will er das nicht tun, dann wäre es gleich besser, sie nach der Geburt auszusetzen und sie zugrunde gehen zu lassen."

Hier wird man an Jean Jacques Rousseau erinnert, der von Friedrich II. als zweiter Diogenes bezeichnet wurde. Wir werden sehen, dass er seine sämtlichen Kinder tatsächlich gleich nach der Geburt ins Findelhaus gebracht hat. Er meinte, der Welt besser als Philosoph denn als Vater dienen zu können. „Herr des Himmels," sagte Epiktet 1700 Jahre vorher, „erweisen denn diejenigen, die zwei oder drei heulende Kinder in die Welt setzen, den Menschen einen größeren Dienst als diejenigen, die die andern Menschen in der richtigen Lebensführung unterweisen?"

Am Ende seines Handbüchleins erzählt Epiktet davon, dass sich Diogenes, obwohl er von Seeräubern verschleppt wurde, nicht nach Athen zurücksehnte, sondern sich sogar an die Seeräuber anschloss und auf sie einwirkte.

> „Später, als er verkauft wurde, lebte er in Korinth ebenso wie früher in Athen, und wäre er zu den Perräben gekommen, er hätte sich genauso darein gefunden. Das nennt man Freiheit!"

Wir finden unter den Protagonisten der Menschenrechts-Idee überproportional viele Menschen, die ihre Heimat verlassen mussten. Nicht nur Diogenes, der sagte, dass die Furien hinter ihm her gewesen seien – auch sein Schüler Krates (dessen Wort wir hörten: Krates von Theben gibt Krates frei, dank dir, oh Tyche), auch Zenon von Kition, Kleanthes von Assos, Chrysippos von Soloi – den Betrachtern der älteren Stoa ist schon immer aufgefallen, wie viele Exilanten sich unter den Stoikern befanden. Das lässt sich bis in unsere Zeit hinein weiterverfolgen. Diejenigen, die am deutlichsten für kosmopolitische Menschenrechte eingetreten sind, waren meistens Emigranten – Menschen, die ihre Wurzellosigkeit ertragen mussten. Wir erwähnten schon Polybios und Panaitios, und in unserem Text werden die Emigranten Heinrich Heine, Ernst Bloch, Alexander Rüstow, Franz Neumann, Hannah Arendt, Thomas Mann und Ernst Fraenkel eine wichtige Rolle spielen.

Epiktet – selbst als Sklave verkauft worden – sagte: „Verbannung? Kann mich jemand aus dieser Welt hinauswerfen? Es geht nicht. Wohin ich auch immer gehe, da ist die Sonne, der Mond, da gibt es Sterne, und überall kann ich mit den Göttern verkehren."

Hier zeigt sich wieder das zweite Motiv, das ein Ergebnis des kynische Denkens war – ein Motiv, das zunächst sogar zu größerer Bedeutung kam als das Konzept vom abstrakten Menschen: die Forderung, dass man nicht nur von seinem Status, sondern von sämtlichen Einwirkungen des Schicksals unabhängig sein solle. Die gleichmütige Haltung gegenüber Glück und Unglück, die man bis heute als stoisch bezeichnet, nannte man damals „Ataraxia". In diesem Zustand tritt eine Loslösung von den konkreten Lebensumständen ein. Die Ataraxia ist die Unabhängigkeit von den Äußerlichkeiten, die abgestreift werden, wenn der abstrakte Mensch heraus geschält wird. Diese Worte des Epiktet sind schon oft aufgegriffen worden:

„Eins steht in unserer Gewalt, ein anderes nicht. In unserer Gewalt steht unser Denken, unser Tun, unser Begehren, unser Meiden – alles, was von uns selbst kommt. Was nicht in unserer Gewalt steht, ist hinfällig, abhängig, steht in fremder Hand und kann gehindert werden."

Auch Epiktet hatte – genau wie Seneca, Neros Lehrer – einen Schüler, der Kaiser war. Epiktet hatte aber mehr Glück mit seinem hochgestellten Schüler: **Marc Aurel,** der von 161 bis 180 nach Christi römischer Kaiser war, stand spürbar unter dem Einfluss seines Lehrers und wurde „der Weise auf dem Thron" genannt. In seinen „Selbstbetrachtungen" sagte er:

„Es ist eine Auszeichnung des Menschen, wenn er auch diejenigen liebt, die ihn beleidigen. Er gelangt dahin, wenn er bedenkt, dass alle Menschen, uns selbst eingeschlossen, ein einziges Geschlecht bilden, dass sie aus Unwissenheit und gegen ihren Willen Fehler machen, dass ihr beide nach kurzer Zeit tot sein werdet."

„Wer Unrecht tut, ist gottlos. Denn die Allnatur hat die vernünftigen Wesen für-
einander geschaffen, um einander nach Bedürfnis zu nützen, keineswegs aber zu
schaden."

Und das schon zitierte Wort: „Wenn du des Morgens nicht gerne aufstehen magst,
so denke: Ich erwache, um als Mensch zu wirken." Bei Marc Aurel sind sogar
schon die Tiere in die Humanität eingeschlossen:

> „Die vernunftlosen Tiere und überhaupt alle Sinnenwesen, die keine Vernunft ha-
> ben, behandele als vernünftiger Mensch hochherzig und edel, die Menschen aber,
> weil sie Vernunft haben, behandle mit geselliger Liebe."

Die Philosophie der jüngeren Stoa wurde in Rom um das Jahr 100 herum die „herrschende Reichsgesinnung, um nicht zu sagen Reichsreligion der Gebildeten" (wie
Rüstow sich ausdrückte) – so, wie sie es einige Jahrhunderte später noch einmal in
der Aufklärung werden sollte.

Im späten, dekadenten Rom nahm die Stoa die Stelle der offiziellen Staatsreligion ein. Die klassische Götterwelt, das Pantheon mit Jupiter an der Spitze,
versank damals mehr und mehr. Aus dieser Zeit stammt das bekannte Wort von
dem „Lächeln der Auguren": Diese Männer waren damit beauftragt, nach alter
Sitte die Zukunft aus der Vogelschau zu deuten, glaubten aber selbst nicht mehr
an diese Kunst und mussten, sollten sie sich auf der Straße begegnen, ein Lächeln
unterdrücken …

Schmelztopf Rom

Wir haben uns bisher nur im Rom der höheren Kreise bewegt. Die kynisch-stoische Auffassung wurde dort aber auch eine Massenerscheinung. Ortega y Gasset
beschrieb die Lage im untergehenden Rom so:

> „Die oberen Schichten zerstreuen sich noch damit, die Dinge zu genießen, die ihnen
> bleiben – Eitelkeit, Macht, Luxus –, das heißt, sie leben nicht mehr wahrhaftig, von
> innen nach außen, sondern von den äußeren Dingen, die ihnen das Schicksal in die
> Hand gegeben hat … Indessen beginnt in den unteren Schichten die Gärung."

Von dorther her kommt die geistige Neubelebung:

> „Zum ersten Male gibt es in der alten Welt eine Propaganda für die Massen als
> solche. Von den Höhen der Gesellschaft aus sieht man in den tieferen Schichten
> eine Menge seltsamer Gestalten wimmeln, die in grobes Tuch gekleidet sind, einen

Stab in der Hand und einen Sack auf der Schulter tragen und die zu den Menschen sprechen, die sich um sie versammeln. Diese demagogischen Propagandisten sind kynische oder halbstoische Philosophen, sind Priester orientalischer Religionen, und bald, ein halbes Jahrhundert später, kommt zu dieser vielgestaltigen Fauna der sozialen Unterschichten eine neue Kaste: die Verkünder der christlichen Botschaft. Sie alle stimmen im Radikalismus ihrer Reden überein; sie wenden sich gegen den Reichtum der Reichen, gegen die Hoffart der Mächtigen, gegen die Weisen, gegen die bestehende Kultur, gegen alles, was nicht einfach ist." (Wir finden hier die „kynische Diatribe" wieder.) „Wer nach ihnen am meisten Recht hat, wer am meisten wert ist, ist gerade derjenige, der nichts weiß, der nichts hat, der Arme, der Demütige, der Laie."

Die kynisch-stoische Auffassung stand im römischen Großreich, wie später erst wieder in der Aufklärung, unter vollen Segeln. Die Lehre von der allumfassenden Mutter Natur, deren Kinder die Menschen sind – alle in gleicher Weise, und die Lehre vom Weltbürgertum kamen im späten Rom zu ihrer Entfaltung. Das griechische Wort Physis, jetzt in seiner lateinischen Form „Natura", kam regelrecht in Mode; es wurde unter den Gebildeten ein „household word" (wie Henry Maine, von dem wir noch hören werden, sagte) – und seine Bedeutung umfasste den ganzen Kosmos.

Wie war das möglich? Die soziologische Grundsituation war im Römischen Reich vollkommen anders als in Athen, wo die Kyniker mit ihrer Idee vom Kosmopolitismus noch merkwürdige Außenseiter gewesen waren. Man lebte in Rom nicht mehr in der Gemeinschaft der Polis, in der man sich von Angesicht zu Angesicht kannte, sondern in einer durchmischten, anonymen Gesellschaft, die schon in vieler Hinsicht modern war. Hunderttausende wohnten in Mietskasernen, aus allen Gegenden des Reiches waren sie hier zusammen gekommen; es hatte sich ein Völkergemisch gebildet, das dem Melting-Pot, der in New York zweitausend Jahre später entstehen sollte, kaum nachstand.

Schon in den römischen Anfängen war dieser Schmelztopf-Charakter vorbereitet gewesen. Rom war keine Gründung friedlicher Kolonisten gemeinsamer Abstammung gewesen, die sich langsam verbreiteten, sondern eine Räuberfestung, in der sich all die Elemente sammelten, die sich im antiken Italien unsicher fühlten – eine Art Wild-West-Gesellschaft, die allen „unqualifizierten Individuen" eine Chance bot. Das junge Rom hatte den Männern Italiens, soweit sie entwurzelt waren, ein Territorium geboten, das stark genug war, sie nach außen zu schützen. Bereits in dieser Anfangslage hatte sich daher ein praktischer Kosmopolitismus entwickelt, auf dem der ethische Universalismus aufbauen konnte.

Hegel sprach über die ersten Römer als von mühsam vereinigten Räuberbanden, in denen das Gesindel der Umgebung Zuflucht fand. „Jene räuberischen Hirten nahmen alles auf, was sich zu ihnen schlagen wollte (Livius nannte es eine colluvies). Rom war eine Colluvies nationum. Keine Connubia wollten die Nachbarn mit ihnen eingehen."

Colluvies könnte man mit Schmelztiegel übersetzen, obwohl das lateinische Wort sicherlich abwertender gemeint ist und Abfallhaufen bedeuten sollte. Die Abwertung drückt sich ja darin aus, dass die Nachbarn ihre Töchter nicht zur Ehe (Connubium) in diese Colluvies geben wollten. Aber Colluvies bedeutet auch Kompost. Dieses Wort stammt von Compositum ab, bezeichnet also das Zusammengesetzte, das fruchtbar ist durch die Verschiedenartigkeit seiner Bestandteile.

Als Rom dann wuchs und sich stabilisierte, blieb dieser Charakter erhalten. Aus allen eroberten Völkerschaften strömten Einwohner in die Stadt; man lebte dort in bunter kultureller Heterogenität neben- und miteinander: Religion, Kleidung, Essgewohnheiten waren in den Mietskasernen von Tür zu Tür verschieden und glichen sich nach und nach aneinander an. Multi-Kulti – würde man heute sagen.

Diese Gesellschaft war von ursprünglicher Partikularität, von Herkommen und Altvätersitte weitgehend losgelöst und suchte eine geistige Ebene, die diese Besonderheiten abgestreift, „abstrahiert" hatte (abstrahere heißt abstreifen).

Die neue Lage drückte sich auch in dem Recht der Staatsangehörigkeit aus. In Rom galt schon das Ius soli: Wer auf römischem Boden geboren war, war Römer. Im Unterschied dazu war in Athen nur der Sohn einer athenischen Mutter zur Polis gerechnet worden. (Dieses Ius sanguinis haben wir in Deutschland bis heute.)

Wir erinnern uns daran, dass Albert Schweitzer über Athen sagte, dass dort die ethische Wertung des Menschen als solchen noch nicht erreicht werden konnte und die Kyniker insofern eine merkwürdige Ausnahme gebildet hätten. Die ältere griechische Ethik sei lediglich darauf aus gewesen günstige Lebensumstände für die Elite zu schaffen. In den sozialen Umwälzungen aber, die zur Bildung des römischen Weltreichs führten, habe diese Mentalität ihre Grundlage verloren.

„In furchtbaren Erlebnissen vermenschlicht sich das Empfinden. Die Horizonte der Ethik weiten sich. Die Stadtrepublik, auf die das ethische Denken eingestellt war, ist dahin. Ein Weltreich erdrückt alle Menschen in gleicher Weise. So wird der Mensch als solcher Gegenstand des Nachdenkens und der Ethik. Die Vorstellung der Brüderlichkeit aller Menschenwesen kommt auf. Humanitätsgesinnung wird laut. Seneca spricht sich gegen die Gladiatorenkämpfe aus. Noch mehr: auch die innere Verwandtschaft mit der Kreatur wird anerkannt. Jetzt also, wo die Menschheit den Menschen als solchen in Sicht bekommen hat, erreicht die Ethik die Tiefe und die Weite, die ihr erlauben, sich im universellen Weltwillen begreifen zu wollen."

Hier war, um die Terminologie von Ferdinand Tönnies zu verwenden, die soziale Struktur der Gemeinschaft überwunden, hier hatte sich die Struktur der

Gesellschaft durchgesetzt. Je weiter sich ein sozialer Zustand von dem der „Gemeinschaft" entfernt hat, je mehr er also „Gesellschaft" ist, desto mehr setzt sich
das „unqualifizierte Individuum" durch – und desto angemessener ist das Menschenrechtskonzept – zu diesem Theorem werden wir letzten Endes gelangen.
Während uns das Alte Rom dafür das erste Beispiel bietet, werden die Vereinigten Staaten von Amerika das letzte Beispiel sein, in dem dieses Theorem in der
Gegenwart zur Geltung kommt.

Auf den ersten Blick ist die Schlussfolgerung überraschend – weshalb
Schweitzer von einer „unheimlichen Gesetzmäßigkeit" sprach. Erst wenn die Gemeinschaften sich auflösen, tritt eine universalistische Ethik auf den Plan. Solange
die ethische Betrachtung noch auf das Wohlergehen der konkreten eigenen Gemeinschaft ausgerichtet gewesen sei, scheute sie sich nicht davor das Individuum
dem Ganzen aufzuopfern. Deshalb ist die antike Ethik erst dann zur Humanität
gekommen, als sie das Interesse an der organisierten Gemeinschaft verloren hat.

Über seine eigene Zeit – die Zeit des Ersten Weltkriegs – sagte Schweitzer,
dass diese Humanisierung rückläufig sei. Die einzelnen Nationen hatten sich
damals wieder selbst im Auge und wurden für den Gdanken der Humanität unempfindlich.

Der Widerspruch zur Humanität sei unvermeidlich, sagte Schweitzer, weil
deren wesentliche Forderung darin bestehe, dass der einzelne Mensch nie Mittel
zum Zweck werden kann. (Wir finden hier den Grundgedanken von Immanuel
Kamt wieder.) Im Unterschied dazu sei die auf das nationale Wohlergehen gerichtete Haltung dazu bereit, Einzelne oder Gruppen von Einzelnen dem Ganzen
zu opfern.

Die soziale Realität

Die Idee der prinzipiellen Gleichwertigkeit der Menschen hatte, so sahen wir,
im multikulturellen Rom ihre Chance. Der Gedanke aber, die Unterschiede tatsächlich einzuebnen, lag noch fern. Das abstrahierende und nivellierende Menschenbild der jüngeren Stoa hat nichts an der tatsächlichen Ungleichheit geändert;
niemand dachte etwa daran, die Sklaverei abzuschaffen – ihre Arbeit in den Plantagen war die Lebensgrundlage der Großstadt.

Diese Diskrepanz kommt uns heuchlerisch vor. Nehmen wir aber unsere
eigene Situation in Augenschein – unser Leben mit den Schwarzen (zum Beispiel) in der globalisierten Welt – so werden wir bescheidener. Wie werden spätere Zeiten einmal unsere äußerliche politische Korrektheit beurteilen? Nach wie
vor sind die Schwarzen diejenigen, die die schwerste, gefährlichste und schmutzigste Arbeit machen; sie bilden die Masse derjenigen, die hungern, geschlagen
werden, in Kriegen sterben und in den Gefängnissen sitzen – und wir dulden das

Ernst Bloch war der skeptische Betrachter des Naturrechts, der immer wieder den Finger in diese Wunde legte. Er sprach von der „schreibenden Güte, die es selten nötig findet, auch noch tätig zu sein." Er konnte zwar die Großartigkeit der jüngeren Stoa würdigen:

> „Theoretisch lehrte die Stoa Freiheit aller von Geburt aus, Gleichheit aller auf Grund ihrer vernünftigen menschlichen Natur, einen kosmischen Bruderbund dazu, mit fast Schillerscher Deklaration. Der Mensch als Würde tritt auf, Marc Aurel findet alles darin beschlossen, to anthropon poein, das dem Menschen Zugeteilte zu besorgen, das ist, human zu handeln."

Aber: Der Deklaration fehlte der „soziale Auftrag", wie Bloch sich ausdrückte, der Zusammenhang zwischen der Philosophie und dem Bewusstsein für die praktische Lage der Benachteiligten. Erst in der Aufklärung des 18. Jahrhunderts sollten die beiden Elemente zusammenfließen. In Rom sei die allgemeine Verbrüderungs-Ideologie noch theoretisch geblieben.

Gewisse praktische Auswirkungen konzedierte Bloch allerdings: Bereits in Sparta habe ein König unter kynischem Einfluss eine Art Kriegskommune mit gemeinsamer Kasse gegründet und der Volkstribun Tiberius Gracchus sei durch den Einfluss des Naturrechts von seiner patrizischen Herkunft auf die plebejisch-revolutionäre Linie gebracht worden – sein Lehrer war der Stoiker Gajus Blossius aus Cumae. (Ein Mann also, fügte Bloch spöttisch hinzu, der als Jugendverführer wirksamer war als Sokrates.)

Auch Albert Schweitzer („Kultur und Ethik") bedauerte, dass die universalistische Ethik in der antiken Welt theoretisch blieb und der Menschheit nicht zugute kam. Das antike ethische Denken sei nur auf die sittliche Vervollkommnung des Individuums aus gewesen. „Es blieb im Kreise des Egoistischen eingeschlossen".

Aber auch er sprach der universalistischen Ethik nicht etwa die Bedeutung ab.

> „Senecas, Epiktets und Marc Aurels Gedanken sind die Wintersaat auf eine kommende Kultur. Wintersaat heißt: Sie wurde im Herbst eingesät und keimte nur so gerade eben; dann ging ein langer Winter darüber hin, bis sie unter dem Schnee hervor- und emporkommen konnte." (Der lange Winter sollte das Mittelalter sein.)

Der Gedanke, dass die Ethik ein praktisches Tun verlange, das auf das Wohlergehen der anderen gerichtet ist, wird erst der Zutat des christlichen Denkens zu verdanken sein. Dennoch blieb der abstrakte Mensch nicht lediglich ein geistiges Konzept. Die starken Nivellierungsprozesse im römischen Weltreich hatten zur Folge, dass er schon tendenziell Wirklichkeit wurde. In einem Wort von Ferdinand Tönnies wurde er als „makabre Realität" bezeichnet:

„Die Herrschaft Roms über den Orbis Terrarum nähert alle Städte der einen Stadt, bringt alle bewussten, feilschenden Individuen, den ganzen Herrenstand des unermesslichen Reiches auf dem Forum zusammen, schleift ihre Unterschiede und Unebenheiten gegeneinander ab, gibt allen die gleichen Mienen, die gleiche Sprache und Aussprache, das gleiche Geld, die gleiche Bildung, gleiche Habsucht, gleiche Neugier – der abstrakte Mensch, die künstlichste, regelmäßigste aller Maschinen, ist konstruiert und erfunden und ist anzuschauen wie ein Gespenst in nüchterner, heller Tageswahrheit."

Wir werden diese Erscheinung im 12. Kapitel genauer ins Auge fassen und sehen, dass der Prozess der praktischen Nivellierung heute auf Hochtouren läuft und noch keineswegs beendet ist.

Das Ius Gentium

„Gleiches Recht für alle auf Grund der Einheit des Menschengeschlechts" – so fasste Ernst Bloch die Maxime der stoischen Menschenrechtskonzeption zusammen. Allein auf der Grundlage dieser Idee wäre die ethische Maxime wahrscheinlich wieder in Vergessenheit geraten – versunken mit dem Untergang des Römischen Reiches. Sie wurde durch eine Veränderung des praktischen Lebens, durch eine Verbesserung der Rechtswelt, die nicht ethisch motiviert war, aber mit dieser Maxime übereinstimmte, am Leben erhalten:

Wir sahen, wie im Zuge der Ausdehnung des römischen Reichs der römische Marktplatz von Ausländern unterschiedlichster Herkunft wimmelte. Die europäischen Völker schickten immer neue Schwärme von Einwanderern nach Rom, die sowohl mit den Römern und als auch miteinander Handelsbeziehungen eingingen. Welches Recht sollte gelten, wenn sie in Streitigkeiten gerieten?

Der englische Altertumsforscher Henry Maine (1822–1888) hat die epochale Bedeutung dieser Konstellation in seinem Werk „Ancient Law" gewürdigt. Er hat geschildert, wie der Praetor Peregrinus, der für die Ausländer zuständig war, mit der Frage betraut wurde, nach welchem Recht die Streitigkeiten der Fremden in Rom entschieden werden sollten, und an die Lösung dieses Problems einen eigenen Stab von Juristen ansetzte. Das altehrwürdige Partikularrecht der Römer – das Ius civile – kam nicht in Frage. Seine Anwendung galt als das vornehme Privileg der Römer; es war im Übrigen – infolge seiner sakralen Herkunft – noch mit abergläubischen Riten belastet, unpraktisch und schwerfällig. Komplizierte Rituale mussten beachtet werden. Die Juristen schufen in dieser Notlage ein Fremdenrecht – Ius Gentium genannt –, das eine geniale Vereinfachung enthielt. In dem von ihnen konzipierten „Ius gentium omni humano generi commune" – dem Recht der Völkerschaften, das dem ganzen Menschengeschlecht gemeinsam ist – wurden alle, die an einem Rechtsgeschäft beteiligt waren, zu gleichwertigen Rechtssubjekten erklärt, gleichgültig, welchem Stamm sie angehörten, gleichgültig, ob sie zu Hause vielleicht Fürsten oder Knechte waren. So entstand die Idee der gleichen Rechtssubjektivität, die uns heute so selbstverständlich ist, dass wir Schwierigkeiten haben, sie überhaupt zu verstehen. „Der Gläubiger", der „Schuldner" sagt das Bürgerliche Gesetzbuch. „Wer einem anderen eine fremde bewegliche Sache wegnimmt ..." sagt das Strafgesetzbuch. Wer das ist, Mann, Frau, Inländer, Ausländer, Vornehmer oder Geringer – das spielt keine Rolle. Die Vorstellung vom Rechtssubjekt ist völlig abstrahiert worden – ohn' Ansehen der Person.

In diesen Zusammenhang passt Ortegas Wort von der „Souveränität des unqualifizierten Individuums": Das Individuum wird unabhängig von seiner „Qualität", von seiner Stellung innerhalb eines Kollektivs, als „Herr seiner selbst" aufgefasst. Was zuvor nur eine moralische Anschauung war, wurde jetzt zum Rechtsprinzip.

Die Römer haben ihr eigenes, partikular-römisches Ius Civile zwar nie abgeschafft; das neue Ius Gentium erwies sich aber als so praktisch, dass es, als sich das Reich schon im Untergang befand, auch zur Entscheidung der innerrömischen eigenen Streitigkeiten verwendet wurde. Offiziell blieb das Ius Gentium zwar immer das Fremdenrecht und wurde niemals zum Recht der Römer erklärt; dennoch erhielt es im Laufe der Geschichte die Bezeichnung „Römisches Recht" und wurde unter diesem Begriff die Grundlage für die meisten Rechtsordnungen in der Welt (wir werden ihm als „Code Napoléon" wieder begegnen).

Obwohl das Ius Gentium nicht ethisch motiviert war, konnte es doch ohne Schwierigkeiten mit den moralischen Maximen der Stoa zusammenfließen. Die Universalität der stoischen Lex naturalis und die Universalität des Ius Gentium kamen einander entgegen. Als es sich als praktisch erwies, das Ius gentium auch auf die römischen Rechtsangelegenheiten anzuwenden, passte es gut, dass man sich zu seiner Begründung auf die stoische Philosophie berufen konnte: Alle Menschen sind von Natur aus gleich, „omnes homines natura aequales sunt" – mithilfe dieses Satzes von Cicero konnte das Ius Gentium als Ius Naturale aufgefasst werden.

Selbstverständlich war auch mit dieser formalen Gleichstellung nicht etwa eine politische Änderung verbunden. Der römische Anwalt konnte zwar darauf hinweisen, dass es für die römischen Gerichte keinen Unterschied gebe zwischen Staatsbürgern und Ausländern, zwischen Freien und Sklaven, zwischen Agnaten und Kognaten. Diese Rechtspraxis ging aber nicht etwa mit der Maxime einher, dass alle Menschen generell als Gleiche zu behandeln seien – mit dieser Maxime, die in der Aufklärung so eine große Rolle spielen und die Französische Revolution zur Folge haben würde.

Christlicher Universalismus

Auch diese beiden zusammen geflossenen Strömungen – die jüngere Stoa und das Ius Gentium – aber wären wohl mit dem Römischen Reich zusammen untergegangen und dem Verfall des klassisch-antiken Denkens, der dann eintrat, anheimgefallen; sie hätten wohl kaum als Unterbau der Menschenrechtsidee dienen können, wenn nicht eine dritte Strömung hinzugekommen wäre, die diesen Untergang überlebte und die Universalität Roms fortsetzen konnte – eine Strömung, die ganz überraschend aus einer der besetzten östlichen Provinzen nach Rom kam: das Christentum.

Die ersten Christen wussten nichts von einem Menschenrecht auf Gleichbehandlung; da sie aber den Menschen als Träger einer unsterblichen Seele verstanden, die mit den äußerlichen Hierarchien nicht das Geringste zu tun hat, war ihnen die prinzipielle Gleichwertigkeit all derer, die Menschenantlitz tragen, selbstverständlich. Sie wollten die Seele mit den Augen Gottes sehen und glaubten an die von allen kollektiven Einbettungen befreite Gotteskindschaft, an einen ewigen Seelenwert, in dem alle irdischen Unterschiede nichtig sind.

In seinem Buch „Über sociale Differenzierung" sprach Georg Simmel von der „vollständigen Gleichgültigkeit, die die ersten Christen alledem gegenüber empfanden, was sonst Unterschiede unter den Menschen ausmacht" – und zwar wegen des absoluten Wertes der Einzelseele. Werden die Einzelnen nur als Summe ihrer Eigenschaften gerechnet, seien sie natürlich so verschieden, wie diese Eigenschaften es sind; gelten die Eigenschaften aber als etwas Nebensächliches gegenüber der Hauptsache, nämlich der Persönlichkeit, Freiheit und Unsterblichkeit der Seele, so sei die Gleichheit alles Menschenwesens die natürliche Folge, sagte Simmel.

Der soziale Status der Menschen wurde in der christlichen Lehre so gering geachtet, dass die Reichen und Mächtigen gegenüber den Mühseligen und Beladenen ins Hintertreffen kamen und an Ansehen verloren. Darin lag eine Umwertung aller Werte (um einen Begriff von Nietzsche zu verwenden, der sie wieder rückgängig machen wollte). Der Prophet dieser Lehre war selbst ein Mann von geringer Herkunft; er war wahrscheinlich, wie sein Vater, Zimmermann. Jesus war ungebildet – man nimmt an, dass er Analphabet war – und auch seine Freunde waren einfache Menschen.

Die Würdigung der Armen und sozial Tiefstehenden führte dazu, dass das Christentum zunächst in der römischen Unterschicht, zumal von den Sklaven, rezipiert wurde. Seine Anhänger wurden deshalb von dem (unter Marc Aurel lebenden) stoischen Philosophen Celsius mit den Worten kritisiert:

„Die Christen schließen absichtlich und ausdrücklich alle Weisen und Gebildeten von ihren Versammlungen aus und wenden sich, wie die Marktschreier mit der schlechtesten Ware, nur an den ungebildeten Pöbel. Ja, sie wenden sich nicht, wie sonst Priester, an die Reinen und Sündlosen, sondern an die Unglücklichen und Sünder, an die Verbrecher, als ob Gott die Sündlosen nicht annähme, als ob er, wie ein schwacher Mensch, von dem Wehklagen der Schlechten, nicht von der Gerechtigkeit in seinem Gericht sich bestimmen ließe! Dies tun die Christen aber nur, weil sie brave und rechtschaffene Menschen doch nicht gewinnen können."

Durch die Jahrhunderte bis heute ist die Gleichgültigkeit gegenüber den sozialen Unterschieden das Kennzeichen einer wahrhaft christlichen Haltung. Sozialer Hochmut hat hier nichts zu suchen und muss, wo er auftritt, sorgfältig verborgen werden. Als „Imitatio Christi" wird eine grenzenlose Demut verstanden:

„Wer Größeres empfangen hat, kann sich nicht seines Verdienstes rühmen, noch über andere sich erheben, noch des Geringeren spotten; denn der ist der Größte und Beste, der sich am wenigsten selbst zuschreibt und in seinem Dank der Demütigste und Innigste ist. Und wer sich für den Allerniedrigsten hält und sich für unwerter als alle betrachtet, der hat die besten Aussichten, Größeres zu empfangen."

So unterwies Thomas a Kempis, dessen Büchlein 1410 erschien und über die Jahrhunderte große Verbreitung fand, die Gläubigen. Auch hier finden wir die „kynische Diatribe" wieder:

„Darum schätze ich es für eine große Wohltat, mein Herr und Gott, dass ich nicht viel habe, was Lob und Ehre nach menschlichem Urteil einträgt. Denn aus dem Bewusstsein seiner Armut und Geringheit sollte der Mensch nicht Schwermut und Traurigkeit schöpfen, sondern Trost und große Fröhlichkeit: Du hast ja, o Gott, die Armen und Demütigen Dir erwählt zu Deinen vertrauten Freunden und Hausgenossen."

Es ist kein Zufall, dass sich das Christentum nicht schon in Palästina, sondern erst in Rom voll entfalten und ausweiten konnte. Für seine Lehre gilt dasselbe, was wir über die Jüngere Stoa gesagt haben: erst eine anonymisierte Großgesellschaft, ein Schmelztopf der Kulturen, konnte ihr den richtigen Nährboden bieten. Wir werden uns damit ausführlich im letzten Kapitel befassen, wollen aber die Worte von Albert Schweitzer in Erinnerung behalten, der von einer „geheimnisvollen Gesetzmäßigkeit" in der Evolution der Ethik sprach. Ihr Fortschritt geht immer mit der Auflösung der partikularen Gemeinschaft einher. Die Horizonte der Ethik konnten sich erst weiten, als die festgefügte Polis aufgelöst und eine „Gesellschaft" entstanden war.

Schon Alexis de Tocqueville, der junge Amerikareisende (1834), von dem wir noch viel hören werden, hat die „geheimnisvolle Gesetzmäßigkeit" in der ethischen Evolution festgestellt. Er hat ja keineswegs nur über den wachsenden

Universalismus in den Vereinigten Staaten berichtet, sondern gleichzeitig eine hervorragende soziologische Analyse der abendländischen Geschichte geliefert. Ihn interessierte der Universalismus ganz allgemein. Das universalistische Element im Christentum, sagte er, konnte erst in Rom zur Entfaltung kommen, weil dort ein großer Teil des Menschengeschlechts wie eine gewaltige Herde unter dem Herrscherstab der Kaiser vereinigt war. Die Menschen, aus denen diese Menge bestand, waren zwar voneinander sehr verschieden,

„sie hatten jedoch dies gemeinsam, dass sie alle den gleichen Gesetzen gehorchten; und jeder von ihnen war im Verhältnis zur Größe des Kaisers so schwach und so klein, dass sie im Vergleich zu ihm alle gleich erschienen. Dieser neue und besondere Zustand der Menschheit musste den Menschen die allgemeinen Wahrheiten zugänglich machen, die das Christentum lehrt; so wird begreiflich, warum das Christentum den menschlichen Geist so leicht und rasch erfassen konnte."

Der große Sprung in das römische Weltreich, der dem Christentum gelang (wiederum eine Rezeption), hatte sich in kleinen Schritten vorbereitet. Ursprünglich war diese Religion ja nur eine Weiterentwicklung des mosaischen Glaubens; Jesus Christus selbst konnte seine Lehre nur als Variante einer höchst partikularen, einem auserwählten Volk reservierten Religion verstehen, die nicht etwa hinaus gehen würde in alle Welt und zu allen Völkern. In den Evangelien lassen sich die Etappen ablesen, in denen sich Jesus Schritt für Schritt dem Universalismus öffnete.

Zunächst fühlte er sich nur zu den „verlorenen Schafen aus dem Hause Israel" gesandt; jedenfalls hielt er das einer kanaanitischen, also heidnischen Frau vor, die hinter ihm herlief und ihn schreiend bat, ihre Tochter von einem Dämon zu befreien. Doch die Frau ließ nicht ab. „Sie kam aber und fiel vor ihm nieder und sprach: Herr, hilf mir! Er erwiderte: Es ist nicht recht, dass man den Kindern ihr Brot nehme und werfe es vor die Hunde." In diesem Vergleich bezeichnete Jesus die verlorenen Schafe Israels als Kinder, die Angehörigen des Stammes dieser Frau aber als Hunde. Ein hartes Wort aus heiligem Munde ... Die Frau ließ sich dadurch nicht abschrecken, sondern sagte: „Ja, Herr! Aber doch essen die Hündlein die Brosamen, die von der Herren Tische fallen." Davon war Jesus so beeindruckt, dass er sich besann. „Er antwortete und sprach: O Weib, dein Glaube ist groß! dir geschehe, wie du willst. Und ihre Tochter ward gesund zu derselben Stunde."

Bekannter ist die Geschichte vom barmherzigen Samariter geworden, die deshalb in unseren Zusammenhang gehört, weil die Samariter von den Juden ebenfalls als Heiden angesehen wurden, als unrein und zweitklassig. Wenn Jesus in seinem berühmten Gleichnis ausgerechnet einen Samariter zum Helden macht, zeigt das, dass er eine soziale Schranke geistig überwunden hat.

Endgültig wurde das Tor zum christlichen Universalismus aber erst durch Paulus geöffnet, den Missionar, der die Unterscheidung zwischen Juden und Heiden völlig überwand.

Es war in den jungen Gemeinden zunächst eine große Frage, ob man auch dann Christ werden könne, wenn man nicht Jude war; es ging bei der Frage nach den „Heidenchristen" in erster Linie um die Griechen, die getauft werden wollten. Paulus gab diesen Unterschied auf: „Jude ist nicht, wer es nach außen ist, und Beschneidung ist nicht, was sichtbar am Fleisch geschieht, sondern Jude ist, wer es im Verborgenen ist, und Beschneidung ist, was am Herzen durch den Geist, nicht durch den Buchstaben geschieht."

Vor Gottes Auge sei die Verschiedenheit von Juden und Griechen aufgehoben: „Not und Bedrängnis wird jeden treffen, der das Böse tut, in erster Linie den Juden, aber ebenso den Griechen; Herrlichkeit, Ehre und Friede wird jedem zuteil, der das Gute tut, in erster Linie dem Juden, aber ebenso dem Griechen."

Wir sahen schon in Epiktets berühmtem „Handbüchlein", dass im Zuge der Entdeckung des unqualifizierten Individuums die Wichtigkeit des Familienzusammenhalts wegbricht. Auch in den Evangelien fallen die engsten Familienbindungen der neuen Anschauungsweise zum Opfer. (So bereitete sich das mönchische Zusammenleben vor – eine Entwicklung, die sich schon bei den Kynikern angedeutet hatte.)

Im Markus-Evangelium gibt es diese Szene: Jesus befindet sich in einem Haus in Kapernaum und hat gerade zwölf Männer zu seinen Jüngern erklärt.

„Da kamen seine Mutter und seine Brüder; sie blieben vor dem Haus stehen und ließen ihn heraus rufen. Es saßen viele Leute um ihn herum, und man sagte zu ihm: Deine Mutter und deine Brüder stehen draußen und fragen nach dir. Er erwiderte: Wer ist meine Mutter, wer sind meine Brüder? Und er blickte auf die Menschen, die im Kreis um ihn herum saßen, und sagte: Das hier sind meine Mutter und meine Brüder. Wer den Willen Gottes erfüllt, der ist für mich Bruder und Schwester."

Im Lukas-Evangelium ist zu lesen, wie Jesus von seinen Jüngern den Bruch mit ihren Familienangehörigen forderte: „Wenn jemand zu mir kommt und nicht Vater und Mutter, Frau und Kinder, Brüder und Schwestern gering achtet, dann kann er nicht mein Jünger sein".

Diese isolierte Auffassung der Einzelpersönlichkeit sollte sich bei der Mission der Germanen als Hindernis erweisen. Als der erste Germanenfürst getauft werden sollte und schon im Wasser stand, fragte er, ob er im christlichen Himmel wohl seine Vorfahren antreffen würde. Als der Priester ihm das verneinen musste, stieg er wieder aus dem Wasser heraus. Der Merowinger Chlodwig, der sich dann wirklich taufen ließ, erregte damit das Misstrauen seiner Verwandten, die wussten, das die Christen nichts auf Familienbeziehungen gaben – mit Recht, denn der neugetaufte König ließ sie alle umbringen.

Allerdings hat nicht nur die christliche Religion diese Eigenheit; es handelt sich um ein Charakteristikum von Hochkultur: dass sie zu dieser Abstrahierung und Universalisierung imstande ist. Es sei kein spezieller Zug des Christentums, dass es den Menschen unabhängig von seiner Gruppe versteht, sagte Alexander Rüstow. Es handele sich bei der Auflösung der natürlichen sozialen Einbettung des Menschen um einen gemeinsamen Zug der Erlösungsreligionen. Sie alle seien – jedenfalls letzten Endes, in dem vorgestellten Himmelreich – auf die Auflösung der natürlichen sozialen Einbettung des Menschen, auf Vereinzelung gerichtet, auf soziale Atomisierung.

„Die haarschmalen Jenseitsbrücken der nahöstlichen Eschatologien, die babylonische Chubur-, die persische Tschinvat-Brücke, die ‚Brücke des Richters' im Islam, haben alle den Zweck, gleich unseren Drehtüren die zu richtenden Menschen nur ‚je einzeln' durchzulassen und eben dadurch völlig zu isolieren. Der persische Jenseitsglaube, auf den mittelbar ja auch der christliche zurückgeht, betont mit schneidender Schärfe, dass vor dem Jenseitsrichter jeder einzelne allein auf sich selber steht, einsam und völlig losgelöst aus allen natürlichen Einbettungen und Zusammenhängen, ‚Mann für Mann, jeder für seine Person' , wie Zarathustra sagt; ganz ebenso muss sich bei Platon der Tote dem Jenseitsgericht stellen, ‚einsam, verlassen von allen Verwandten'".

Die drei Strömungen fließen zusammen

Wir haben gesehen, wie die Stoa mit dem Ius Gentium zusammen ein „Naturrecht" ausbilden konnte, die lex naturae, in der die Individuen gleichwertig sind; und wir haben gesehen, dass sich das Christentum mit dieser Gedankenwelt verbinden konnte.

Dieser zweite Zusammenfluss war aber schwierig und erfolgte später, als wünschenswert gewesen wäre. Marc Aurel, dessen bewundernswürdige (und objektiv schon christliche) Grundsätze wir angehört haben, ließ die Christen blutig verfolgen, und auch diese hegten umgekehrt lange Zeit nur Verachtung für die stoischen Maximen.

Erst im 4. Jahrhundert, als sich das Christentum in Rom ganz durchgesetzt hatte und Staatsreligion geworden war, konnte es die Gemeinsamkeiten mit der Stoa anerkennen. Allerdings musste das zunächst noch mit Geschichtsfälschungen einher gehen: Der zum Christentum bekehrte Augustin schätzte Seneca sehr und verbreitete seine Ideen. Mithilfe eines gefälschten Briefwechsels zwischen Seneca und Paulus wurde deshalb fingiert, dass Seneca heimlicher Christ gewesen sei. Obwohl er nie von Jesus gehört hatte, wurde er als geistiger Kirchenvater aufgefasst. Auch Epiktet wurde im frühen Mittelalter zeitweise zum Christen erklärt.

Erst in der Zeit der Aufklärung sollte das Christentum freigeistig genug sein, um nicht mehr zu solchen Kunstgriffen greifen zu müssen und die Konvergenz mit der jüngeren Stoa offen zugeben zu können. Goethe sagt in einem seiner venezianischen Epigramme:

> „Was vom Christentum gilt, gilt von den Stoikern:
> Freien Menschen geziemet es nicht, Christ oder Stoiker zu sein."

3. Kapitel: Mittelalter und Renaissance

Das Finstere Mittelalter

Als die Stoa endlich mit der christlichen Gleichheitsvorstellung zusammengeflossen war, befand sich die soziologische Lage, die dem universalistischen Denken die Grundlage geboten hatte, schon in Auflösung. Das Weltreich verfiel, eine Re-Partikularisierungstendenz setzte sich durch, und von den drei universalistischen Strömungen konnte sich in der neuen, zersplitterten, von heterogenen germanischen Völkerschaften dominierten Welt nur das Christentum behaupten. Das Ius Gentium der Römer wurde vergessen; jedes Fleckchen hatte sein Lübbsches oder Magdeburger Recht, seinen Sachsen- oder Schwabenspiegel.

Soweit es klug ist sich hypothetische Geschichtsverläufe vor Augen zu stellen, könnte man bedauern, dass sich die Stoa nicht rechtzeitig – bevor sie mit dem Römischen Reich versank – mit dem Christentum verschmolzen hat. Vielleicht hätte sich die Menschenrechts-Idee unter dieser Bedingung schneller und kräftiger durchsetzen können und wäre nicht durch das lange Mittelalter aufgehalten worden.

Beide Seiten waren zu lange unfähig, die Schwesterideologie angemessen zu würdigen und sich ihr anzunähern. Albert Schweitzer sprach, als er diese Unfähigkeit ins Auge fasste, von einem „Verhängnis". Er lastete es den Christen an: Ihr Weltbild war zu pessimistisch, meinte er; sie waren zu sehr von dem nahen Weltuntergang überzeugt, als dass sie imstande gewesen wären, den weltfrohen Impuls der Stoa, ihre auf der Ehrfurcht vor allem Lebendigen beruhende Humanität rechtzeitig aufzunehmen und in die neue Epoche zu tragen – das Mittelalter.

Dieses „Verhängnis" hatte zur Folge, dass das Naturrecht – das echte, rationale, aus griechischem Geist stammende Naturrecht – ruhte, nachdem das Römische Reich und mit ihm sowohl die Stoa als auch das Ius Gentium untergegangen waren. Es ruhte, auf seine „Renaissance" wartend, unterm Schnee.

Die Idee des „Menschen an sich", die von der Antike so deutlich emporgehoben worden war, trat im Mittelalter nur als Jenseitsvorstellung auf. Im Diesseits aber wurde der irdische Mensch wieder in seine partikulare ständische Einbindung zurückgedrängt. Das Naturrecht wurde „relativiert"; man wies ihm als Geltungsbereich das Paradies zu und stellte die hierarchische Staffelung auf Erden als gottgewollt hin. Der Gleichheitsgedanke verfiel ganz.

Während die reine christliche Lehre universalistisch war, während die ersten jungen Gemeinden noch lebendige Melting Pots gewesen waren – nehmen wir mal die bunte, zusammengewürfelte Hafenstadt Korinth, in der sich die christlich Bekehrten der heterogensten Herkunft zusammen gefunden hatten – zeichnete sich das Mittelalter durch eine Jahrhunderte während soziale Stagnation aus, in der die Unterschiede nicht verschliffen wurden und das Abweichende sich in Generationen erhalten und ausprägen konnte.

Man sieht das in der Kunst: Während die antiken Statuen den Menschen nicht als Kaiser, König, Edelmann, Bürger, Bauer, Bettelmann vor Augen gestellt hatten, sondern buchstäblich nackt und in einer Form, die für jeden „richtig" ist: in vollendeter Schönheit, betonte das Mittelalter das Besondere, Spezielle. Die Menschen des Mittelalters – so, wie die Kunst uns ihr Bild überliefert hat – sind äußerst verschieden: Die Heiligen etwa haben alle ihre prägnanten Charakterzüge und abweichenden Attribute, und ihre Zuständigkeit war meistens örtlich begrenzt.

Eine gute Beschreibung dieser Epoche finden wir wieder bei Tocqueville:

„Nachdem sich die römische Welt sozusagen in tausend Stücke zersplittert hatte, kehrte jede Nation zu ihrer früheren Eigenpersönlichkeit zurück. Bald stuften sich innerhalb dieser Nationen die Rangordnungen ins Unermessliche; die Rassen hoben sich ab, die Kasten schieden jede Nation in mehrere Völker. Inmitten dieses allgemeinen Dranges, der die menschliche Gesellschaft antrieb sich selbst in denkbar viel Teile aufzulösen, verlor das Christentum die von ihm ans Licht gehobenen allgemeinen Ideen nicht aus den Augen. Aber so viel wie möglich schien es dennoch die neuen Bestrebungen mitzumachen, die der Zersplitterung des Menschengeschlechts entsprangen. Die Menschen beteten zwar auch weiterhin nur einen Gott als Schöpfer und Erhalter aller Dinge an; aber jedes Volk, jede Stadt und sozusagen jeder Mensch glaubten irgendwelche Sondervorrechte zu erhalten und sich beim höchsten Herrn eigene Fürbitter verschaffen zu können. Da man die Gottheit nicht teilen konnte, vermehrte man zumindest ihre Vertreter und vergrößerte sie ins Maßlose; die Huldigung, die man den Engeln und den Heiligen schuldete, wurde für die meisten Christen zu einem fast götzendienerischen Kult, und eine Zeitlang musste man befürchten, dass die christliche Religion auf das Niveau der Religionen zurück sinke, die sie besiegt hatte."

Tocqueville beschäftigte sich mit dem mittelalterlichen Rückfall ins Partikulare, weil ihn der Kontrast zwischen dem Partikularen und dem Universalen anlässlich seines Vergleichs zwischen der Alten und der Neuen Welt ganz prinzipiell faszinierte. In der Überwindung des Partikularen sah er das neue Amerikanische.

Seine Betrachtungen haben maßgeblich auf Ferdinand Tönnies' „Gemeinschaft und Gesellschaft" (1887) eingewirkt, ein Konzept, in dem die Entwicklung von Gemeinschaft zu Gesellschaft als die Hauptrichtung der Geschichte beschrieben wird. Die Elemente, die Tocqueville trennte, wurden für den Aufbau dieser Polarität verwendet.

Schon Tocqueville sah die Auflösung des Partikularen und die Kristallisierung des Universalen als die Hauptrichtung der Geschichte – wir werden noch sehen, wie groß die Ehrfurcht war, mit der er die Macht dieser Entwicklung beschrieben hat. Die eben wiedergegebene Textstelle hatte ausnahmsweise eine gegenläufige Entwicklung zum Inhalt: wie eine bereits etablierte „moderne" Gesellschaft (die römische) zurück fällt in partikulare Gemeinschaften.

Tocqueville hat allerdings auch auf ein universalistisches Element in dieser re-partikularisierenden Epoche hingewiesen. Die Herrschaft des Klerus hatte nämlich auch eine praktisch-egalisierende Funktion: der Status des Priesters bot eine Aufstiegsmöglichkeit für jedermann. So sah Tocqueville das mittelalterliche Frankreich:

> „Ich sehe es unter einige wenige Familien aufgeteilt, die den Grund und Boden besitzen und die Einwohner regieren; die Befehlsgewalt vererbt sich dann von einer Generation auf die andere; die Menschen kennen nur ein Mittel, aufeinander zu wirken, die Gewalt; und man entdeckt nur einen Ursprung der Macht, das Grundeigentum. An dieser Stelle",

so fährt Tocqueville fort,

> „beginnt sich die politische Macht des Klerus zu entfalten und auszubreiten. Der Klerus öffnet seine Reihen jedermann, dem Armen wie dem Reichen, dem Bürger wie dem Adligen; die Gleichheit beginnt über die Kirche in die Regierung einzudringen, und wer bisher als Leibeigener in ewiger Knechtschaft elend dahinlebte, nimmt nun als Priester mitten unter dem Adel Platz, und mancher wird sich später über Könige erheben."

Das Abstrakte und Allgemeine geriet auf höchster philosophischer Ebene in Misskredit (ähnlich wie heute, wo es in der Postmoderne als „Konstruktion" oder als „narrative" denunziert wird). In dem sogenannten „Universalienstreit", den gelehrte Mönche, jeder in einem anderen Teil Europas in seiner Zelle sitzend, miteinander führten (was dadurch begünstigt war, dass sie alle die lingua franca des Römischen Reichs sprachen: Latein), wurde dem Abstrakten und Allgemeinen jede Realität abgesprochen. Es handele sich bei solchen Oberbegriffen nur um „Namen" – deshalb nannten sich die Anhänger der neuen Richtung „Nominalisten". Namen hätten keine Wirklichkeit, sagten sie, „ultima realitas" – letzte Wirklichkeit – besitze nur das Einzelne, Individuelle.

Der berühmteste Universalitäts-Leugner war William von Occam. Dieser englische Franziskaner erklärte, das Allgemeine sei ein bloßer conceptus mentis – ein Kopfprodukt, weil es nicht in den Dingen, sondern nur in den Köpfen existiere. Allgemeine ethische Sätze hätten deshalb keine innere Verbindlichkeit, es gebe keine allgemein gültigen Normen für Gut und Böse. Jesus habe seinen hohen Rang nicht daher, dass er ein vollkommener Mensch war – wenn es Gottes Wille gewesen wäre, so hätte er sich ebenso gut in einem Esel verkörpern können.

Wir haben einen solchen Anti-Universalismus schon unter dem Stichwort Homo-mensura bei den Sophisten kennengelernt, wir werden ihn wieder in der philosophierenden Romantik antreffen und im heutigen Dekonstruktivismus. Dabei wird sich (besonders deutlich bei Adorno) zeigen, dass der Anti-Universalismus meistens gar nicht so sehr gegen das Universale im Allgemeinen, sondern speziell gegen die Universalie Mensch gerichtet ist.

Magna Charta

Hier wird das Mittelalter als eine Zeit beschrieben, in der die Menschenrechtsidee schlummerte. Dem scheint zu widersprechen, dass in die Blütezeit dieser Epoche die Unterzeichnung der Magna Charta fällt, die oft als ein Dokument angesehen wird, das dieser Idee das Fundament gab.

Im April 1215 versammelten sich auf der Themse-Insel Runnymede die englischen Lords und erreichten es, dass der unglückliche König John Lackland, der gerade eine wichtige Schlacht in Frankreich verloren hatte, eine Urkunde unterzeichnete, die ihnen und der Kirche erhebliche Freiheiten gewährte: die Magna Charta libertatum. Noch viele nachfolgende Generationen sollten sich auf sie beriefen als das „alte Recht".

Wenn die Magna Charta von 1215 als Vorläufer der Menschenrechtserklärung von 1948 verstanden wird, bleibt deren wichtigstes Element unberücksichtigt: das universalistische. Denn die Magna Charta garantierte zwar den englischen Lords weitgehende Freiheitsrechte – aber auch nur ihnen. Ähnlich wie das (ungefähr gleichzeitig) verkündete Statutum in favorem principum (1226) im deutschen Reich hatte die Magna Charta die Stärkung der Fürsten und die Schwächung der Staatsgewalt zur Folge, was dadurch unterstützt wurde, dass auch die Kirche an Macht gewann.

Dieses Dokument hat deshalb mit der Philosophie der Menschenrechte nichts zu tun. Diese Rechte sind von einer intakten Staatsmacht abhängig und dürfen sie nicht schwächen. Wir werden sehen, dass der Universalismus in seiner historischen Genese gegen die sogenannten „gesellschaftlichen Zwischenmächte" gerichtet ist, die „Pouvoirs intermédaires" (wie sie später in der Französischen Revolution bezeichnet wurden), mit anderen Worten: gegen Adel und Klerus. Diese Kräfte aber errangen durch die Magna Charta einen Machtgewinn.

Das Wort „Freiheit" schillert. Wenn es um die Freiheit der Peers geht, handelt es sich nicht die Freiheit im Sinne der Menschenrechte.

Auch Götz von Berlichingens „Freiheit" – Goethe lässt ihn mit diesem Wort auf den Lippen sterben – gehört nicht in den universalistischen Zusammenhang. Dieser Raubritter gehörte zu den halbwegs entmachteten Zwischenmächten und hatte zu einer Zeit, in der die Fehde eigentlich schon verboten und der Landfrieden beinahe durchgesetzt war, seine Waffen und Leute weiter nach eigenem Gutdünken eingesetzt. Das berühmte Wort „Leck mich am Arsch" richtet sich gegen die neu entstehende, die Fehde bekämpfende Polizei.

Götz ist ein dominus sui im alten Sinne, der sich der neu entstehenden Staatsmacht nicht unterwerfen will; er nimmt nicht die Souveränität des unqualifizierten, sondern die Souveränität des qualizifierten, das heißt adligen Individuums für sich in Anspruch.

Dem scheint zu widersprechen, dass wir in den beiden vorigen Kapiteln die Vorbereitung der Menschenrechtsidee der Antike angerechnet haben, obwohl die Sklaven damals nur knapp und die Frauen gar nicht im Blickfeld waren. Die Universalisierung des Konzepts vom abstrakten Menschen brauchte ihre Zeit (im Falle der Frauen ist sie erst vor etwa hundert Jahren eingetreten) – für diese Großzügigkeit der Betrachtung haben wir uns ausgesprochen. Sollte sie nicht auch der Würdigung der Magna Charta zugutekommen? Dafür wirbt der folgende Text (Janko Musulin, „Proklamationen der Freiheit"):

„Die Barone auf der Themseinsel mögen ein Haufen starrsinniger, recht gewalttiger Herren gewesen sein, die einen eingeschüchterten König eigensüchtiger Ziele wegen bedrängten. Das tut nichts zur Sache. Die Freiheit entfaltet sich nie ganz plötzlich in majestätischer Vollendung. Sie wird von wenigen ertrotzt und an viele weitergegeben. Der Gegensatz zwischen dem rauen Wesen der Barone, die 1215 nur einen vorteilhaften Handel abgeschlossen zu haben meinten, und der großen mächtigen und unaufhaltsamen Entwicklung, die sie damals einleiteten, gehört zu den reizvollen Kontrasten der Geschichte."

Auch Martin Kriele vertritt in seiner „Einführung in die Staatslehre" nicht den hier eingenommenen Standpunkt. Die in der Magna Charta garantierten Freiheitsrechte hätten sich auf alle Engländer ausdehnen, also universalisieren lassen. Das Verdienst der Universalisierung schreibt er Lord Coke zu, dem Obersten Richter im England des 17. Jahrhunderts, der zum Begründer des englischen Verfassungsstaates wurde.

Dieser Einwand ist ernst zu nehmen. Wir legen hier aber deshalb so viel Wert auf die Feststellung, dass die Magna Charta nicht die Vorläuferin der Menschenrechtscharta von 1948 ist, weil wir dem Irrtum vorbeugen wollen, dass die Schwächung der Staatsgewalt den Menschenrechten günstig sei. Es ist bis heute wichtig gegen diesen Irrtum anzugehen, denn er ist den gegenwärtigen „Pouvoirs intermédiares" günstig: der Wirtschaft, die immer mehr die klassischen Staatsfunktionen übernimmt und die staatlichen Entscheidungen durch ihre Lobby immer entschiedener determiniert.

Die heute – ungeachtet der Wirtschaftskrise – immer noch propagierte Meinung, dass es sich unter einem schwachen Staat besser lebe, wird von dem falschen Verständnis der Menschenrechte unterstützt. Wir werden dieses Problem in dem Abschnitt „Staatsbedürftigkeit" (6. Kapitel) noch genauer behandeln.

Exkurs: Empirisch oder rational?

Die Magna Charta fällt aus einem weiteren Grund aus dem Rahmen der Menschenrechte: Der geschichtliche Akt in Runnymede war ein tatsächliches Ereignis, so dass die auf ihn gegründeten Rechte historisch-empirisch gegründet sind und nicht – wie es der Geist der Menschenrechte verlangt – ideell.

Der Rechtshistoriker Heinrich Mitteis („Der Staat des hohen Mittelalters") sagte deshalb über die Magna Charta: „Sie galt zwar den englischen Vorkämpfern für die ererbten Freiheiten gegen die Stuarts, insbesondere Lord Coke, als Rechtfertigung ihres Kampfes, man bleibt aber mit alledem im Rahmen einer historischen Argumentation."

Der Universalismus ist per definitionem historisch-empirisch unbegründbar. Nicht die Pakte, die Menschen miteinander schließen, sondern idealistisch-metaphysische Vorgaben – man nenne sie Natur, Gott, Vernunft oder Selbstevidenz – verleihen den Menschenrechten ihre Legitimation. Aus der Perspektive der naturrechtlichen Gedankenwelt sind geschichtlich-wirkliche Ereignisse niemals imstande, dem, was „semper, ubique et pro omnibus" (immer, überall und für jeden) Geltung hat, dem Ewig-Universalen also, eine Grundlage zu geben.

Auf eine sehr grundsätzliche Weise hat bereits Gratian, ein mittelalterlicher Mönch, der in Bologna die Rezeption des rationalen Naturrechts vorbereitet hat, die Unterscheidung zwischen dem Rationalen und dem Empirischen mit den Worten ausgedrückt: „Gott hat gesagt: Ich bin die ‚Wahrheit. Er hat nicht gesagt: Ich bin die Gewohnheit." Zur Zeit der Aufklärung hat Lessing in einer guten Formulierung die Unterscheidung zwischen „ewigen Vernunftwahrheiten" und „zufälligen Geschichtswahrheiten" getroffen.

Der entschiedenste Gegner aller Versuche, metaphysisch Vorgegebenes historisch-empirisch zu begründen, war Immanuel Kant. Wir werden im nächsten Kapitel seinen Ausspruch hören, dass derjenige, der diesen Versuch unternehme, „statt der Juno eine Wolke umarme".

Der Staatsrechtler Herbert Krüger sprach sich entschieden dagegen aus, die Grundrechte mit mittelalterlichen Privilegien zu vergleichen. Sie seien nicht etwa „das gute alte Recht"; sie stünden im Gegenteil den „ererbten Freiheiten" entgegen. Krüger legte den größten Wert darauf, dass die Grundrechte aus dem abstrakten Wesen des Menschen deduziert werden und man sie nicht „historisch als einen Komplex von subjektiven Rechten begreift, die ein Mensch oder seine Vorfahren im Laufe ihres Daseins in einzelnen, zufälligen Vorgängen nach und nach erworben haben. Die Grundrechte erweisen sich damit als etwas durchaus anderes als ‚Freiheiten', ‚Privilegien', ‚Immunitäten' usf. vorstaatlicher Zeiten. Es ist daher nicht möglich, sie auf diese Berechtigungen zurückzuführen."

Nun kann man gerade umgekehrt sagen, dass eine historische, empirisch greifbare Argumentation eine bessere Legitimation abgebe als die metaphysisch-apriorische, die nichts Besseres zu bieten hat als den Himmel, an dem die ew'gen Rechte angeblich hängen. Eine durch Fakten erzeugte Legitimität sei erheblich solider.

Diese Position wurde (und wird) tatsächlich oft eingenommen – aber überzeugend immer nur von den Gegnern des Naturrechts. Sie kam nach dem terroristischen Umschlagen der Französischen Revolution zur Blüte – am Ende des 18. Jahrhunderts also, als die empirisch bodenlosen, rational-hergeholten Rechte so viel Unheil gestiftet hatten. Aber auch schon vor der Revolution war dieser Standpunkt vertreten worden, und zwar von dem Engländer Edmund Burke, der der erste war, der die außerordentliche Gefährlichkeit des rationalen Naturrechts erkannte. In seinen „Reflections on the Revolution in France" stellte sich Burke vor, dass die französischen Maximen in England erfolgreich wären, und zog diesen Schluss: „Thus the commonwealth itself would, in a few generations, be disconnected into the dust and powder of individuality, and at length dispersed to all winds of heaven."

Man findet bis heute im angelsächsischen Denken diese Bevorzugung des Historischen gegenüber dem Rationalen. Wir werden diese Gabelung der Legitimationen noch öfter im Auge haben, denn hier scheiden sich die Geister ganz grundsätzlich; hier tut sich eine Spaltung auf, die ich (in einem Buch mit diesem Titel) den „Dimorphismus der Wahrheit" genannt habe; hier liegt eine „Unendliche Entzweiung" vor, wie Schleiermacher sich ausgedrückt hat. Jede dieser beiden Seiten wirft der anderen vor, dass sie sich auf der falschen Seite befindet. Wir wollen nicht grundsätzlich Partei nehmen – es gibt gute Argumente auf der Seite der historisch-empirischen Argumentation – aber festhalten: der Ideenkreis des Naturrechts befindet sich auf der Seite des Rational-Ideellen, vom Historischen Losgelösten.

Thomas, Luther, Las Casas und Vittoria

Zurück ins Mittelalter! **Thomas von Aquin** (1225–1274) ist der Philosoph, der das mittelalterlich-theologische Denken am maßgeblichsten beeinflusst hat und in der katholischen Theologie bis heute eine große Rolle spielt. Er entwarf ein Konzept für eine richtige irdische Ordnung, dem er den gut eingeführten antiken Namen „Naturrecht" gab – zu dem bis heute anhaltenden Schaden, dass das rationale, universalistische Naturrecht mit dem theologischen verwechselt werden kann. (Keine Verwechslungen sind möglich, wenn man mit Ernst Bloch zwischen „revolutionärem" und „legitimierendem" Naturrecht unterscheidet. Oft spricht man auch von „rationalem" oder „klassischem" im Unterschied zum „theologischen" oder „katholischen" Naturrecht.)

Thomas Konzeption stand dem rationalen Naturrecht entgegen: sie setzte auf die irdischen Standesunterschiede und bestätigte sie als göttlich gewollt. Er verdeckte das dadurch, dass er die Unterscheidung zwischen einem „absoluten" und einem „relativen" Naturrecht aufbaute:

Es gab einmal eine Zeit, sagte Thomas, in der das absolute Naturrecht gültig war: das Goldene Zeitalter, in dem Freiheit und Gemeinsamkeit des Besitzes herrschten. Thomas nannte diese Zeit Urstand oder Paradiesstand. Durch den Sündenfall aber musste das Naturrecht relativiert werden; die Menschen konnten nicht mehr als Gleiche angesehen werden, sondern mussten sich, nach Ständen gestaffelt, der Obrigkeit unterwerfen. In „De regimine principum" heißt es, dass Gott nach dem Sündenfall alle Dinge an die ihnen zukommende Stelle einer hierarchischen Gliederung gestellt habe, sodass die Welt eine organische Einheit bilde. Er nannte sie die „Ordnung des Sündenstands".

Albert Schweitzer sagte: „Was das Mittelalter an Ethik hervorbrachte, ist unoriginal. Die kirchlich-christliche Ethik wird in die philosophische und die philosophische in die kirchlich-christliche hineingedeutet. Auch wo dies durch einen großen Geist unternommen wird wie bei Thomas von Aquino, fällt kein neues Licht auf das Wesen und den Inhalt des Sittlichen."

Die aus der Antike überkommene universalistisch-naturrechtliche Betrachtungsweise wurde von den mittelalterlichen Christen abgelehnt, weil sie dem Sündenstand nicht angemessen schien. Sie hätten ihr Konzept eigentlich nicht „Naturrecht" nennen dürfen und haben den philosophischen Begriff der Lex naturalis nur beibehalten, weil die stoische Tradition noch nicht ganz vergessen war.

Der Begriff „Naturrecht" passt auch deshalb nicht in die konservativ-theologische Ideenwelt, weil sie auf Natur gar nichts gab. Ihr Gesellschaftskonzept stützte sich nicht, wie die Stoa, auf die einheitlich-gütige Mutter Natur, sondern auf Vater Gott. Die Natur war hier keine Legitimationsquelle mehr – im Gegenteil. Zumal die menschliche Natur wurde im Mittelalter als Ursache der Sündhaftigkeit betrachtet.

In der Imitatio Christi, von der schon die Rede war, wird der Natur als dem Irdisch-Schlechten die himmlische Gnade als die einzige Quelle des Guten gegenübergestellt. „Mein Sohn, achte sorgfältig auf die Regungen der Natur und der Gnade! Denn sie sind einander entgegengesetzt", heißt es da. „Die Natur ist listig und zieht viele an, verlockt und täuscht sie, und immer hat sie sich selbst zum Ziele. Die Gnade aber wandelt in Einfalt, vermeidet allen bösen Schein und schützt keinen Trug vor; alles tut sie rein um Gottes willen, in dem sie auch letztlich ihre Ruhe findet."

Zwar findet man auch hier die stoisch-asketische Abneigung gegen die Mächtigen und Reichen, aber dieser Haltung wird nicht etwa (wie später wieder bei Rousseau) das Prinzip der Natur zugrundegelegt:

> „Die Natur hat Freude an vielen Freunden und Verwandten; sie gibt viel auf hohe Abkunft und klingende Namen, hofiert den Mächtigen, schmeichelt den Reichen und beklatscht ihres gleichen. Die Gnade aber liebt auch die Feinde, erhebt sich nicht wegen der Menge der Freunde und legt keinen Wert auf Namen und Stand, wenn da nicht edlere Tugend ist; sie hält es mehr mit dem Armen als mit dem Reichen, erweist ihr Mitgefühl mehr der Unschuld als der Gewalt, ihre Mitfreude mehr der Wahrheit als der Schlauheit, und ermutigt die Guten zu immer höherem Streben, um sich dem Sohne Gottes gleich zu gestalten durch wahre Tugend."

Ähnlich wie Thomas von Aquin gab **Luther** seinem Konzept einer gerechten Ordnung eine relativistische Struktur: seine „Zwei-Reiche-Lehre" wich von der ur-christlichen Gleichheitsidee ebenso ab wie das thomistische Naturrecht. Wir sind hier nicht im Himmel, sagte auch Luther, sondern auf Erden, und hier sei Unterordnung angesagt. Hier müsse das Schwert der Obrigkeit das letzte Wort haben. Luther verstieg sich in seiner Schrift über die Kriegsleute sogar zu der Behauptung, die Griechen und Römer hätten das wahre Naturrecht nicht gekannt.

Ernst Bloch hat Luther diese Position als Verhöhnung des klassischen Naturrechts übel angekreidet. „Es erscheint auf diese Weise ein Naturrecht der Unterdrückung, einer Gewaltstaats-Omnipotenz, die durch keinerlei Seitenblick auf Urstand und Evangelium mehr geniert wird".

Man muss Luther aber zugestehen, dass er sich in einer unausweichlichen Zwangslage befand, als seine geistige Radikalität den hemmungslosen Gewaltausbruch der Bauernkriege ausgelöst hatte und er den Terror stoppen musste. Bloch hatte zu wenig Verständnis für Luthers Lage. Die Bedeutung der Reformation für die Emanzipation des Individuums aus seiner klerikalen Einbindung kann gar nicht überschätzt werden. Im Übrigen konnte Bloch einen Zug in Luthers Denken nicht würdigen, der für Albert Schweitzer wichtig war: Dieses Denken gehöre insofern schon der Neuzeit an, als es den Sinn für das praktische Anpacken in der Welt weckte. In seiner Zuwendung zur Arbeit und zur praktischen Ethik habe eine ungeheure Befreiung gelegen.

Anfang des 16. Jahrhunderts, in der Lutherzeit, kam ganz überraschend, wie vom Himmel gefallen, die Menschenrechtsidee im modernen Sinne auf – ausgerechnet in Spanien, wo sich damals alle Kräfte auf die Conquista richteten: die Eroberung des neu entdeckten Erdteils in Übersee. Ausgerechnet hier, in der Höhle des Löwen – alles Böse konzentrierte sich hier in hemmungsloser Goldgier – konnte die Humanitätsidee einen großen Sprung machen. Der Dominikaner **Bartolomé de Las Casas,** der zunächst selbst in Kuba eine Goldmine und Sklaven gekauft hatte, sah das schwere Unrecht gegenüber den Indianern ein und widmete sein Leben dem Kampf um ihre menschenwürdige Behandlung. In seinem Werk taucht das Wort „Menschenrecht" das erste Mal auf. Las Casas konnte tatsächlich erreichen, dass (vorübergehend) eine „Indianergesetzgebung" in Kraft trat, in der die Versklavung, Folterung und Tötung der Indianer verboten wurde. (Reinhold Schneider hat die Auseinandersetzungen darüber in seinem Büchlein „Las Casas vor Karl V." beschrieben, das seinerseits verkappt die Nazi-Verbrechen anprangerte und nicht erscheinen durfte.) Drei Millionen Indianer, so schätzte Las Casas schon vierzehn Jahre nach Beginn der Conquista, seien ihr bereits zum Opfer gefallen.

Die hier plötzlich auftauchende Humanitätsgesinnung, in der die Menschenrechtsidee einen großen Sprung nach vorn machen konnte, hatte Einfluss auf **Francesco de Vittoria** (1486–1546), der die Idee des abstrakten Menschen schon so früh in das Völkerrecht einführte. So früh – die Renaissance der Antike begann ja damals erst zu dämmern, und Vittorias Lehre bewegte sich formal noch in der mittelalterlichen Scholastik. Er war ein Dominikanermönch, der als begabt aufgefallen und von seinem Orden an die Universität in Paris geschickt worden war, wo er sechzehn Jahre lang blieb. Er lehrte nach seiner Rückkehr an der Universität von Salamanca.

Äußerlich bewegte sich seine Lehre noch ganz im Rahmen des Hergebrachten; Vittorias Vorbild war Thomas von Aquin, der die Gleichheit und den abstrakten Menschen nicht kannte, sondern den hierarchischen Stufenbau der Gesellschaft für gottgewollt hielt. Aber nur formal hielt sich Vittoria innerhalb dieses Rahmens. Inhaltlich – von einem autonom gegründeten Gewissen motiviert – war seine Lehre schon ganz modern, stand schon ganz auf der Seite der ungeschriebenen Rechte, die jedem in gleicher Weise zukommen, unabhängig von seiner sozialen und ethnischen Herkunft.

Die massenhafte Tötung und Versklavung der Indianer hatte zuvor nicht gerechtfertigt werden müssen. Im christlichen Mittelalter war eine militärische Aktion zwar nur dann gestattet, wenn es sich um einen „gerechten Krieg" – bellum iustum – handelte. Gegenüber den heidnischen Wilden galt diese Einschränkung aber nicht. In ihrem Fall war auch die nackte Goldgier ein legitimes Motiv sie zu töten. Vittoria, der die Berichte darüber von Las Casas gehört hatte, entwickelte, ganz auf seine innere Stimme gestellt, eine Morallehre der Kolonisation.

In seinen Schriften „De homicidio" und „De Indis" machte er seine Zeitgenossen darauf aufmerksam, dass man es auch bei den Wilden mit Menschen zu tun hat. Man dürfe sie auch dann nicht töten, wenn sie sich nicht taufen lassen wollten, denn der Glauben lasse sich nicht erzwingen. Auch sollte man die Heiden nicht wegen ihrer Verfehlungen gegen Gott bestrafen, denn die Christen begingen mindestens ebenso viele Verfehlungen. Die Unterwerfung der Wilden sei nur dann gerechtfertigt, wenn sie auf diese Weise vom Kannibalismus und vom Menschenopfer abgehalten würden. Und – dieser Satz hätte ihn unter ungünstigeren Umständen zum Ketzer gemacht –: der Papst habe kein Recht, den europäischen Herrschern die Macht über die Primitiven zu verleihen.

Vittoria besaß schon ein modernes Staatskonzept. Er sagte: Wenn ein christlicher Herrscher eine Kolonie unterworfen hat, sei er verpflichtet, ihren Einwohner dieselben Rechte zuzubilligen wie seinen Untertanen im Mutterland. Die Indianer seien ebenso Untertanen des Königs von Spanien „wie jedermann in Sevilla".

Vittoria war der erste, der sich mit der Migration befasste und das Menschenrecht auf Freizügigkeit entwickelte. In seinem Konzept gab es schon ein Einwanderungs-, Niederlassungs- und Einbürgerungsrecht, dem das ius soli zugrunde lag. Vittoria war auf eine universale Völkergemeinschaft aus, die unter einem gemeinsamen Recht, dem Völkerrecht, steht; eine Res publica, die die ganze Welt – totus orbis – umfasst.

Die Sekten

Wir sahen, dass dem theologischen „Naturrecht" die wesentlichen Merkmale des Universalismus fehlten, wie ihn die ersten Christen entwickelt hatten. Es gab allerdings immer wieder ein Aufflackern des echten religiösen Naturrechts, das der ursprünglichen, absoluten Idee treu blieb und revolutionär wirkte. Diese ursprüngliche Idee – die aus der Individuation und der Abstraktion folgende Gleichheit – ließ sich im Christentum nie vollständig unterdrücken. Es war immer wieder die undankbare Aufgabe der religiösen Sekten, sich gegen die Standesunterschiede zu wenden und auf das echte Naturrecht der Gleichheit hinzuweisen – undankbar insofern, als diese Bewegungen meistens blutig niedergeschlagen wurden: in Flandern schon im vierzehnten Jahrhundert ebenso wie in Nordfrankreich und Südengland, in Deutschland im fünfzehnten Jahrhundert in den Hussitenkriege und endlich in den eben schon erwähnten Bauernkriegen nach der Reformation im sechzehnten Jahrhundert.

Im England des 14. Jahrhunderts sangen die radikalen Christen das Lied von John Ball: „When Adam dug and Eve span, Wo was thanne a gentilman?", ein Lied, das bald auch in Deutschland gesungen wurde: „Als Adam grub und Eva spann, wo war denn da der Edelmann?" Damit wurde über den Nomos hinweg direkt auf die Physis zurück gegriffen, auf das natürliche und ursprüngliche Menschenrecht, das kein soziales Oben und Unten kennt. Es sei erwähnt, dass John Ball 1381 auf grausame Weise hingerichtet wurde.

Die Sektierer hielten sich an die „rein gesinnungsethischen" Forderungen der Bergpredigt (Max Weber) und wollten die Relativierung des christlichen Universalismus nicht mitmachen. Für sie war das sogenannte Naturrecht des Sündenstandes das Recht des Teufels; sie wollten die Gleichheit der Lex Christi nicht erst im Paradies, sondern schon mitten in der Welt verwirklicht wissen, und kein Staat sollte sie daran hindern. Der rebellische Thomas Müntzer schrieb in seiner „Ausgedrückten Entblößung des falschen Glaubens", die Obrigkeit sei „die Grundsuppe des Wuchers, der Dieberei und der Räuberei", und „darüber müssen die gewaltigen, eigensinnigen, ungläubigen Menschen vom Stuhl gestoßen werden, darum dass sie den heiligen wahrhaftigen Christenglauben verhindern." Im Kommunismus sollte später gern an diese radikale Bewegung angeknüpft werden – im Osten Berlins ist noch immer eine Straße nach Thomas Müntzer benannt. Überflüssig zu erwähnen, dass auch er hingerichtet wurde.

In der jüngsten deutschen Geschichte sollte eine Sekte wieder einmal in die gefährliche Lage derer kommen, die ein absolutes Naturrecht vertreten. Ernst Fraenkel sprach in der Zeit des Nationalsozialismus

> „über die erstaunlich anwachsende Bewegung der Zeugen Jehovas in den letzten Jahren. Die Angehörigen dieser Sekte, deren Pazifismus keinen Kompromiss zulässt und deren Verehrung Jehovas die Verneinung jeglicher weltlicher Autorität einschließt, stellen den Prototyp einer nach absoluten Naturrechtsgrundsätzen lebenden Gemeinschaft dar. Keine der illegalen Gruppen in Deutschland lehnt den Nationalsozialismus kompromissloser ab als diese starrsinnige Sekte. Ihr rasches Anwachsen ist eine Reaktion auf die Verhöhnung aller Naturrechtsprinzipien durch das Dritte Reich. Nur aus diesem fundamentalen Gegensatz erklärt sich der abgrundtiefe Hass der Nationalsozialisten gegen die Zeugen Jehovas, die zu Märtyrern in den Religionskriegen des heutigen Deutschland geworden sind."

Viele von ihnen wurden in Konzentrationslagern umgebracht. Immer wurden die christlichen Sekten, die sich nicht mit dem relativierten Naturrecht des Sündenstandes arrangieren wollten, mit aller Strenge unterdrückt. Deshalb hat der Kampf um die Religionsfreiheit in der Geschichte des Universalismus eine große Bedeutung. Diese Freiheit wurde zeitweise als das Haupt-Menschenrecht angesehen, dessen Durchsetzung den anderen Menschenrechten vorangng. Der deutsche

Rechtsgelehrte Georg Jellinek hat die Religionsfreiheit (in seiner Schrift „Die Erklärung der Menschenrechte" aus dem Jahre 1904) so hoch veranschlagt, dass er sie als Grundlage für die Umwälzungen des 18. Jahrhunderts dargestellt hat – statt des Denkens Rousseaus und der französischen Enzyklopädisten, das meistens (und auch in unserer Darstellung hier) im Vordergrund steht.

Bei dieser Betrachtung tritt die amerikanische Herkunft der Menschenrechtsidee in den Vordergrund. Denn um Religionsfreiheit zu genießen, waren die ersten Siedler ja zu dem neuentdeckten Kontinent gesegelt. Die Auseinandersetzung, die Jellinek mit seiner Betonung der Religionsfreiheit ausgelöst hat, wird uns noch beschäftigen. Dabei wird es weniger um die Frage gehen, ob es die Religionsfreiheit war, die die anderen Menschenrechte „mit hindurchgerissen" hat, wie sich Ernst Troeltsch ausdrückte, sondern darum, ob Frankreich oder Amerika als der Boden anzusehen ist, auf dem diese Rechte ihre ersten Wurzeln schlugen.

Die Renaissance

Zurück ins Mittelalter, das jetzt schon das „ausgehende Mittelalter" ist. Der Rückfall vor die universalistischen Errungenschaften der Antike hatte Jahrhunderte angedauert und wurde endlich überwunden in der Renaissance. Re-naissance heißt Wiedergeburt – gemeint ist die Wiedergeburt der Antike.

Die griechische Philosophie mit ihrem positiven Menschenbild wird rezipiert, die klassische Kunst mit ihrer Verehrung der abstrahiert-menschlichen Schönheit wird wiederentdeckt und nachgeahmt. Cicero wird gelesen und die Humanitätsethik der jüngeren Stoa populär. In Bologna wird von Kirchenjuristen die geniale Vereinfachung, die das Ius Gentium eingeführt hat, in ihrer Überlegenheit erkannt und zur Grundlage des „Gemeinen Rechts" gemacht, das die Partikularrechte jetzt mehr und mehr verdrängen kann. „Die Barbarei der Goten" (wie man jetzt sagt) ist besiegt.

Damit bricht die Neuzeit an, die die mittelalterliche Jenseits-Bezogenheit und Passivität überwindet und sich dem Diesseits mit Tatkraft und Optimismus zuwendet.

Der italienische Humanist Pico von Mirandola (1463–1494) stellte sich vor, dass Gott den noch nicht geformten Menschen mitten in die Welt stellte und zu ihm sagte: „Du kannst als dein eigener Bildhauer dir selber deine Züge meißeln. Du kannst zum Tier entarten; aber du kannst dich auch aus dem freien Willen deines Geistes zum gottähnlichen Menschen wiedergebären." Egon Friedell kommentierte das in seiner „Kulturgeschichte der Neuzeit" so:

„Dies ist offenbar der ursprüngliche Sinn der Renaissance: die Wiedergeburt des Menschen zur Gottähnlichkeit. In diesem Gedanken liegt eine ungeheure Hybris, wie sie dem Mittelalter fremd war, aber auch ein ungeheurer geistiger Aufschwung, wie er nur der Neuzeit eigen ist. In dem Augenblick, wo dieser Gedanke am Horizont erscheint, setzt die Renaissance ein."

In der Renaissance fließen die drei Ströme endlich ungehindert zusammen: die Stoa, der römische Rechtsgedanke und das Christentum. Die Menschenrechtsidee, die sich aus diesen drei Quellen speist, kann endlich zum Durchbruch kommen. Mit Macht bereitet sich die Aufklärung – und mit ihr die Französische Revolution – vor.

Wie konnte es zu diesem Anbruch einer welt- und lebensbejahenden Epoche kommen? Albert Schweitzer hielt die naturwissenschaftlichen Entdeckungen für maßgeblich:

„An ihnen hat die neue Mentalität einen Rückhalt, der nicht nachgibt, sondern immer stärker wird. Weil die wissenschaftlichen Erkenntnisse nicht aufzuhalten und nicht niederzuhalten sind, setzt sich der Glaube an die Gewalt der Wahrheit durch. Weil immer mehr offenbar wird, dass in der Natur alles nach zweckmäßiger Gesetzmäßigkeit vor sich geht, kommt die Zuversicht auf, dass sich die Zustände der Gesellschaft und der Menschheit ebenfalls in zweckmäßiger Weise organisieren lassen. Weil der Mensch immer größere Macht über die Natur erlangt, gilt ihm nach und nach als selbstverständlich, dass die Erreichung des Vollkommenen auch auf andern Gebieten nur eine Frage des genügend starken Wollens und des richtigen Angreifens ist".

Die scholastische Grübelei findet in der Renaissance ein Ende.

„Da fließt dem Feuer ein anderer Brennstoff zu. Sich aus der Buchgelehrsamkeit in die Natur flüchtend, entdecken die Menschen jener Zeit die Welt. Als Seefahrer gelangen sie zu ungeahnten Ländern und ermessen die Größe der Erde. Als Forscher dringen sie in die Unendlichkeit und in die Geheimnisse des Universums ein und erfahren, dass in ihm gesetzmäßige Kräfte walten und der Mensch Macht habe, sie sich dienstbar zu machen. Das von Leonardo da Vinci (1452–1519), Kopernikus (1473–1543), Kepler (1571–1630), Galilei (1564–1642) erworbene Wissen und Können wird bestimmend für die Weltanschauung."

Im Geistigen werden die Fesseln der Religion gesprengt. Pierre Gassend, der Mönch, dessen Pariser Klosterzelle der Treffpunkt der bedeutendsten Gelehrten und fortschrittlichsten Geister seiner Zeit war, empfand die „Re-naissance" als Rückkehr der „antique liberté de parler et de penser", der antiken Freiheit des Sprechens und Denkens. Im christlichen Denken kam die Einsicht auf, dass der Geist Jesu diese Welt nicht aufgeben, sondern umgestalten wollte.

Schweitzer, der ein scharfer Kritiker der christlichen Welt-Verneinung war, gab dem neuen Optimismus des Zeitgeists die größte Bedeutung: „Durch den Glauben an den Fortschritt strömt neues Leben in die Ethik."

(Wenn wir der Grundstimmung einer Epoche so große Bedeutung zumessen, drängt sich die Frage auf: Wie sieht es heute aus? Es lässt noch kaum absehen, welchen Einfluss die große Erfindung der letzten Jahrzehnte, das Internet, haben wird. Anders als die Kernspaltung, die Angst gemacht hat, kann diese Erfindung zu menschheitlichem Selbstbewusstsein und Optimismus führen.)

Die Namen, die übrigen genannt werden müssen, wenn die neue geistige Bewegung gekennzeichnet werden soll, sind Johannes Althusius, Ayala, Hugo Grotius, Samuel Pufendorff, Christian Thomasius, Christian Wolff.

Unter diesen Namen ist der Name Hugo Grotius hervorzuheben. Wenn nach der Herkunft der Menschenrechtsidee gefragt wird, darf er nicht fehlen.

Bei genauem Hinsehen gibt sein berühmtes Werk „De iure pacis et belli" für diese Idee allerdings nicht viel her. Bedeutend war, dass der einflussreiche Holländer den Grundgedanken des Ius gentium aufgriff, den wir als „Souveränität des unqualifizierten Individuums" bezeichnet haben. Er bezog diesen Gedanken aber nicht auf die Souveränität des Einzelnen, sondern auf die Souveränität der Staaten. Henry Maine, der bedeutendste Kenner des Ius Gentium, sah darin ein epochemachendes Missverständnis, das dadurch entstanden war, dass das Wort Ius Gentium so leicht als Völkerrecht missverstanden werden kann. Tatsächlich wirkt sich diese Doppeldeutigkeit bis heute verwirrend aus: manchmal ist vom Ius Gentium die Rede, wenn das Völkerrecht gemeint ist, während dieses Wort doch eigentlich das Zivilrecht der von Rom unterworfenen Stämme – der Gentes – bezeichnet.

Immerhin führte die Verwechslung – wenn man Maine folgen darf – zu dem bis heute geltenden Prinzip der Staatengleichheit. Denn wenn die Quintessenz des Ius Gentium – jeder, hoch und niedrig, besitzt die gleiche Rechtssubjektivität – auf die Position der Staaten im Völkerrecht angewendet wird, führt sie dazu, dass auch der kleinsten Bananenrepublik die gleiche Rechtsmacht zugesprochen wird wie dem Sole Super Power. Man nennt dieses Prinzip, das mit dem Westfälischen Frieden eingeführt wurde, im internationalen Sprachgebrauch bis heute „westfalian". Grotius legte dafür den Grundstein.

4. Kapitel: Aufklärung

Jauchzende Aufklärung

Der in der Renaissance vorbereitete Geist kam in der Bewegung des 18. Jahrhunderts, die „Aufklärung", „Eclaircissement" oder „Enlightenment" genannt wurde, vollends zum Durchbruch. Er erfasste alle Gebildeten; das finstere Mittelalter, in dem Adel und Klerus den Menschen in einer undurchsichtigen Herrschaft demütig und unterdrückt gehalten hatten, war jetzt endgültig vorbei. Allerdings nur geistig! In der Realität waren diese Mächte sehr wohl weiterhin wirksam. Es galt sie zu beseitigen.

Dazu fühlte man sich damals sehr wohl imstande. Der gesunde Optimismus der Renaissance entwickelte sich in dieser Epoche zu einer regelrechten Euphorie. Ausgangspunkt war Frankreich – von dort aus wurden ganz Europa und die Kolonien in Neuengland angesteckt. Die Idee von der ursprünglichen Freiheit und Gleichheit der Menschen enthusiasmierte die Zeitgenossen.

Der englische Dichter William Wordsworth (1770–1850), der die Zeit des „Enlightenments" in seiner Jugend noch erlebt hatte, dichtete rückblickend:

„Europe at the time was thrilled with joy,
France standing on the top of golden hours,
And human nature being born again."

In einem deutschen Dokument aus dem Jahre 1784 heißt es:

„Unsere Tage füllten den glücklichsten Zeitraum des achtzehnten Jahrhunderts. Kaiser, König, Fürsten steigen von ihrer gefürchteten Höhe menschenfreundlich herab, verachten Pracht und Schimmer, werden Väter, Freunde und Vertraute ihres Volkes."

Dieses Dokument wurde damals, fünf Jahre vor der Revolution in Frankreich, in den Turmknopf der Margarethenkirche zu Gotha eingebaut – zu dem ausgesprochen Zweck, der Nachwelt einen Eindruck von dem Geist der Zeit zu geben. So heißt es dort weiter:

„Die Religion zerreißt das Pfaffengewand und tritt in ihrer Göttlichkeit hervor. Aufklärung geht mit Riesenschritten voran. Glaubenshass und Gewissenszwang sinken dahin. Menschenliebe und Freiheit im Denken gewinnen die Oberhand. Künste und Wissenschaften blühen, und tief dringen unsere Blicke in die Werkstatt der Natur. Handwerker nähern sich gleich den Künstlern der Vollkommenheit, nützliche Kenntnisse keimen in allen Ständen. Hier habt ihr eine getreue Schilderung unserer Zeit. Blickt nicht stolz auf uns herab, wenn ihr höher steht und weiter seht als wir; erkennt vielmehr aus dem gegebenen Gemälde, wie sehr wir mit Mut und Kraft euren Standpunkt emporhoben und stützten. Tut für eure Nachkommenschaft ein Gleiches, und seid glücklich!" (Wir senken beschämt das Haupt.)

Der neue Zeitgeist aus Frankreich verbreitete sich mithilfe der Literatur. Ein monumentales Universal-Lexikon wurde in Angriff genommen, die sogenannte „Enzyklopädie", und die Autoren, die an diesem Opus mitwirkten, wurden „Enzyklopädisten" genannt: Diderot, D'Alembert, Baron d'Holbach, Voltaire, Rousseau, Helvetius. Die „Encyclopédie ou Dictionnaire raisonné des Sciences, des Art et des Métiers" begann im Jahre 1751 zu erscheinen, 1772 hatte sie den Umfang von 28 Bänden. Alle Fragen der Philosophie und Religion, der Literatur und Ästhetik, Politik und Ökonomie, Naturwissenschaft und Technik wurden hier in alphabetischer Reihenfolge gründlich, gut lesbar und unterhaltsam erörtert; prächtige Kupferstiche illustrierten die Artikel. Der Hauptzweck des Werkes war aber ein anderer: es lieferte ein riesiges Arsenal subversiver Ideen. Deshalb hatte es auch von Anfang an mit der Zensur zu kämpfen, der jesuitischen ebenso wie der staatlichen.

Die Seele des Unternehmens war Denis Diderot, der auch Bühnendichter war und Stücke schrieb, in denen seine politische Ansicht zum Ausdruck kam: dass der einfache Mann und die einfache Frau mehr taugen als die Privilegierten. Der berühmteste aber wurde Jean Jacques Rousseau, mit dem wir uns noch beschäftigen werden.

Zu den Enzyklopädisten zählte auch Condorcet, ein Adliger, der mit seinem Mut und Schwung stark dazu beigetragen hat, dass die Verhältnisse in Frankreich in Bewegung kamen. Nachdem die Menschenrechte im Jahre 1789 feierlich erklärt worden waren, feierte er den „Progrès de l'esprit humain" – den Fortschritt des menschlichen Geistes – und bezog das ganze Menschengeschlecht ein:

„Was wir uns für den zukünftigen Zustand des Menschengeschlechts erhoffen, lässt sich auf folgende drei wichtige Punkte zurückführen: die Beseitigung der Ungleichheit zwischen den Nationen; die Fortschritte in der Gleichheit bei einem und demselben Volke; endlich die wirkliche Vervollkommung des Menschen. Müssen sich alle Nationen eines Tages dem Zustand der Zivilisation nähern, den die aufgeklärtesten, freiesten und vorurteilslosesten Völker, wie die Franzosen und Anglo-Amerikaner, erreicht haben?"

Condorcet war überzeugt davon, dass der Geist der Déclaration des Droits de l'homme sich auf dem Globus verbreiten würde.

„Werfen wir einen Blick auf den gegenwärtigen Zustand des Planeten, so sehen wir als erstes, dass in Europa bereits alle aufgeklärten Menschen den Grundsätzen der französischen Verfassung huldigen. Wir werden sehen, dass sie hier schon allzu bekannt sind und man sich allzu vernehmlich zu ihnen bekennt, als dass die Anstrengungen der Tyrannen und Priester sie hindern könnten, nach und nach bis zu den Hütten ihrer Sklaven vorzudringen; und dort werden diese Grundsätze bald jenen letzten Rest gesunden Menschenverstands, jene heimliche Empörung wieder aufleben lassen, welche selbst die Gewöhnung an Erniedrigung und Terror in der Seele der Unterdrückten nicht ersticken können."

Nahm er den Mund zu voll? Nein. Der Anspruch, den die Menschenrechte stellen, ist überall bekannt geworden und „in die Hütten der Sklaven" tatsächlich eingedrungen. Condorcet verhieß der Welt eine glänzende Zukunft: „Sie wird also kommen, die Zeit, da die Sonne hienieden nur noch auf freie Menschen scheint, Menschen, die nichts über sich anerkennen als ihre Vernunft; da es Tyrannen und Sklaven, Priester und ihre stumpfsinnigen oder heuchlerischen Werkzeuge nur noch in den Geschichtsbüchern und auf dem Theater geben wird."

(Als Condorcet 1793 diese Worte schrieb, war die Revolution allerdings schon in Terror umgeschlagen, und er musste er sich vor den Jakobinern versteckt halten. Dabei gab er seine Hoffnungen auf die Revolution nicht auf. Er sollte, als eines ihrer vielen Opfer, bald darauf im Gefängnis sterben.)

Friedrich II. von Preußen

1740. Der preußische König Friedrich II, „der Große", wurde gern als „Philosoph von Sanssouci" bezeichnet; die Philosophie aber, der er anhing, war die revolutionäre französische. Er war ein begeisterter Anhänger Jean Jacques Rousseaus (den er, wie wir schon sahen, als Nachfolger des Diogenes ansah) und bot ihm, als er in Bedrängnis war, in dem preußischen Neuchâtel ein Exil an.

Der junge König sprach fließend französisch, hatte mit Fleiß die Schriften der Enzyklopädisten gelesen und war von ihnen tiefgehend beeinflusst. Mit Recht wurde seine Herrschaftsform „aufgeklärte Monarchie" genannt. Schon vier Tage nach seiner Thronbesteigung ließ er die Hexenverfolgung und die Folter verbieten und hob die Pressezensur weitgehend auf.

Ein Schreiben, das der König im Jahre 1779 – zehn Jahre vor der Revolution in Frankreich – an „allerlei Justiz-Collegia" richtete, bringt zum Ausdruck, wie sehr seine Haltung von dem neuen französischen Zeitgeist geprägt war. Es handelt sich um seine Äußerung zu dem Fall „Müller Arnold", in dem er die adlige Partei bevorzugt sah und die Richter ermahnte,

„dass sie keine dergleichen grobe Ungerechtigkeiten begehen mögen. Denn sie müssen nur wissen, dass der geringste Bauer, ja was noch mehr ist, der Bettler, eben sowohl ein Mensch ist wie Seine Majestät sind, und dem alle Justiz muss widerfahren werden, indem vor der Justiz alle Leute gleich sind, es mag sein ein Prinz, der wider einen Bauern klagt, oder auch umgekehrt, so ist der Prinz vor der Justiz dem Bauer gleich; und bei solchen Gelegenheiten muss pur nach der Gerechtigkeit verfahren werden, ohne Ansehn der Person."

(Man kann diese Äußerung allerdings auch als unzulässige Einmischung in die Justiz ansehen. Nach heutigen Forschungen hatten die Richter, die hier kritisiert wurden, in der Sache durchaus Recht.) Auf Friedrich II. geht das „Allgemeine Landrecht" zurück, das in Art. 83 die naturrechtliche Maxime enthält: „Die allgemeinen Rechte des Menschen gründen sich auf die natürliche Freiheit, sein eigenes Wohl – ohne Kränkung der Rechte eines Andern – suchen und befördern zu können." Uwe Wesel erinnert in seiner „Geschichte des Rechts" allerdings an die Grenzen dieses Gesetzes: „Die ständische Gliederung blieb völlig erhalten, mit einer langen Reihe von Beschränkungen des Eigentums, der Berufe und der Eheschließung. Bauer, Bürger, Edelmann blieben strikt getrennt. Selbst das Strafrecht war ständisch gegliedert nicht nur bei der Art der Strafen, auch in ihrer Höhe. Beleidigungen unter Adligen zum Beispiel wurden härter bestraft als unter Bauern oder Bürgern und die Strafe war milder, wenn man von oben nach unten beleidigte als umgekehrt."

Jean Jacques Rousseau

Der geistige Held der Epoche war Jean Jacques Rousseau (1712–1778), der ebenfalls dem Kreis der Enzyklopädisten angehörte. Man kann die Durchsetzung der Menschenrechtsidee nicht darstellen, ohne ihn in den Mittelpunkt zu stellen. Sein Einfluss auf die Zeitgenossen war unvorstellbar groß, er war epochal, nicht nur in Frankreich, sondern in ganz Europa und auch in der Neuen Welt, die damals noch Neu-England hieß. Liberté, sûreté, propriété, résistance à l'oppression – diese Formulierungen wurden von den Vätern der Amerikanischen Unabhängigkeitserklärungen in wörtlicher Übersetzung von Rousseau übernommen.

Was die Macht seines Einflusses angeht, kann Rousseau nur mit Jesus Christus und Karl Marx verglichen werden. Dabei ist seine Theorie alles andere als konsistent, dabei stellt er einen rückwärtsgewandten Natur-Bezug her, der sich mit der Zukunftsorientierung, die dem Naturrecht angemessen ist, nicht verträgt;

dabei ist sein Naturbild unrealistisch und verkitscht, dabei steht sein eigener Lebenswandel in krassem Gegensatz zu seinen erfolgreichen Lehren.

Rousseau traf bei seinen Zeitgenossen denselben Nerv, den schon Diogenes und seine Anhänger getroffen hatten: das Empfinden für die Künstlichkeit der hierarchisch geordneten Gesellschaft, in der die Menschen in einer Staffelung über- und untereinander leben, in der Herkunft, Status und Besitz zählen, während das Wesentliche unter den Tisch fällt. Während Diogenes und die anderen Kyniker die Unwesentlichkeit dieser Staffelung dadurch zum Ausdruck gebracht hatten, dass sie ein „Hundeleben" vorführten, schrieb Rousseau lange Romane, in denen er seinen gepuderten, geschnürten, über-zivilisierten Zeitgenossen das einfache Leben schmackhaft machte.

„Retour à la nature!" – „Zurück zur Natur!" war sein berühmter Schlachtruf. Sein Erziehungsroman „Emile" begann mit den Worten:

> „Alles, was aus den Händen des Schöpfers kommt, ist gut; alles entartet unter den Händen des Menschen. Er zwingt einen Boden, die Erzeugnisse eines anderen zu züchten, einen Baum, die Früchte eines anderen zu tragen. Er vermischt und verwirrt Klima, Elemente und Jahreszeiten. Er verstümmelt seinen Hund, sein Pferd, seinen Sklaven. Er erschüttert alles, entstellt alles – er liebt die Missbildung, die Monstren. Nichts will er so, wie es die Natur gemacht hat, nicht einmal den Menschen."

„Le bon sauvage" – „der gute Wilde" – dieser Mythos, der um die Indianer gewoben wurde, nachdem man sie zunächst gar nicht als Menschen hatte anerkennen wollen, kam hier zur Blüte. Moralpredigten, die das unverfälschte und ursprüngliche Leben feiern, haben wir schon als „kynische Diatriben" bezeichnet. Sie halten dem Bildungsstolz der Zeitgenossen eine leidenschaftliche Verneinung des gesamten Kulturfortschritts entgegen, sie kritisieren die Degeneration und den Verfall der Sitten, sie loben demgegenüber die primitiven Tugenden und die Unverdorbenheit der Naturvölker oder sogar der Tiere.

Solche Diatriben waren genau das, wonach sich der verkünstelte Zeitgeist des 18. Jahrhunderts sehnte, um sich kräftig durchrütteln zu lassen. Rousseaus kynische Einfachheit und Naturverbundenheit waren ein neuer, aufregender Ton in den Salons. „Mit seinem exaltierten Naturkultus hatte er die Bedürfnisse jener blasierten Gesellschaft vollkommen erraten, die Rokokoszenerien liebte und Schäferstücke, in denen Lämmer an seidenen Bändern geführt werden", sagte Egon Friedell.

Zum Beispiel: In seinen an Sophie d'Houdetot gerichteten und weit verbreiteten „Lettres morales" empfiehlt Rousseau seiner Freundin, sich für ein paar Tage aus dem gesellschaftlichen Leben in Paris zu lösen. Sie solle sich in die Einsamkeit des Landlebens begeben und dort einige Stunden ihre Muße dazu nutzen, um die Armen und Kranken zu besuchen und ihnen Gutes zu tun:

„Tausend Widerstände werden, ich fühle es wohl, Sie zunächst von einem solchen Unterfangen abhalten. Schmutzige Häuser, brutale Menschen, der Anblick des Elends werden es ihnen verleiden. Aber wenn Sie in das Haus dieser Unglücklichen eintreten, sagen Sie sich: Ich bin ihre Schwester, und die Menschlichkeit wird über ihren Widerwillen siegen. Sie werden sie lügnerisch finden, eigensüchtig, voller Laster, die Ihren Eifer abschrecken; aber befragen Sie sich im geheimen über die Ihren und sie werden alsbald die des Nächsten vergeben lernen. Und denken Sie daran, dass die Bildung, die Ihren Lastern ein ehrenhaftes Aussehen gibt, sie im Grunde noch gefährlicher macht."

In dieser kynischen Diatribe finden wir die Zuwendung zum „Menschen an sich" wieder, das Gefühl der natürlichen Zusammengehörigkeit derer, die Menschenantlitz tragen – wir finden hier die emotionale Grundlage des Menschenrechtsdenkens.

Der Gefühlston, über den Rousseau verfügte, wurde damals als aufregend und revolutionär empfunden. Bis heute ist die Frage umstritten, ob er vielleicht ein Windbeutel und Gauner war – sein Lobpreis des einfachen Lebens, der Erziehung zu einem groben Handwerk diente Rousseau jedenfalls zur Rechtfertigung dafür, dass er seine fünf Kinder sämtlich im Findelhaus abgegeben hatte, wo ihnen nach seiner Behauptung ein gesundes, von körperlicher Arbeit bestimmtes Leben bevorstand. Tatsächlich überlebten die wenigsten Kinder ihren Aufenthalt im Findelhaus und auch über die kleinen Rousseaus wurde nichts bekannt.

Rousseau schrieb nicht nur sentimentale Romane, sondern war auch ein erfolgreicher politischer Schriftsteller. Seine Verehrung für das Volk drückte sich in seiner Forderung nach dessen Souveränität aus. In seinem berühmten „Contrat Social" forderte er, dass der Staat auf einem Vertrag beruhen sollte, den das Volk mit sich selbst schließt: dem Gesellschaftsvertrag. Die aus diesem Vertrag resultierende Herrschaft nannte er „volonté générale". Der allgemeine Wille hat nach seiner Ansicht immer Recht. Wer in der Minderheit ist, hat sich geirrt, indem er eine Meinung für den allgemeinen Willen hielt, die es tatsächlich nicht war. Verkehrt kann dieser Wille nicht sein. Denn der Souverän, das Volk also, kann niemandem schaden wollen, so wenig wie ein Körper seinen Gliedern schaden will.

„Diese hinterlistigen Sophismen sollten einige Jahrzehnte später tatsächlich die Wirklichkeit regieren: der Souverän erhob sein Haupt und zwang, jedoch ohne ihnen schaden zu wollen, alle, die sich geirrt hatten, mittels des Fallbeils zur Freiheit", sagte Egon Friedell dazu.

Friedell war gegen Rousseau schwer eingenommen. Er sprach von pharisäischer Verlogenheit, unverfrorenem Schwindel, geschmackloser Pose, aufdringlicher Heuchelei, unanständiger Schnorrerei. Eines seiner vielen Beispiele ist Rousseaus Verhalten gegen Friedrich den Großen, der ihm durch Marschall

Keith in der preußischen Exklave Neufchâtel eine bedeutende Geldsumme, Korn, Wein, Holz und eine Villa anbieten ließ. Ihm antwortete Rousseau (der Zeit seines Lebens von Gönnern lebte): „Sie wollen mir Brot geben? Gibt es unter Ihren Untertanen keinen, dem es daran fehlt?" Friedell sagte dazu: „Nachdem er diese alberne und taktlose Patzigmacherei unter Dach gebracht hatte, nahm seine Geliebte alle Geschenke hinter seinem Rücken an." Seine Zeitgenossen dachten übrigens nicht besser von Rousseau. D'Alembert – auch einer der Enzyklopädisten – sagte: „Jean Jacques ist eine wilde Bestie, die man nur mit einem Stock und hinter Gitterstäben berühren darf", Voltaire äußerte sich so: „Ein Arzt müsste an Jean Jacques eine Bluttransfusion vornehmen, sein jetziges Blut ist eine Komposition aus Vitriol und Arsenik. Ich halte ihn für einen der unglücklichsten Menschen, weil er einer der bösesten ist."

Auch dann, wenn man von den Charaktereigenschaften dieses geistigen Vaters der Französischen Revolution einmal absieht, ist der Grundgedanke des „Contrat Social" fragwürdig. Jede verfassungsmäßige Einschränkung der Staatsallmacht, die aus dem Volonté générale besteht, jeder Vorbehalt von Menschenrechten des Einzelnen wird von Rousseau ausdrücklich und nachdrücklich verworfen. Darin liegt eine der Inkonsistenten der Revolution, die sich Freiheit und Gleichheit zur Maxime gemacht hat: Rousseau kennt keine persönliche Freiheit des Einzelnen, die vom Staat zu respektieren wäre. „La puissance souveraine" heißt es bei Rouseau, „n'a nul besoin de garant envers les sujets." Die souveräne Macht bedarf keines Garanten gegenüber ihren Bürgern. Sie ist ja angeblich mit ihnen identisch.

Wenn man diese Auffassung ernst nimmt, muss man Rousseau als Vordenker des Totalitarismus verstehen, und das geschieht auch zuweilen. Insbesondere der israelische Historiker Jacob Talmon hat ihn so aufgefasst. Tatsächlich lässt sich nicht übersehen, dass der Satz des nationalsozialistischen Staatsdenkers Huber, es gebe „keine Freiheitsrechte des Individuums gegenüber der Staatsgewalt", große Ähnlichkeit hat mit Rousseaus Worten: „Dans une législative parfaite, la volonté particulière ou individuelle doit être nulle." In einer perfekten Legislative sollte der partikulare oder individuelle Wille gleich Null sein.

Wenn Rousseau dennoch der erfolgreichste Philosoph der Menschenrechte war, hat das seinen Grund darin, dass er die Gleichheitsidee so populär machen konnte. Er leitete sie aus der Natur ab.

Wir sahen, dass schon in der Stoa das Argument „Natur" die Grundlage für die Gleichheitsidee geboten hat – griechisch „physis", lateinisch „natura" – und das davon abgeleitete Rechtsdenken deshalb als „Naturrecht" bezeichnet wurde. Die Menschen sollten im Verhältnis der Freiheit und Gleichheit nebeneinander stehen, weil sie „von Natur" aus in diesem Verhältnis stehen – wir sahen, dass so über die Jahrhunderte, in denen sich der menschenrechtliche Universalismus entwickelte, argumentiert wurde. „Von Natur aus" hieß: von Geburt an. „L'homme

est né libre" – das war der Schlachtruf, mit dem Rousseau sein Jahrhundert weckte. Der Mensch ist frei geboren! Schiller griff dieses Wort in dem Vers „Der
Mensch ist frei geschaffen, ist frei, und würd' er in Ketten geboren" auf. Das
Wort Natur kommt von dem lateinischen Wort natum her, das „geboren sein"
heißt, her. Tatsächlich werden alle Menschen in gleicher Weise nackt und hilflos
geboren, seien sie Königs- oder Sklavenkinder. In diesem Ursprung gibt es keinen Unterschied.

Rousseau wurde dadurch berühmt, dass er zweimal auf eine Preisfrage der
Akademie von Dijon eine Antwort gegeben hatte, die preisgekrönt wurde. Als
dort gefragt wurde, ob die Ungleichheit der Menschen in der Natur begründet sei,
war seine Antwort: Nein! In einer flammenden Schrift bezeichnete er die Zivilisation als Ursache des Übels. Der erste Mensch, der ein Stück Land einzäunte
und sich vermaß zu sagen: das gehört mir, und Leute fand, die einfältig genug
waren, es zu glauben, war derjenige, der die Ungleichheit einführte.

Nicht die Natur, sondern Zwang und Deformation, willkürliche Konvention
und ‚Mode' („Deine Zauber binden wieder, was die Mode streng geteilt", dichtete Schiller in der „Ode an die Freude") mache die Individuen untereinander
verschieden, lehrte Rousseau. Würde man ihnen volle Freiheit lasse, würde die
ursprüngliche Gleichheit der Menschennatur in Erscheinung treten.

Diese Auffassung wurde von dem Enzyklopädisten Helvetius so weit übertrieben, dass er angeborene Verschiedenheiten der Individuen überhaupt leugnete: Alle Unterschiede unter den Menschen, sagte er, seien nur sekundär und
nachträglich erworben. Sie seien Folgen des Einflusses verschiedener äußerer
Umstände – nicht angeboren also, sondern durch das Milieu bedingt. (In dieser
Radikalität sollte die Position später unter Stalin wieder vertreten werden.)

Exkurs: Die Legitimität des Natürlichen

Das, was von Natur aus da ist, scheint, im Gegensatz zu dem, was die Menschen
nach ihrer eigenen Willkür gemacht haben, eine innere Richtigkeit zu besitzen.
Die Natur ist das von selbst Gewordene, aus innerem Wesen Gewachsene, im Gegensatz zum Menschenwerk, zum Künstlichen, zu den Schöpfungen des menschlichen Geistes.

Das Wort „Natur" besitzt diese Legitimationskraft bis heute, bis in die Umgangssprache hinein. Wir sagen „natürlich" als Synonym für „na klar", „selbstverständlich", das, was keiner weiteren Begründung bedarf, das, was sich von
innen, aus dem Wesen des Sachverhalts heraus, von selbst ergibt. „Als das Kind
zu den Streichhölzern griff, habe ich sie ihm natürlich weggenommen, da hat es
natürlich geschrien, und da ist natürlich die Mutter gekommen" – etwa. Mit „Natur" im engeren Sinne hat das „natürlich" nichts mehr zu tun: „Als der Computer

kaputtging, waren meine Daten natürlich alle weg". Natürlich, naturally, naturellement – in den verschiedenen Sprachen bedeuten diese Wörter alle dasselbe: selbstverständlich, keiner weiteren Begründung bedürftig.

Die „Natürlichkeit" einer Sache ist geeignet, auch ganz banalen Sachverhalten Legitimation zu liefern. In der Werbung spielt das Attribut „Bio" (bios = Leben) eine große Rolle, ebenso wie „Öko", das von dem griechischen Wort für Oikos herkommt, dem selbstgenügsamen, kreisförmig funktionierenden Haushalt. Das, was „unverfälschte Natur" ist, steht wieder in hohem Ansehen: Die Naturheilverfahren in der Medizin, die auf die Selbstheilungskräfte vertrauen, die Natürlichkeit der Kleidung, möglichst Baumwolle, ungefärbt und unbehandelt, der Nahrung, der Körperpflegemittel. Ein Haarwaschmittel, soll sich der Käufer vorstellen, bestände aus Meerschaum und nicht aus Trimethyläthan.

„Natürliche" Lebensbedingungen für Hühner scheinen die besten zu sein und ihre Eier deshalb die gesündesten. Während man eine Zeitlang gemeint hat, dass Muttermilch entbehrlich und die künstlich zusammengesetzte Milch besser sei, weil sie mehr Kalk enthielte, ist man heute nicht mehr dieser Meinung. Man hat Feinstoffe in der Muttermilch entdeckt, die sich nicht chemisch herstellen lassen. Das ist nur ein Beispiel von vielen – man weiß heute, dass „die Natur" klüger ist als die Menschen.

Wir sahen, dass seit den Zeiten der Stoa auch die Legitimation einer gesellschaftlichen Ordnung als gelungen gilt, wenn sie sich auf die „Natur" stützt, wenn sie nicht als willkürlich-menschengemacht (thesei dikaion), sondern als ursprünglich-vorgegeben (physei dikaion) aufgefasst werden kann. „Dadurch, dass „Physis" zum Synonym für die richtige Herkunft des Nomos geworden war, gelang die dauernde, keineswegs mühelose Verbindung der Begriffe Natur und Recht zur Parole Naturrecht", sagte Ernst Bloch. Er sprach in diesem Zusammenhang von der „Weihe und Göttlichkeit", die die Anbindung an die Natur verleiht, und vom „Pathos Naturrecht".

Auch das katholische Naturrecht, dessen Grundlagen von Thomas von Aquin konzipiert wurden, schmückte sich mit dem Begriff, obwohl es seine Regeln nicht aus der Natur, sondern von Gottes Schöpferwillen ableitete. Das antike Wort war zur Stiftung von Legitimität auch im Mittelalter unentbehrlich. Lex naturalis war lex divina.

1765, inmitten der Aufklärung, legitimierte William Blackstone (Commentaries on the Laws of England) das Naturrecht auf diese Weise:

„This law of nature, beeing co-eval with mankind and dictated by God himself, is of course superior in obligation to any other. It is binding over all the globe, in all countries and at all times; no human laws are of any validity, if contrary to this; and such of them as are valid derive their force, and all their authority, mediately or immediately, from this original." („Commentaries on the Laws of England")

Das klingt auf Anhieb überzeugend; wir werden aber im 8. Kapitel sehen, dass die Abstützung auf die Natur dem westlichen Universalismus letzten Endes geschadet hat: Durch die Bezugnahme auf die wirkliche Natur sollte diese Denkwelt widerlegt werden. In der wirklichen Natur herrschen nämlich keine Ideen – nicht Freiheit und nicht Gleichheit –, in der wirklichen Natur herrscht eine überwindliche Hierarchie – diese Argumentation sollte die politische Romantik nach 1800 gegen die Aufklärung ins Feld führen.

Zwar wird der Begriff „Naturrecht" noch über die Mitte des 20. Jahrhunderts hinaus für den Universalismus verwendet werden, aber nur aus Gewohnheit. Die legitimierende Wirkung des Naturbezugs sollte schon im Laufe des 19. Jahrhunderts erlöschen. In der Natur gibt es nämlich kein Naturrecht. Das Konzept vom un-qualifizierten Individuum, vom Menschen an sich, ist artifiziell und ethischer Natur. Sowohl innerhalb als auch außerhalb der Gattung herrscht Ungleichheit: „In jedem Rudel wildlebender Herdentiere weiß jedes Tier genau, an welcher Stelle der hierarchischen Ordnung es seinen Platz hat. Dabei bringt auch im Tierreich hoher Rang keineswegs nur Rechte, sondern vor allem auch Pflichten, Pflichten, die sich im Augenblick der Gefahr bis zur besinnungslosen Aufopferungsbereitschaft für die Herde steigern können", sagte Rüstow.

Außerhalb der eigenen Gattung sieht es ganz schlimm aus: Da herrscht statt Gleichheit die Unbarmherzigkeit der Nahrungskette. Ernst Bloch sprach deshalb von der „fragwürdigen Herrlichkeit eines naturzuständlichen Rechts; denn dieses war, als animalisches, außerhalb der engen Horde, des Stammes, schlechthin das Recht des Stärkeren, Faustrecht." Er zitierte Hegels (klobiges) Wort: „Das Recht der Natur ist darum das Dasein der Stärke und Geltendmachen der Gewalt – und ein Naturzustand ein Zustand der Gewalttätigkeit und des Unrechts, von welchem nichts Wahreres gesagt werden kann, als dass aus ihm herauszugehen ist."

Zumal im Zuge des 20. Jahrhunderts sollte die Vorstellung, der Mensch sei von Natur aus gut, schwer leiden. Hannah Arendt sagte: „Schon die Terminologie der ‚Déclaration des Droits de l'Homme' wie der ‚Declaration of Independence', die von ‚unabdingbaren', ‚unveräußerlichen', ‚angeborenen' Rechten und ‚axiomatischen Wahrheiten' sprechen, beinhaltet den Glauben an eine ‚Natur' des Menschen, von der sich Rechte und Gesetze ableiten lassen." Dem hielt sie entgegen:

> „Was es mit dieser menschlichen ‚Natur' auf sich hat, wissen wir heute vielleicht besser; jedenfalls hat sie uns Möglichkeiten gezeigt, die von der abendländischen Philosophie und Religion, die seit mehr als dreitausend Jahren diese ‚Natur' gedeutet und definiert haben, weder gekannt noch geahnt wurden."

Bei genauerem Hinsehen zeigt sich, dass die Einschätzung der Natur des Menschen seit Jahrhunderten schwankt. Während Aristoteles noch vom Menschen als Zoon politicon sprach, als geselligem und daher gutartigen Tier, stand seine natürliche Anlage im mittelalterlichen Christentum in schlechtem Licht. Der menschlichen Natur wurde – wie wir sahen – die Gnade als das bessere Prinzip entgegenstellt, das die Natur überwindet. „Die Natur ist listig und zieht viele an, verlockt und täuscht sie, und immer hat sie sich selbst zum Ziele", hieß es in der „Imitatio Christi".

Für Hobbes war der natürliche Mensch ein Wolf. Er beurteilte den Naturzustand, den er „status naturalis" nannte, äußerst ungünstig. Er war der Befürworter eines starken Staates und gab auf die Natur gar nichts. Im Naturzustand stünden die Menschen nicht etwa harmonisch als Gleiche nebeneinander; im Gegenteil sei das Leben dort „nasty, brutish and short". Hegel sagte später: „Das Natürliche ist vielmehr das vom Geist Aufzuhebende" und der Naturzustand habe nur dieses eine Recht: „dass er das absolute Unrecht des Geistes ist."

Bis heute – und zwar heute wieder ganz verstärkt! – gibt es allerdings Versuche, die Grundlage der universalistischen Ausrichtung mit den natürlichen menschlichen Anlagen zu begründen. In der Gegenwart werden viele Anstrengungen darauf verwendet, die universal-ethischen Postulate aus biologischen Vorgaben zu erklären. Gut sein macht glücklich, sagt man zum Beispiel – und spricht von einem Warm-glow-Effekt – weil man festgestellt hat, dass das Gehirn bei ethisch einwandfreiem Verhalten Glückshormone zur Ausschüttung bringt. Oder man stellt eine genetische Anlage zur „Perspektivübernahme" fest: dass der Mensch angeborener Weise imstande ist, sich in den anderen hinein zu versetzen.

Wenn man den letzten Grund des Altruismus heute nicht mehr am gestirnten Himmel, sondern im Körper des Menschen, zumal in seinem Gehirn, sucht – warum erkennt man eigentlich nicht das Naheliegende an: dass er eine Erweiterung der Mütterlichkeit ist? Der Hormon-gesteuerten, „instinktiven" und dann mehr und mehr vergeistigten Mütterlichkeit? Die immer mehr auch die Väter ergreift?

Es wäre doch jedenfalls einen Versuch wert, die Idee des Guten aus einer Extrapolierung des Mütterlichen zu gewinnen. Nimmt man das Recht auf Leben als das zentrale Menschenrecht (das es ja tatsächlich ist): Muss nicht der natürliche, biologische Hang der Mütter der erste Anknüpfungspunkt sein? „Nicht mit-zu-hassen – mit-zu-lieben sind wir da", sagte Antigone über die Frauen.

Die Gegenwartsphilosophie, so bemüht sie auch ist, eine naturwissenschaftliche, materielle Grundlage für die ideellen Vorgaben zu finden, meidet den Bezug auf die natürliche mütterliche Neigung. Auch Albert Schweitzer kommt nicht auf diese einfache Idee: Er begründet mit viel Mühe, dass die Moral nicht beim Menschen beginnt, sondern schon in den höher entwickelten Kreaturen vorhanden ist. „Der große Fortschritt in der Evolution der Lebewesen ist, dass ein Moment eintritt, da sie sich dessen bewusst werden, was um sie her ist, dass sie verstehen, was ist, und dass sie teilhaben an dem, was ist. Dies ist der letzte große

Schritt der geistigen Existenz eines jeden von uns und der Humanität: nicht leben zu wollen bloß für sich allein, sondern das Leben zu leben mit andern, das Leben der andern zu leben in dem unsrigen, und dies ist die letzte Erfüllung, der letzte Fortschritt, der der Kreatur möglich ist, und in der Kreatur selbst ist schon der Anfang angelegt, teilzunehmen an der Existenz des andern, nicht bloß für sich ihre Existenz leben zu können."

Wie nahe ist Schweitzer an dieser Stelle schon dem Prinzip des Mütterlichen, das in Mensch und Tier gleichermaßen seine Wirkung tut! „Nicht leben wollen bloß für sich allein ..." Aber er meidet es.

„Im Norden Russlands", erzählt er – und beteuert, die Geschichte sei wahr – „im Winter bei Schneefall, verlässt ein Kind das Haus und kommt nicht mehr zurück. Die Leute bewaffnen sich mit Gewehren, denn es sind Wölfe in der Gegend, man macht sich auf den Weg. Plötzlich sieht man einen schwarzen Punkt, ein Wolf! ... Man rückt vor, der Wolf macht sich davon ... Es bleibt etwas zurück: das Kind, auf welchem der Wolf lag, um es zu wärmen ... So sehen wir, dass Tiere mehr denken als wir uns das vorstellen, und dass sie Instinkte der Barmherzigkeit und des Mitleids haben und uns manchmal ein Beispiel der Treue geben, deren wir selber vielleicht nicht fähig gewesen wären."

Diese Geschichte ist eindrucksvoll. Aber sie schildert einen Ausnahmefall. Warum knüpft Schweitzer nicht einfach an die Mütterlichkeit an, die bei Menschen wie Tieren jeden Tag und überall zu beobachten ist? Das wäre ein geistiger „Gang zu den Müttern", wie Goethe ihn im „Faust" schildert – wobei Faust Angst davor hat. Ihn überkommt „Schaudern".

Am wenigstens Hemmungen, den „Gang zu den Müttern" anzutreten, hat interessanter Weise der Kommunist Ernst Bloch: Er betont den Nachklang des Mutterrechts im Naturrecht, „der Kybele in der Physis". Kybele ist die Große Mutter, die über allen Göttern steht. Bei sehr weiter, sehr in die Tiefen der Natur blickender Optik, sagt Bloch, trete „ein im Demeter-Sinn des alten Naturrechts Gemeintes" hervor. Auch Engels hat schon – im „Ursprung der Familie" – diese nicht ganz linientreue Sympathie für den mutterrechtlichen Urkommunismus an den Tag gelegt.

In beiden Fällen, bei Engels wie bei Bloch, sind deutlich die starken Nachwirkungen zu spüren, die ein Buch hatte, das 1861 erschienen ist: Bachofens Mutterrecht. „Befolgen wir" hatte Bachofen in seiner Basler Antrittsvorlesung gesagt, „das alte, dem Aeneas gegebene Orakel: Antiquam exquirite matrem." Der uralten Mutter forsch nach. Das klingt geheimnisvoll; geheimnisvoller aber ist das Schaudern, das Faust überkommt.

Kuddelmuddel der Legitimationen

Wir sahen schon, dass die Legitimation des Universalismus zwar meistens mithilfe der Natur, manchmal aber auch mithilfe der Vernunft (Ratio) vorgenommen wird, oft von demselben Autor und in einem Atemzug. Rousseau zum Beispiel (in seinen „Considérations sur le Gouvernement de Pologne") verbindet Natur und Vernunft auf diese Weise: „La loi de la nature, cette loi sainte, imprescriptible, qui parle au coeur de l'homme et à sa raison ..." (Das Gesetz der Natur, dieses heilige Gesetz, das, unveräußerlich, das Herz des Menschen anspricht und seine Vernunft ...).

Rousseaus Idealmensch verbindet die Natürlichkeit mit der Vernünftigkeit: „Cet homme de la nature qui vit vraiement la vie humaine, qui, comptant pour rien l'opinion d'autrui, se conduit uniquement d'après ses penchants et la raison, sans égard à ce que le public approuve ou blâme." („Rousseau juge de Jean Jacques"). Dieser Naturmensch, der das menschliche Leben wahrhaft lebt, die Meinung der Anderen nicht achtet, der allein auf seine Neigungen und seine Vernunft hört, ohne darauf zu achten, was die Öffentlichkeit billigt oder missbilligt ...

In der Aufklärung herrschte ein wahres Durcheinander der Legitimationen des Gleichheitssatzes: Stützten sich die Enzyklopädisten zunächst noch hauptsächlich auf die Natur, so führte die Pariser Kommune, angeführt von Hébert, den Kultus der Vernunft ein. Die Vernunft wurde als Göttin angebetet. Unter ihrer Herrschaft war die Gleichheit aller Menschen von Geburt an gesichert und der Wertunterschied zwischen Sklaven und Herren aufgehoben.

Schon von alters her sind die Argumente Natur und Vernunft, natura und ratio, miteinander verschmolzen. Das ist erstaunlich, weil die Begriffe ja durchaus als Gegensätze verstanden werden können. Aber gerade auf die Auflösung dieses Gegensatzes, auf diese Verschmelzung kam es an:

Schon Cicero machte keinen Unterschied, wenn er das ewige Idealrecht einmal auf Ratio und ein anderes Mal auf Natura beruhen ließ. Er sprach von „naturalis ratio". Vernunftrecht und Naturrecht waren für ihn ein und dasselbe; ein Gegensatz konnte sich nur zum positiven (kodifizierten) Recht auftun. Auch bei Gaius in den römischen Institutionen war von „natürlicher Vernunft" die Rede; Naturrecht war „ius, quod naturalis ratio inter omnes homines constituit" – das Recht, das die natürliche Vernunft unter allen Menschen errichtet hat. Einige hundert Jahre später definierte auch John Locke das natürliche Recht als das, was der Vernunft entspricht. Hugo Grotius bezeichnete in seinem Werk „De iure belli et pacis" (Über das Recht des Krieges und des Friedens) das ius naturale als ein „dictatum rectae rationis", als Diktat der richtigen Vernunft.

Immanuel Kant

Eine Ausnahme bildet in dem Kuddelmuddel der naturrechtlichen Legitimationen das klare Denken von Immanuel Kant (1724–1804), dem sie allesamt gegen den Strich gingen. Wir sahen schon, dass er die Richtigkeit ethischer Maximen lediglich aus der Vernunft herleiten wollte. Die Natur könne uns, da sie nur etwas empirisch Seiendes ist, keine ethischen Vorschriften machen.

Kant lehnte nämlich nicht nur den Bezug auf die Natur, sondern auf alles empirisch Vorgegebene ab: Er legte strikten Wert auf den grundsätzlichen Unterschied zwischen Argumentationen, die das Gute und Richtige aus tatsächlichen Sachverhalten herleiten wollen, und solchen, die sich das Gute und Richtige völlig getrennt denken von der Wirklichkeit. Nur diese – die er „apriorisch" nannte – wollte er gelten lassen. Man dürfe aus dem Sein kein Sollen herleiten. (Wir haben diese Unterscheidung zwischen zwei Typen von Legitimationen schon im Zusammenhang mit der Magna Charta als diejenige zwischen dem Empirischen und dem Rationalen behandelt.)

Nur die Vernunft, die nicht beeinträchtigt ist von den Verunreinigungen durch das Empirische – das in Kants Terminologie lediglich „a posteriori" ist – kann dem Menschen verbindliche Imperative geben. Die Philosophie, sagt Kant in der „Metaphysik der Sitten", stehe auf einem Standpunkt, der „weder im Himmel noch auf der Erde an etwas gehängt oder woran gestützt wird": „Hier soll sie ihre Lauterkeit beweisen als Selbsthalterin ihrer Gesetze", die ihr keine Natur eingeflüstert, sondern die Vernunft diktiert hat. Diese Gesetze müssen „durchaus völlig apriori ihren Quell und hiemit zugleich ihr gebietendes Ansehen haben". Das hat die Konsequenz: „Alles also, was empirisch ist, ist als Zutat zum Prinzip der Sittlichkeit nicht allein dazu ganz untauglich, sondern der Lauterkeit der Sitten selbst höchst nachteilig."

Im Vorgriff auf das 8. Kapitel sei gesagt: Auch die Marxisten sollten hundert Jahre später die Herleitung der Menschenrechtsidee aus der Natur zurückweisen, wenn auch mit anderen Argumenten als Kant. Im Unterschied zu Kant hatten sie keine Einwände dagegen, dass die richtungsweisenden Maximen aus Empirisch-Wirklichem entnommen wurden – im Gegenteil! das gebot ihnen ihr Materialismus; sie wollten sich aber nicht auf die Natur stützen, sondern auf die Spannungslage, die sich aus dem jeweiligen Stand des Klassenkampfes ergab. Der Marxist Ernst Bloch sagte:

> „Nicht haltbar ist, dass der Mensch von Geburt an frei und gleich sei. Es gibt keine angeborenen Rechte, sie sind alle erworben oder müssen im Kampf noch erworben werden. Der aufrechte Gang verlangt etwas, das erst gewonnen werden muss; auch der Vogel Strauß geht aufrecht und steckt dennoch den Kopf in den Sand."

Für ihn konnte die Natur nicht die richtige „Kontrastkategorie zu den gesell-schaftlichen Verhältnissen" abgeben. Er bezeichnet den Rekurs auf diese Katego-rie als „Flucht aus Gesellschaft und Geschichte". Der Natur-Bezug verschaffe der Konstruktion der Menschenrechte ein wechselloses, ungeschichtliches Substrat; die Menschennatur werde zu Unrecht als ewig hingestellt.

> „Dergleichen nun kommt marxistisch gar nicht vor, sich gleichbleibende, gar ewi-ge Bestimmtheiten sind hier ausschließlich verdinglichte, sind Bestimmungen ver-dinglichter Abstraktionen. Es gibt kein fixes Gattungswesen Mensch, mit statischen Eigenschaften, auf die ein Naturrecht zu gründen wäre; die gesamte Geschichte zeigt vielmehr eine fortgesetzte Umwandlung der menschlichen Natur."

Zurück zur Natur

Wenn Rousseau rief : „Retour à la nature", orientierte er sich rückwärts. Die Berufung auf die Natur weist in die Vergangenheit, in die Zeit „damals, als die Menschen noch gut waren". Rousseau begründete seine Forderung, dass die Menschen als Freie und Gleiche nebeneinander stehen müssen, damit, dass sie auf diese Art und Weise im gesellschaftlichen Urzustand zusammen gelebt hät-ten. Diese Ausrichtung passt eigentlich nicht in die Aufklärung, sondern eher in die ihr folgende Epoche, die Romantik, die zurück in die Vergangenheit strebte.

Eine rückwärts orientierte Auffassung verträgt sich schlecht mit dem Be-kenntnis zu den Menschenrechten. Denn diese sind „neu"; sie sind Postulate, die ihre Verwirklichung erst vor sich haben. Hegel sagte in seiner „Philosophie der Weltgeschichte": „Man findet in neuerer Zeit große, tiefe Männer, wie z. B. Rousseau, die das Bessere rückwärts suchen. Das ist aber ein Irrtum." Ernst Bloch drückte sich – wie wir gerade sahen – so aus: „Der aufrechte Gang verlangt etwas, das erst gewonnen werden muss."

Mit seiner Rückwärtswendung zum Ursprünglich-Guten befand sich der Re-volutionär Rousseau – ironischerweise – im Einklang mit einer sehr herkömm-lichen Ausrichtung. Fast alle alten Kulturen gehen davon aus, dass „früher", in ihrem Urzustand, alles gut gewesen sei. In der mosaisch-christlichen Kultur ist ein „Paradies" an den Anfang gestellt (wir sahen dessen Bedeutung als glückli-chem „Urstand" bei Thomas von Aquin); die Römer sprachen von einem „golde-nen Zeitalter", dem ein silbernes folgte; sie setzten den Abstieg ihrer Kultur in Beziehung zu einer Verschlechterung der Metalle: über das kupferne bis hin zu dem ehernen Zeitalter, in dem sie sich selbst in ihrer Gegenwart begriffen.

Eine solche Stufenfolge kommt uns heute naiv vor; wir sollten uns aber nicht darüber hinwegtäuschen, dass auch wir uns oft in dem Bewusstsein von Ver-schlechterung gegenüber dem, was „früher" war, befinden. Die meisten von uns sind davon überzeugt, dass die gesellschaftliche Ordnung in früheren Zeiten besser war – auch wenn sie gut informiert sind über die Gräuel der Vergangenheit. Die kleinen Messerstechereien auf den Schulhöfen der Gegenwart, die früher nicht vorgekommen sind, werden aber oft schwerer genommen als die Massaker der Vergangenheit.

Die Überzeugung, dass „früher" alles besser war, ist eher ein Gefühl als ein Wissen. Es wird aus dem regressiven, rückwärtsgewandten Anteil unserer Seele gespeist.

5. Kapitel: Die Idee wird praktisch

Amerika du hast es besser

Amerika, du hast es besser
Als unser Kontinent, das alte,
Hast keine verfallene Schlösser
Und keine Basalte.

Dich stört nicht im Innern,
Zu lebendiger Zeit,
Unnützes Erinnern
Und vergeblicher Streit.

(Goethe)

1776. Die Linie, die wir bisher verfolgt haben, läuft auf die Déclaration des droits de l'homme hinaus, auf die Menschenrechtserklärung der Französischen Revolution also, die im Jahre 1789 ausbrach. Chronologisch voran aber geht ein anderes, für die Durchsetzung der Menschenrechts-Idee hoch bedeutendes Ereignis: die Declaration of Human Rights in der Amerikanischen Unabhängigkeitserklärung des Jahres 1776 (der, genau genommen, noch die Virginia Bill of Rights desselben Jahres vorangegangen ist).

So war es gekommen:

Die Kolonien, die englische Siedler an der Ostküste Nordamerikas gegründet hatten, wurden vom Mutterland aus äußerst streng regiert. Die Siedler durften keine eigenen Industrien entwickeln und ihre Rohstoffe – hauptsächlich Holz – nur nach England verkaufen, wodurch die Preise unerträglich niedrig gehalten wurden. Das erbitterte die Kolonisten, und als sie jetzt auf die Importwaren aus England hohe Zölle zahlen sollten, beschlossen sie, diese Waren zu boykottieren. Daraufhin ließ man in London die Zölle zwar fallen, aber der Zoll auf Tee blieb bestehen. Das führte zu der berühmten Bostoner Tea-Party, in der Siedler, die sich als Indianer verkleidet hatten, die Ladung eines Teeschiffes ins Wasser warfen. Bald darauf beschloss ein Abgeordnetenkongress in Philadelphia den Abbruch jeglichen Handelsverkehrs mit dem Mutterland.

Damit war der Abfall der Kolonien verkündet und der Krieg unvermeidlich. George Washington bildete ein Freiwilligenheer, das die englischen Truppen letzten Endes besiegte. 1776 erklärten sich die dreizehn Vereinigten Staaten als unabhängig.

Sie meinten der Menschheit eine Erklärung für diese Loslösung schuldig zu sein und formulierten folgende Erklärung:

> „When in the Course of human events, it becomes necessary for one people to dissolve the political bands which have connected them with another, and to assume among the powers of the earth, the separate and equal station to which the Laws of Nature and of Nature's God entitle them, a decent respect to the opinions of mankind requires that they should declare the causes which impel them to the separation."

Darauf folgte die epochemachende Deklaration:

> „We hold these truths to be selfevident, that all men are created equal, that they are endowed by their Creator with certain unalienable Rights, among these are Life, Liberty and the pursuit of Happiness."

Diese „Declaration of Rights" dokumentiert echtes Menschenrecht; anders als die Magna Charta schützt sie nicht lediglich die Rechte einer Herrenschicht, anders als die Glorious Revolution von 1688 schützt sie nicht lediglich die Rechte eines Parlaments – erstmalig statuiert diese Deklaration die Rechte von jedermann – „all men". Hier wird die „Souveränität des unqualifizierten Individuums", des Menschen an sich, ausgerufen.

Gleichzeitig wird das (bereits von Antigone beanspruchte) Widerstandsrecht gegen eine ungerechte Regierung erklärt: „that whenever any Form of Government becomes destructive of these ends, it is the Right of the People to alter or to abolish it."

Begreiflicher Weise sind die Amerikaner auf diese Pionierleistung stolz und betrachten die Gründer ihrer Nation als die Väter der Menschenrechte. Im Zuge der allgemeinen Amerikanisierung der Gegenwartskultur wird ihnen das auch in Europa abgenommen. Zumal in der jüngeren Generation findet man auch hier schon die Vorstellung, dass die allgemeinen Menschenrechte ihren Ursprung auf amerikanischem Boden haben und von dort nach Europa getragen wurden.

Demgegenüber artikuliert sich jetzt ein europäisches Selbstbewusstsein, das Wert legt auf die abendländische Herkunft der universalistischen Maximen. Tatsächlich stammen die Formulierungen der amerikanischen Unabhängigkeitserklärung ganz offensichtlich aus der Französischen Aufklärung und sind insbesondere auf Rousseau zurückzuführen: liberté, sûreté, propriété, résistance à l'oppression – das ist seine Sprache. Ganz offensichtlich haben die amerikanischen Ideen ihre Wurzel in Frankreich. Die amerikanischen Kolonisten, die von Haus aus Engländer waren, hatten zwar eine Idee davon, dass die Menschen f r e i geboren sind; die Vorstellung aber, dass sie von Geburt aus gleich seien („created equal"), ist dem französischen Einfluss zu verdanken.

Wer verdient den Lorbeer?

Es gibt schon lange Streit über die Frage, ob die abendländischen Vorbereitungen der Menschenrechtsidee – angefangen in der griechischen, weitergeführt in der römischen Antike, aufgegriffen in Renaissance und Aufklärung – ob diese Vorbereitungen den Geist der amerikanischen Declaration of Rights bestimmt haben, oder ob umgekehrt Europa durch den amerikanischen Freiheitssinn aus seinem feudalistischen Elend herausgerissen wurde.

Die Priorität der ersten Kodifizierung kommt unstreitig den Amerikanern zu. Die auf europäischer Seite gern ins Feld geführte Magna Charta von 1215 erfüllt – so sahen wir – diesen Anspruch nicht. Ernst Bloch sagte dazu in seinem Naturrechtsbuch: „Erst die amerikanische Unabhängigkeitserklärung deklariert echtes Menschenrecht: nicht, weil sie ein wichtigeres historisches Ereignis ist, sondern weil sie schon den abstrakten Menschen auszeichnet."

Für den französischen Publizisten Emil Boutmy (1835–1906) war die Frage nach der ersten Kodifizierung unmaßgeblich. Er ließ nur die philosophische Vorbereitung gelten und die amerikanischen Deklarationen waren für ihn nur juristische Dokumente. Sie bezeugten das unphilosophische und lediglich auf die Praxis gerichtete amerikanische Denken, meinte er. Wahrhaft universalistisch sei nur der französische Impetus gewesen: „Die Franzosen schreiben zur Belehrung der ganzen Welt, während die amerikanischen Verfassungsgeber die Artikel ihrer Deklarationen zum Nutzen und zur Annehmlichkeit ihrer Mitbürger verfasst haben."

Martin Kriele sprach von einer fruchtbaren Wechselwirkung. „Sich diese wechselseitigen Einflüsse zu vergegenwärtigen liefert zugleich ein klassisches Exempel für die Beziehungen zwischen Geist und Politik, Theorie und Praxis, Philosophie und Recht."

Die Frage scheint akademisch zu sein. Es steckt aber mehr dahinter: die große, weltgeschichtliche Rivalität zwischen den Kontinenten. Wollen wir den Amerikanern die messianische Rolle der Menschenrechtsbegründer gönnen? fragen sich die Europäer. Wenn sie befürchten von der Sole Super Power kulturell überlagert zu werden – oder wenn sie gegen die menschenrechtliche Legitimierung der Kriege der Gegenwart protestieren –, legen sie Wert auf die Feststellung, dass die Wurzel des Menschenrechts-Denkens nicht amerikanisch, sondern abendländisch sei.

Für die amerikanische Seite ist es günstig, wenn der Religionsfreiheit eine große Bedeutung zugeschrieben wird. Wie wir im 3. Kapitel gesehen haben, bietet die Behauptung, dass die Religionsfreiheit die anderen Menschenrechte „mit hindurchgerissen" habe, ein Argument dafür, dass die Amerikaner diese Rechte nicht aus Frankreich importiert haben. Denn schon hundert Jahre vor der Französischen Aufklärung hatten die Pilgrim Fathers England verlassen, weil ihnen dort die Religionsfreiheit verweigert wurde.

Das unbedingte Streben nach dieser Freiheit hatte schon 1636 zu der Gründung der Kolonie Providence geführt, in der alle wegen ihres Glaubens Verfolgten Zuflucht fanden. Dieses Faktum betonte Jellinek.

Ernst Bloch konnte die Rolle der amerikanischen Sekten zwar würdigen, stand aber letzten Endes in diesem Streit auf der Seite der Franzosen. Ihm lag die Rousseausche Freiheitspose, die er als „antikisch" bezeichnete, mehr als die puritanische.

Wir wollen hier nicht Partei nehmen. Der enorme Sog aber, mit dem die amerikanische Kultur alles an sich reißt, einverleibt und mitzieht, wird uns im 12. Kapitel noch ausführlich beschäftigen. Das Phänomen kann nicht mit dem äußeren Einfluss Amerikas auf Europa allein erklärt werden. Wir werden uns Ortegas Auffassung anschließen, dass mit dieser Erklärung eine Frage verflacht würde, „die viel verästelter, überraschender und tiefer ist."

Der Vorteil der Kolonien

In den amerikanischen Kolonien bestand die Tabula-Rasa-Situation, die dem politischen Fortschritt so günstig ist. Das meinte Goethe, wenn er sagte: Amerika, du hast es besser! Die Chancen, die sich in einem Kolonialgebiet ergeben, haben wir schon am Beispiel der griechischen Demokratie festgestellt. Diese Demokratie hat nämlich ihren Anfang nicht in Athen genommen, sondern in „Übersee", in den kleinen Stadtkolonien, die griechische Siedler an der Küste Kleinasiens gegründet haben. Hier war die heimatliche feudale Verfassungsform der Königsherrschaft nicht mehr passend. Hier musste jeder Einzelne – unabhängig von seinem Stand – seinen Mann stehen.

In einer Kolonie kann man sich nicht an „dem guten alten Recht" orientieren. Hier muss alles neu, gerecht und vernünftig festgesetzt werden; das Hergebrachte stört. Erinnern wir uns an die Unterscheidung zwischen der ideell-apriorischen und der empirisch-historischen Legitimation einer Verfassung: Die Voraussetzungen für eine neue, aus gerechter Idee geborene Struktur, die nichts mit alten Pakten zu tun hat, sind in den Kolonien günstig.

Zunächst hatten die amerikanischen Kolonisten gegen die Ansprüche der englischen Krone noch historisch argumentiert und auf die verbrieften „Constitutional Rights and Privileges" zurück gegriffen, auf das „ancient and undoubted right", dann auf die „fundamental rights of British subjects", die „privileges of natural born Englishmen", bis sie letztlich idealistisch-rational argumentierten und sich auf die „natural, essential and unalienable rights of men" beriefen. Erst damit hatten sie sich wirklich losgesagt.

Der amerikanische Einfluss

Die große Bedeutung, die die amerikanische Unabhängigkeitserklärung für den dreizehn Jahre später einsetzenden Sturm in Frankreich hatte, lässt sich gar nicht leugnen. Egon Friedell schilderte in seiner „Kulturgeschichte der Neuzeit", wie sehr sich die Pariser Gesellschaft von dem Geist der abgefallenen Kolonie in Amerika beeindrucken ließ, und zwar anhand der Figur von Benjamin Franklin. Der junge Mann, der an der Gründung der Vereinigten Staaten maßgeblich mitgewirkt hatte, kam zwölf Jahre vor dem Sturm auf die Bastille nach Paris, um dort für die Interessen seines neu gegründeten Staates einzutreten. Seine Erscheinung wurde dem gerade in Mode gekommenen kynischen Ideal gerecht; er spielte in der Rokokogesellschaft mit großem Erfolg die Rolle des einfachen Bürgers und geradlinigen Republikaners:

„Seine schmucklose Kleidung, sein ungepudertes Haar, seine bescheidenen Manieren erregten das Entzücken aller Salons. Man verglich ihn mit Fabius und Brutus, Plato und Cato, sein Bild wurde überall verkauft, so dass sein Gesicht, wie er an seine Tochter schrieb, so bekannt war wie das des Mondes."

Das Amerikanische kam in den Pariser Salons in Mode.

„Die Damen trugen Hüte und Frisuren à la Indépendance, à la Bostienne, à la Philadelphie, à la nouvelle Angleterre, die Herren gingen in grobem Tuch und dicken Schuhen à la Franklin und mit Knotenstock und großem rundem Quäkerhut à la Penn. Der Marquis de Lafayette, der am Kriege teilgenommen hatte, hing in seinem Zimmer zwei Tafeln auf: die eine enthielt die amerikanischen Menschenrechte, die andere war vollkommen leer und trug die Überschrift: „Die Menschenrechte der Franzosen".

Lafayette war ein Franzose, der nach Amerika gegangen, Kriegsteilnehmer gewesen und nach Frankreich zurückgekehrt war – er war einer der wichtigsten Go-Betweens zwischen der amerikanischen und der französischen Befreiungsbewegung.

Seine hervorragende Bedeutung wird zumal von Georg Jellinek betont, dem es daran ankam, die Priorität in Sachen Menschenrechtserklärung den Vereinigten Staaten zuzubilligen. In seiner schon erwähnten Schrift „Die Erklärung der Menschenrechte" wies Jellinek mit Nachdruck darauf hin, dass Lafayette die

Unabhängigkeitserklärung der jungen amerikanischen Freistaaten in der Tasche hatte, als er nach Europa zurückkehrte; mit ihr habe er den Zeitgeist angefacht. Das Dokument habe dem Entwurf zur französischen Déclaration des Droits de l'homme zugrundegelegen.

Die Französische Revolution

Wir hörten, welchen Erfolg Benjamin Franklin in den Pariser Salons hatte. Sein Auftreten war eine verkörperte „kynische Diatribe", und so gern, wie die Oberschicht Rousseaus idealisierende Schriften über das einfache Leben gelesen hatte, sah sie jetzt diesen leibhaftigen Vertreter einer derberen, kernigeren Lebensart.

Ironischer Weise wurde das Konzept von Freiheit und Gleichheit ausgerechnet von den oberen Zehntausend begeistert aufgenommen – auch und gerade von denen, die es wenig später den Kopf kosten sollte. Selbst in dem sogenannten „fliederblauen Klüngel" um Marie Antoinette las und diskutierte man die revolutionären Schriften. La cour et la ville, der Hof und die Stadt – alle ließen sich hinreißen.

Das ist gar nicht so ungewöhnlich, wie es den Anschein hat. Rüstow sagte in seiner „Ortsbestimmung der Gegenwart":

> „Die geistige Freiheitlichkeit geht regelmäßig, wie auch schon bei ihrem ersten Auftreten im alten Griechenland, der politischen voraus und ist stets zunächst von einer politischen Oberschicht getragen, die ja allein die Möglichkeit der Hingabe an geistige Betätigung besitzt. Wenn sich eine solche Oberschicht zunächst einmal in den Dienst solcher geistigen Freiheitlichkeit stellt, so ist das immerhin ein erster wichtiger Schritt auf dem Wege zur Überwindung der Überlagerungsstruktur".

Auch in meiner Jugend ließ sich das Phänomen beobachten: die marxistischen Ideen wurden nach 1968 besonders in den Kreisen hochgehalten, die von ihrer Durchsetzung gar nichts Gutes zu erwarten hatten. Als „Salon-Bolschewismus" bezeichnete man diese Erscheinung schon in den zwanziger Jahren.

Eine große Rolle spielte vor der Revolution ein Theaterstück: „Die Hochzeit des Figaro" von Beaumarchais. Dieses heiß umstrittene Stück, das Mozart später mutig zur Oper machte, hat das Ius primae noctis zum Thema und war jahrelang von der Zensur verboten. Schon dadurch erregte es große Neugier. 1777, ein Jahr nach der Amerikanischen Unabhängigkeitserklärung, wurde seine Aufführung endlich erlaubt. Die frechen Worte, die Figaro an seinen Herrn richtet – den Grafen, der meint, dass Figaros Braut ihm für die erste Nacht zustünde: „Monsieur le comte, qu'avez-vous fait pour tant de biens? Vous vous êtes donné la peine de nâitre, et rien de plus" wurden berühmt. „Herr Graf, was haben Sie getan für diese Privilegien? Sie haben sich die Mühe gemacht auf die Welt zu kommen, und sonst gar nichts!" Wenn diese Worte gesprochen wurden, applaudierten die Theaterbesucher. (Ähnlich brach in der Nazizeit starker Beifall aus, wenn in Schillers „Don Carlos" die Worte fielen: „Sire, geben Sie Gedankenfreiheit". Die Aufführungen wurden daraufhin verboten.)

Bei der Premiere von Figaros Hochzeit gab es einen solchen Andrang, dass drei Personen erstickten; über hundert Aufführungen folgten nach. Diese Premiere wird als einer der Meilensteine in dem Kampf um Freiheit und Gleichheit angesehen; Napoleon erklärte später, im „Figaro" sei bereits die Revolution auf dem Marsch gewesen.

1789. Ausgelöst wurde die Revolution dann durch die sogenannte Halsbandaffäre: eine unglaubliche Geldsumme, die dem Ankauf einer Halskette für Marie Antoinette dienen sollte, war veruntreut worden.

Die dahinter stehende Lage wurde von Hegel (in seinen „Vorlesungen über die Philosophie der Geschichte") so beschrieben:

„Der ganze Zustand Frankreichs in der damaligen Zeit ist ein wüstes Aggregat von Privilegien, ein unsinniger Zustand, womit zugleich die höchste Verdorbenheit der Sitten, des Geistes verbunden ist – ein Reich des Unrechts, welches mit dem beginnenden Bewusstsein desselben schamloses Unrecht wird. Der fürchterlich harte Druck, der auf dem Volke lastete, die Verlegenheit der Regierung, dem Hofe die Mittel zur Üppigkeit und zur Verschwendung herbei zu treiben, gaben den ersten Anlass zur Unzufriedenheit. Der neue Geist wurde tätig; der Druck trieb zur Untersuchung. Man sah, dass die dem Schweiße des Volkes abgepressten Summen nicht für den Staatszweck verwendet, sondern aufs Unsinnigste verschwendet wurden. Das ganze System des Staates erschien als eine Ungerechtigkeit. Die Veränderung war notwendig gewaltsam, weil die Umgestaltung nicht von der Regierung vorgenommen, weil der Hof, die Klerisei, der Adel, die Parlamente selbst ihren Besitz der Privilegien weder um der Not noch um des an und für sich seienden Rechtes willen aufgeben wollten."

Eine lebendige Schilderung der Situation nach der Halsbandaffäre gab Stefan Zweig („Marie Antoinette"):

„Jetzt ist die düstere Wolke geplatzt: ein Hagel von Broschüren, Kampfschriften, ein Schwall von Schriften, Vorschlägen, Petitionen saust nieder, noch nie ist soviel in Frankreich geschrieben, geredet und gepredigt worden; das Volk beginnt zu erwachen. Die Freiwilligen und Soldaten aus dem amerikanischen Krieg erzählen bis in die dümmsten Dörfer von einem demokratischen Land, in dem es weder Hof noch König noch Adel, sondern nur Bürger und Bürger gibt, vollkommene Gleichheit und

Freiheit. Und steht nicht schon deutlich im ‚Contrat social' Jean-Jacques Rousseaus und, feiner, verborgener, in den Schriften Voltaires und Diderots, dass die königliche Ordnung keineswegs die einzig gottgewollte und die beste aller bestehenden Welten sei? Die alte stumm gebeugte Ehrfurcht hebt zum ersten Mal neugierig das Haupt, und damit überkommt Volk und Bürgerschaft eine neue Sicherheit; das leise Raunen in den Freimaurerlogen, in den Landesversammlungen steigert sich allmählich zu einem weithin vernehmbaren Murren und Donnerrollen, elektrische Spannung schwelt in der Luft, feuerträchtige Sphäre."

So kam es am 14. Juli 1789 zu dem Sturm auf die Bastille und dazu, dass die Nationalversammlung in der Nacht des 4. August 1789 alle Feudalrechte aufhob und die „Declaration des Droits de l'homme" verkündete, die Erklärung der Menschenrechte. In deren Artikel 4 heißt es:

„Die Freiheit besteht darin, alles tun zu dürfen, was einem anderen nicht schadet. Die Ausübung der natürlichen Rechte jedes Menschen hat also nur die Grenzen, die den übrigen Mitgliedern der Gesellschaft den Genuss eben dieser Rechte sicherstellt. Diese Grenzen dürfen nur durch das Gesetz bestimmt werden."

Vor Angst und Schrecken verzichteten die Adligen in aller Form auf ihre Vorrechte; König Louis XVI., der aus der Dynastie der Capetinger stammte, ließ es zu, dass er bürgerlich-schlicht Louis Capet genannt wurde und ließ sich sogar dazu bewegen, die Tricolore um den Hut gewunden zu tragen.

Damit schien die Revolution ihr Ziel erreicht zu haben. Ein englischer Beobachter sagte über den Erfolg der Revolution in Paris später: „Die besten und tugendhaftesten Menschen sahen in ihm den Beginn einer neuen Ära des Glückes für Frankreich und für die gesamte zivilisierte Welt. Niemand, sei er noch so pessimistisch, noch so ängstlich, noch so rabiat, hätte damals auch nur ein einziges jener ungewöhnlichen Ereignisse vorausgesehen, zu denen die weitere Entwicklung führen sollte."

Die begeisterten Zuschauer

In Deutschland brach unter den Dichtern und Denkern eine ungeheure Begeisterung darüber aus, dass es in Frankreich gelungen war, die verrotteten feudalen Zustände zu beenden. Wie lange hatte man doch selbst schon unter dem Druck der Hierarchie, der Unfreiheit, der Ungerechtigkeit, der Engigkeit gelitten – Jahrhunderte! – und sich nicht träumen lassen, dass dieser Alp sich jemals würde abwälzen lassen.

Man musste sich allerdings – je nach der Schärfe der Zensur – vorsichtig über die Revolution äußern. So sagte Immanuel Kant in einem Essay unter täuschendem Titel (Der Streit der Fakultäten): „Die Revolution eines geistreichen Volkes, die wir in unseren Tagen haben vor sich gehen sehen, mag gelingen oder scheitern; sie mag mit Elend und Gräueltaten dermaßen angefüllt sein, dass ein wohldenkender Mensch sie, wenn er sie, zum zweiten Male unternehmend, glücklich auszuführen hoffen könnte, doch das Experiment auf solche Kosten zu machen nie beschließen würde – diese Revolution, sage ich, findet doch in den Gemütern aller Zuschauer (die nicht selbst in diesem Spiele mit verwickelt sind) eine Teilnehmung dem Wunsche nach, die nahe an Enthusiasmus grenzt."

Friedrich Schiller äußerte seine Begeisterung in dem „Lied an die Freude". Sein Enthusiasmus war insofern begreiflich, als er selbst unter dem Druck der Feudalrechte schwer gelitten hatte. Er war in der Karlsschule, wo er gnadenweise ausgebildet worden war, so schwer gedemütigt worden, dass er sich mit dem aufrührerischen Drama „Die Räuber" Luft gemacht hatte.

Dafür wurde er jetzt in Paris von den Männern der Revolution geehrt. Zum Dank für sein revolutionäres Jugendwerk wurde er zum Ehrenbürger der neuen französischen Republik erklärt. (Allerdings sollte er die Ausfertigung dieser Ernennung erst 1798 in Händen halten, als ihre Unterzeichner, unter anderem Danton, alle schon tot waren. Die Revolution hatte ihre Kinder inzwischen gefressen. Er sei zum Ehrenbürger des Totenreichs erklärt worden, war Goethes Kommentar.)

Klopstock besang die Revolution in einem Gedicht „als neue, labende, selbst nicht geträumte Sonne". In öffentlichen und privaten Äußerungen begrüßten Hölderlin, Jean Paul, Wieland, Herder, Gentz, Schubart, Fichte und – wie gesagt – Kant die Umwälzung in Frankreich. Johannes Müller erklärte die Revolution für das glücklichste Ereignis seit Christi Geburt und auch der politisch zurückhaltende Goethe bekannte später in „Hermann und Dorothea": „Denn wer leugnet es wohl, dass hoch sich das Herz ihm erhoben / Ihm die freiere Brust mit reineren Pulsen geschlagen / Als sich der erste Glanz der neuen Sonne heranhob / Als man hörte vom Rechte der Menschen / das allen gemein sei / Von der begeisternden Freiheit / und von der löblichen Gleichheit."

Freiheit ohne Gleichheit

Wir wollen die Beschreibung des geschichtlichen Ablaufs an dieser Stelle unterbrechen und erst im nächsten Kapitel wieder aufgreifen. Wieder sind einige theoretische Reflektionen am Platze. Nicht etwa befindet sich die gute Idee, deren Werdegang wir hier verfolgen, wieder in einem Winterschlaf – wie damals im Mittelalter, als es galt, mit solchen Reflektionen einige Jahrhunderte zu überbrücken. In der jetzt behandelten Phase befindet sich die Idee im Gegenteil genau auf dem Höhepunkt ihrer Wirksamkeit – sie ist in einem weltgeschichtlich einmaligen, atemberaubenden Vorgang zu einer riesigen Woge aufgelaufen und hat die bestehenden Verhältnisse weggerissen. Auf diesem Klimax wollen wir innehalten.

Die gute Idee trat in drei Bestandteile aufgespalten in Erscheinung: Freiheit, Gleichheit und Brüderlichkeit. Als die drei Farben der Trikolore, die im Club der Cordeliers aufkam, sind sie miteinander vereinigt. Jeder dieser drei Bestandteile trägt zum Ganzen ein unverzichtbares Element bei – und doch können sie sich nicht wirklich miteinander vertragen.

Bei zu viel Gleichheit kommt die Freiheit unter die Räder – und umgekehrt. Die Freiheit ist der Gleichheit zuwider, weil sie der Oberbegriff ist, unter dem das Privateigentum geschützt wird, und die Brüderlichkeit ist, obwohl sie dringend dazugehört, in das Rechtskonzept überhaupt nicht zu integrieren. So dass mit den Menschenrechten ziemlich beliebig jongliert werden kann.

Was denn auch geschieht. Aber es gibt doch eine Grenze, hinter der die Unglaubwürdigkeit beginnt: Wenn im Rahmen der Menschenrechte nur von Freiheit die Rede ist und überhaupt nicht von Gleichheit, wenn diese Freiheit nicht dem abstrakten Menschen zukommen soll, sondern einer bestimmten Menschengruppe – dann geht es nur scheinbar um Menschenrechte und tatsächlich um Privilegien. Wenn sie nicht unmittelbar mit der Gleichheit verknüpft ist, beginnt die Freiheit zu schillern. (Wir sahen das schon anlässlich der Betrachtung der Magna Charta).

Erst der Gedanke, dass alle Menschen von Natur aus als Gleiche nebeneinanderstehen, gibt der Menschenrechtsidee die Schärfe und macht ihr Ärgernis aus – und wenn sie kein Ärgernis ist, ist sie kraftlos; nur an der Einstellung zur Gleichheit kann man beurteilen, ob eine Denkweise der Menschenrechtsphilosophie zugehört oder nicht. Zum Beispiel: Graf Stauffenberg (seine historische Leistung in Ehren) war sicherlich ein Mann der Freiheit. Wenn er aber von der Gleichheitsidee als der „Gleichheitslüge" sprach und ihr gegenüber die „naturgemäßen Unterschiede" hervorhob, zeigte sich, dass er kein Mann der Menschenrechte war.

Die Verfechter der Gleichheit haben die natürlichen Unterschiede nämlich nie geleugnet und ihre tatsächliche Gleichheit behauptet (sehen wir einmal von einem Extremisten wie Helvetius ab). Es ging immer nur um die formale Gleichbehandlung vor dem Gesetz. Das Missverständnis, dass diese Idee angesichts der tatsächlichen Unterschiede falsch sei, wird zwar immer wieder geäußert, zeigt aber den Mangel an Vertrautheit mit der Materie. Sie zeigt sich auch in dieser Äußerung des kürzlich verstorbenen französischen Ethnologen Claude Lévi-Strauss („Rasse und Geschichte"): „Die Proklamation der natürlichen Gleichheit aller Menschen und der Brüderlichkeit, die sie ohne Ansehen der Rasse oder der

Kultur vereinigen, ist intellektuell enttäuschend, weil sie die faktische Verschiedenheit übergeht, die sich der Betrachtung aufzwingt." Intellektuell enttäuschend ist eher diese Äußerung. Denn es ging bei der Forderung nach Gleichheit immer nur darum, Gleiches gleich und Ungleiches ungleich zu behandeln. Meistens kommt das Missverständnis da auf, wo der Hierarchie-Gedanke gestärkt und Privilegien bewahrt werden sollen. Das zeigt sich bei genauerem Hinsehen auch am Beispiel Lévi-Strauss.

Gleichheit ohne Freiheit

So, wie die Freiheit ein schillernder Begriff ist, wenn sie nicht mit der Gleichheit einhergeht, so ist die Gleichheit ohne die Freiheit eine gefährliche Sache.

„Tyrannen und Despoten haben immer gewusst, dass Gleichheit ihrer Untertanen, Ausschaltung von Rangunterschieden und Verhinderung jeder gesicherten gesellschaftlichen und politischen Hierarchie die unabdingbare Voraussetzung ihrer Herrschaft bildet. Der griechische Tyrann, der, wie uns eine Geschichte berichtet, seine Herrschaftsmethoden an einem Kornfeld illustriert, auf dem er die Ähren mit einem Schlag alle auf die gleiche Höhe herunterschlägt, zeigte nur, was aller tyrannischen und despotischen Weisheit letzter Schluss ist",

sagte Hannah Arendt in ihrem Buch über die „Elemente und Ursprünge totaler Herrschaft".

In völliger Reinheit ist das Menschenrecht der Gleichheit bisher nur unter den schwersten Verletzungen der Freiheitsidee materiell umgesetzt worden: in China und Kambodscha zum Beispiel.

Freiheit und Gleichheit ergeben deshalb nicht immer ein friedliches Gespann, das den Karren in dieselbe Richtung zieht. Sie können leicht in Spannung zueinander geraten. Deshalb sind die Prinzipien einem endlosen politischen Tauziehen ausgesetzt. Je nachdem, welches der beiden Rechte, Freiheit oder Gleichheit, höher gewertet wird, unterscheiden sich die politischen Parteien. Liberale und Sozialdemokraten haben hier ihren Gegensatz, der bei allen Umverteilungsplänen aufbricht. In den USA stehen sich seit zweihundert Jahren, jeweils unter der Fahne der Freiheit oder der Gleichheit, die Republikaner und die Demokraten (die sich früher als Federalisten bezeichnet haben) gegenüber.

Der konservativen Seite wird im Rahmen dieser Diskussionen vorgeworfen, dass sie mithilfe der Freiheitsidee Privilegien bewahren und sich von der Staatsgewalt unabhängig halten wolle. Freiheit sei oft nur ein Ausdruck für die Autonomie der Lobbyisten: für die Wirtschaftsfreiheit, die keine staatliche Kontrolle und Regulierung duldet. Der Marxist Roger Garaudy sprach von der „Freiheit des freien Fuchses im freien Hühnerstall".

Schon zu Beginn der Französischen Revolution, im Jahre 1790, wurde von Edmund Burke, ihrem englischen Widersacher, in seinen „Reflexions on the French Revolution" behauptet, dass Freiheit und Gleichheit sich nicht miteinander vereinbaren ließen. Wer die Freiheit liebt, muss die Gleichheit ablehnen – so wurde und wird bis heute das Verhältnis der beiden Ideen gern definiert. Demgegenüber hat Martin Kriele hervorgehoben, dass eine Übertreibung der Gegensätzlichkeit zwischen Freiheit und Gleichheit die Tatsache ignoriere, das beide Maximen sich gemeinsam entwickelt und durchgesetzt haben. Man könne zwar beide Prinzipien so stark ins Extrem treiben, dass sie innerlich nicht mehr zusammenhängen. Aber damit würden sie zugleich auch ihren geschichtlichen Zusammenhang verlieren. Die Freiheit sei die Bedingung dafür, dass der Mensch seiner menschlichen Natur gemäß leben könne, und dieses Argument habe für alle Menschen gleichermaßen Gültigkeit. „Mit seiner Hilfe lassen sich die Privilegien einer Schicht oder eines Standes, einer Konfession oder einer Rasse nicht verteidigen, sondern nur die Rechte des Menschen als Menschenrechtsidee. Das ist der Grund dafür, dass die Urgestalt des Gleichheitsprinzips lautete: ‚Freiheit für alle und nicht nur für einige'."

Ernst Bloch betonte zwar immer wieder, dass die Freiheit im Unterschied zur Gleichheit „schillert" und von ihr nur dann wirklich die Rede sein könne, wenn auch die Gleichheit garantiert sei. Das hieß aber nicht, dass er der Freiheit nicht gerecht werden konnte. Hier zeigte sich sogar seine wahre Begeisterung – steht doch sein Name für den „aufrechten Gang". Die Freiheit war für ihn das A und O der Revolution:

> „Die Freiheit in ihrem einzig konkreten Sinn: als eine vom Druck, als eine des Auszugs zum Selbst, zum Wir ohne Entfremdung, ist das Alpha der Revolution, und sie gibt dem revolutionären Impetus eine Allegorie ohnegleichen. Das Revolutionsbild von Delacroix, das die Erinnerung an 1830 festhält, die junge Frau auf ihm, mit der phrygischen Mütze, Degen, Trikolore, im Pulverrauch zum Sieg fortschreitend, dies romantische und mehr als romantische Ensemble kann keinen anderen Titel tragen als: ‚La Liberté guidant le peuple'. Die Freiheit ist ebenso ein Omega der Revolution, das heißt, sie ist das eröffnete Tor zu jener Identität des Menschen mit sich selbst, in der nichts Fremdes mehr ist, keine Entäußerung, keine Verdinglichung."

Das Grundrecht auf Eigentum

Eine maßgebliche Einschränkung der Egalité bestand von Anfang an in dem Recht auf Privateigentum. In Artikel 2 der „Déclaration des Droits" stand „propriété" gleich an zweiter Stelle hinter „liberté". Und so ist es geblieben: In der Universal Declaration of Rights „has everyone the right to own property", und in Artikel 14 des deutschen Grundgesetzes heißt es: „Das Eigentum und das Erbrecht werden gewährleistet."

Eigentum und Erbrecht stehen in offenem Konflikt mit dem Gleichheitsprinzip. Ihr Schutz zementiert die Ungerechtigkeit, die durch die ungleiche Verteilung der materiellen Güter bewirkt wird; die Unantastbarkeit des Eigentums führt dazu, dass die Gleichheit lediglich formal bleibt. Anatole France hat das in einem berühmten Satz so ausgedrückt: Das Gesetz in seiner majestätischen Gleichheit verbietet dem Armen wie dem Reichen um Brot zu betteln und unter Brücken zu schlafen. „Die Gleichheit", heißt es in einer Mitschrift von Ernst Blochs Leipziger Vorlesungen,

> „ist nicht die richtige solide Gleichheit in bar, nämlich die Abschaffung der Vermögensunterschiede, die Abschaffung des Unterschieds im Privateigentum, die Abschaffung der Macht des größeren Privateigentums über den armen Deuwel, der seine Arbeitskraft verkaufen muss."

Für einen Marxisten war das unbefriedigend (wir sehen das im 9. Kapitel genauer); der Schutz des Privateigentums gehört aber unleugbar in die Tradition der Menschenrechte. Bei Hugo Grotius (1583–1645), der schon hundert Jahre vor der französischen Aufklärung ein Menschenrechtskonzept entworfen hatte (und selbst ein äußerst wohlhabender Holländer war), war das Eigentum sogar das Grund- und Urrecht des Menschen gewesen, von dem sich alle anderen Rechte ableiten: Er meinte, dass das Recht auf Leben, körperliche Unversehrtheit und persönliche Freiheit nur eine Auswirkung des Eigentumsrechts sei, im Sinne von: „Mein Körper gehört mir". Von dem Urrecht des Eigentums leitete Grotius auch die Notwendigkeit des Staates ab – dieser sei eigens zu dem Zweck geschaffen, das Eigentum zu schützen (was die Marxisten – allerdings kritisch – zweihundert Jahre später auch behaupteten.)

Weil er weder Freiheit noch Gleichheit als die ursprünglichen Rechte ansah, sondern das Eigentum, behauptete Grotius sogar, dass die Sklaverei unter Umständen zulässig sein könne: Wenn sich der Mensch im Krieg – um nicht totgeschlagen zu werden – ergebe, verkaufe er sich selbst als sein Eigentum und gebe seine Freiheit damit rechtswirksam auf. Diese Form der Sklaverei, meinte Gropius, sei durch das Naturrecht erlaubt.

Grotius Sympathie für das Eigentum war extrem, aber auch die französischen Enzyklopädisten hielten dem Privateigentum die Stange. Es wurde in der Französischen Revolution nicht angegriffen (abgesehen von Gracchus Babeuf, von dem wir gleich hören werden), obwohl es so viel Anteil an der Ungerechtigkeit hat. Die aus dem Eigentum notwendig resultierende Ungleichheit nahm man in Kauf.

Condorcet sagte damals, die materielle Ungleichheit habe natürliche und notwendige Ursachen, die beseitigen zu wollen unsinnig und gefährlich wäre; wenn man versuche, ihre Wirkungen ganz zum Verschwinden zu bringen, würde man noch ergiebigere Quellen der Ungleichheit eröffnen und sich eines noch unmittelbareren und verhängnisvolleren Eingriffs in die Menschenrechte schuldig machen („Escisse d'un tableau historique des progrès de l'esprit humain"). Selbst Rousseau, der dadurch berühmt geworden war, dass er – in seiner Preisschrift über die Ursache der Ungleichheit – den Schutz des Eigentums als die Quelle aller Kulturübel bezeichnet hatte, kam von der Forderung nach seiner Abschaffung in seinen späteren Schriften ab. Allerdings stellte er sich dieses Eigentum niemals als übergroßes und ausbeuterisches vor, sondern als kleines, gleichmäßig verteiltes vor, „als ein Schild gegen Unfreiheit".

Als ein solches Schild erwies es sich in der Revolution auch tatsächlich. Der Aufruhr konnte nur gewagt werden, weil viele Bürger schon ein gewisses Eigentum erworben hatten. Dadurch abgesichert, konnte sich „der Dritte Stand", wie damals das Bürgertum genannt wurde, aus dem feudalistischen System emanzipieren.

Der revolutionäre Slogan „Gleichheit" forderte also nicht, dass die Menschen einander materiell gleichgestellt sein sollen. Er verlangte nur die Gleichheit vor dem Gesetz, die man (nach gr. iso = gleich und nomos = Gesetz) gut mit dem alten Wort Isonomie bezeichnen kann.

Diese Betrachtung ändert allerdings nichts daran, dass der radikale Schutz des Eigentums mit den Prinzipien von Freiheit, Gleichheit und Brüderlichkeit in einem Spannungsverhältnis steht. (Das gilt um so mehr für das Erbrecht.) Hier liegt ein Widerspruch vor, der dem Konzept der Menschenrechte einen Riss gibt.

Einen Fundamentalisten der Gleichheit, der sich vehement gegen das Privateigentum wandte, gab es schon in der Revolution: Gracchus Babeuf. Er hatte sich diesen Vornamen zugelegt, weil die von ihm angestrebte Enteignung des Großgrundbesitzes große Ähnlichkeit hatte mit derjenigen, die zweitausend Jahre vorher in Rom von den Brüdern Gracchus versucht worden war – mit tödlichem Ausgang für beide. Auch Gracchus Babeuf forderte mehr als formale Gleichheit und war deshalb der Liebling der Marxisten. ‚Das Privateigentum', sagte er in seiner Verteidigungsrede, „ist die Quelle alles Unheils auf Erden."

Babeufs Plan sah vor, dass alle Bürger die gleiche Kleidung tragen (unter Mao Tse-tung wurde dieses Ideal Wirklichkeit) und die gleichen Möbel besitzen sollten; es war vorgesehen, die Kinder in ein großes Erziehungshaus zu bringen, wo sie alle den gleichen Unterricht genießen sollten. Tatsächlich hatte Babeuf die Pariser Arbeiterschaft und den größten Teil des Militärs hinter sich; sein Plan misslang nur durch Verrat. Wie sich denken lässt, wurde auch er hingerichtet.

Obwohl sie moralisch unbefriedigend ist, darf man die lediglich formale Gleichheit – die Isonomie – nicht gering achten. Alexander Rüstow warnte davor, diese Gleichheit, die nur die Gleichheit vor dem Gesetz ist, zu unterschätzen. Auch er gehörte zu den Exilanten, die Deutschland verlassen hatten, als dort die Isonomie nicht mehr garantiert wurde, und schrieb in dieser Zeit:

> „Was der Rechtsstaat mit allen seinen stufenweise entwickelten Bestandteilen, auch den ‚bloß formalen‘, in der Realität für jeden Einzelnen bedeutet, das ist uns heute wieder sehr lebendig geworden, wo diese Errungenschaften nicht in allen Ländern selbstverständlich sind, nachdem man lange Zeit mehr und mehr dazu geneigt hatte, sie abschätzig zu beurteilen und in der Art von Anatole France zu ironisieren."

Der Gleichheitsgedanke hat auch dann einen Zweck, wenn er nur ein Ideal ist, das der Wirklichkeit einen Spiegel vorhält. Denn dies ist die Aufgabe des Ideals: „Seine Rolle besteht darin, dass es sich jenseits der Wirklichkeit erhebt und sie symbolisch beeinflusst wie die Gestirne den Kurs des Schiffs. Norden und Süden sind keine Häfen, in denen man anlaufen kann; sie sind Fixpunkte, welche Wege festlegen und Richtungen geben." (Ortega y Gasset „Tagebuch einer Sommerfahrt")

Das heißt: Wenn die materielle Ungleichheit in einer Gesellschaft immer mehr wächst, wenn die Vermögensunterschiede immer größer werden, weiß man, dass das Schiff in die falsche Richtung abdriftet.

Rechtlose Brüderlichkeit

Freiheit und Gleichheit haben gemeinsam, dass sie geeignet sind als Rechte aufzutreten, die juristisch eingefordert und eingeklagt werden können. Man kann vors Verwaltungsgericht gehen, wenn die Polizei eine Demonstration ohne triftigen Grund verbietet; man kann vors Arbeitsgericht gehen, wenn ein Arbeitgeber Frauen diskriminiert. Ob man damit im Einzelfall Erfolg hat oder nicht – die Menschenrechte sind prinzipiell dazu geeignet, praktische Wirkungen in Rechtsstreitigkeiten zu haben.

Die Brüderlichkeit fällt aus diesem Rahmen; sie hat die Besonderheit, dass sie – wie die Liebe, die ihr wesentliches Element ist – nicht rechtlich garantiert werden kann. Sie bleibt deshalb bei der Betrachtung der Menschenrechtsidee meistens außen vor, und auch wir werden sie erst im Zusammenhang mit dem soziologischen Topos der Gemeinschaft im letzten Kapitel in unsere Überlegungen integrieren.

Die Idee der Brüderlichkeit steht den Menschenrechten in gewisser Weise sogar entgegen. Sie ist nicht darauf aus die Menschen mit einem Gürtel von Rechten zu bewaffnen, sondern vertraut auf ihre natürliche Harmonie. Sie setzt nicht auf die gepanzerte Gegenüberstellung isolierter Individuen, die im Menschenrechtskonzept stillschweigend vorausgesetzt ist, sondern auf die inneren Bindungskräfte, die wir (im 13. Kapitel) noch als „gemeinschaftlich" im Gegensatz zu „gesellschaftlich" bezeichnen werden. In dieser Sicht können die antagonistisch orientierten Menschenrechte sogar abstoßend wirken.

Die emotionale Kälte der soziologischen Situation, auf die die Menschenrechte zugeschnitten sind, steht schon seit 1800, seit dem Vordringen der Romantik, unter Kritik (8. Kapitel). Diese Rechte rüsten das Individuum für das Leben in unsolidarischen Spannungslagen aus, wie sie in einem von Brüderlichkeit getragenen Milieu gar nicht vorkommen; sie kompensieren die sozialen Antagonismen, die hier von Anfang an vermieden werden. In diese rechtsfreie Harmonie wollten die Romantiker zurückkehren.

„Reich Gottes!" mit diesem Gruß verabschiedeten sich die drei Bewohner einer Tübinger Studentenbude voneinander, so oft sie auseinandergingen: Hölderlin, Schelling und Hegel. Damit zitierten sie eine Bibelstelle bei Jesaja, wo das Reich Gottes das Reich ist, in dem das Lamm neben dem Löwen schläft. Wer wollte da von Rechten reden? Wer wollte von Rechten, Pflichten, wer wollte auch nur von Moral sprechen in einer Gesamtlage, die brüderlich ist? Mit dieser Gegenposition musste und muss die Menschenrechtsidee rechnen.

Die Ablehnung der durch den Universalismus kompensierten sozialen Antagonismen entwickelte sich – wie wir noch sehen werden – besonders stark im Marxismus, der behauptete, dass sie mit der kapitalistischen Epoche zusammen vergehen würden.

In der romantischen Staatsphilosophie, später im Anarchismus, dann im Faschismus, im Kommunitarismus, im Feminismus – in den verschiedensten Denkrichtungen wandte man sich gegen die individualistische Grundauffassung des Universalismus und setzte auf die rechtlose Brüderlichkeit, auf eine gesellschaftliche Grundharmonie, die ohne die antagonistischen Rechte auskommt.

Unter feministischem Blickwinkel ist schon das Wort „Brüderlichkeit" zu beanstanden; Schillers Ausruf „Alle Menschen werden Brüder!" ist unter diesem Blickwinkel sogar komisch. Dennoch wollen wir einen feministischen Ansatz, der in den achtziger Jahren populär wurde, unter diesem Stichwort behandeln. In diesem Ansatz wird nicht für das Recht auf Gleichbehandlung gekämpft – es geht dort überhaupt nicht um Rechte, sondern um eine grundsätzlich abweichende, weibliche Haltung: Care. Im Sinne von Antigone, die sagte: Nicht mitzuhassen – mitzulieben sind wir da. „Ethic of caring", „justice of caring" – diese weiblichen Alternativen werden dem männlichen individualistischen Universalismus entgegengestellt. Nicht auf Gleichbehandlung kommt es hier an, sondern auf vernünftige Differenzierung – wie eine Mutter das Essen verteilt: Beefsteak für die Großen, Milchbrei für die Kleinen. Suum cuique – jedem das Seine. „In a Different Voice" hieß der Titel des Buches von Carol Gilligan, das damals einflussreich wurde.

Ähnlich war die Zielrichtung des Kommunitarismus, der um dieselbe Zeit aufkam. Er richtete sich gegen das liberalistische Modell, in dem Staat und Gesellschaft etwas Getrenntes sind und die Individuen dem Staat äußerlich bleiben, er kritisierte das Modell, that „focuses mainly on individual rights and equal treatments", wie sich einer seiner Verfechter, Charles Taylor, ausdrückte.

„In der Tat steht es dem Denkenden frei", sagte Ferdinand Tönnies (,,Einführung in die Soziologie") unter dem Stichwort „Naturrecht der Gemeinschaft",

„die Voraussetzung zu machen, dass die Menschen, ob man sie als Gleiche oder als Ungleiche betrachte, von Natur einander freundlich gesinnt seien: nicht der Krieg aller gegen alle, sondern der Friede aller mit allen sei der natürliche Zustand."

Die mittelalterlich-christliche Auffassung sei von dieser Grundlage ausgegangen.

„Sie wurde regelmäßig angeknüpft an die aristotelische These, dass der Mensch von Natur ein politisches, d. h. zum Leben in der Polis bestimmtes Wesen sei, wofür man die lateinische Fassung einsetzte, er sei ein soziales Lebewesen (animal sociale)."

Exkurs: Asien

In der Tat steht es dem Denkenden frei diese Voraussetzung zu machen, und sie wird bis heute im größten Teil der Welt gemacht: in Asien.

Wenn sich die asiatischen Kulturen dagegen wehren, vom westlichen Universalismus überlagert zu werden, so ist das ihre Begründung: Das von den westlichen Maximen vorausgesetzte Gesellschaftsbild ist uns zu antagonistisch, zu aggressiv. „Eine durch Konkurrenzstreben und Ideologien verwirrte Menschheit" – dieser Formulierung werden wir gleich begegnen in der separaten Menschenrechtserklärung des Islam.

In China ist das höchste Ziel einer Gesellschaft die Harmonie und Stabilität. Die chinesische Gesellschaftsvorstellung geht vom Modell der Familie aus. Dort ist der Streit etwas grundsätzlich Schädliches, und genauso wird er in der ganzen Gesellschaft angesehen. Er gefährdet den Zusammenhalt. Die gefürchtete Folge sozialer Konflikte ist Chaos (luan): politische und gesellschaftliche Anarchie, in der nichts mehr – womöglich nicht einmal die Ernährung des Volkes – garantiert ist und die menschlichen Grundbeziehungen keinen Bestand mehr haben. (Als letztes böses Beispiel ist dort die Kulturrevolution in Erinnerung.) Viel mehr

als hierzulande ist man deshalb in China bereit, für den Zweck gesellschaftlicher
Harmonie die individuelle Freiheit, in erster Linie die Meinungsfreiheit, zu opfern.
Diese Grundvoraussetzung einer brüderlichen Harmonie führte im Osten
zu einer vergleichsweise unentwickelten Rechtskultur. Während die Beziehungen unter den Mitmenschen im Westen schon seit römischen Zeiten dem Recht
unterworfen sind, unterstehen sie in der chinesischen Tradition den Regeln von
Anstand und Moral. Diese Regeln werden durch das gute Beispiel der Verant-
wortlichen vermittelt. Unser westlicher politischer Freiheitsbegriff und die Ver-
rechtlichung der menschlichen Beziehungen haben in diesen Verhältnissen nichts
zu suchen; sie können nur stören.

Den Hintergrund des chinesischen Denkens bildet der Konfuzianismus. Seine Tendenz zu Ausgewogenheit, das sich im Yin-Yang-Denken ausdrückt, spielt
auch heute noch in der chinesischen Alltagskultur eine bedeutende Rolle. Gegensätze prallen hier nicht frontal aufeinander, schließen sich nicht nach dem Ent-
weder-Oder-Muster gegenseitig aus, sondern sind im Gleichgewicht miteinander
vereinigt und bilden ein friedliches Sowohl-als-Auch. Im Gegensatz dazu wird
das abendländische Konzept als „Konflikt-Modell" empfunden: „Geschichte,
Politik und Gesellschaft schreiten durch stetigen Kampf zwischen antithetischen
Kräften fort (Wahlkampf, Arbeitskampf, Klassenkampf etc.) und entwickeln
sich weiter zu einer emanzipatorischen Welt. Während wir also in der abendländischen Geistesgeschichte eine fortschreitende Emanzipation des Individuums
(von der Bevormundung von Kirche und Staat) feststellen können, ist in der traditionellen chinesischen Kultur das Individuum in erster Linie Teil eines Ganzen,
d. h. Teil eines Beziehungsnetzes geblieben, und dieses ist ein System gegenseiti-
ger Unterstützung, Rücksichtnahme und Abhängigkeit", sagte der Sinologe Karl-
Heinz Pohl („Universalität der Menschenrechte").

In denselben Jahrzehnten, in denen Konfuzius in China harmonisierend
wirkte, nahmen im fernen Athen die Sophisten in der entgegengesetzten Richtung Einfluss. Wie alle alte Kultur war auch die griechische zunächst auf Übereinstimmung gerichtet gewesen und deshalb stark beunruhigt worden, als die
gewandten Rhetorik-Lehrer „Dialektik" unterrichteten: das Bestreiten von Positionen, das harte Diskutieren, in dem Gegensätze gegeneinander ausgespielt und
auf die Spitze getrieben wurden.

Dieser Einfluss fehlt in der chinesischen Kultur. Das machte sich auch bei
Mao Tse-tung bemerkbar, obwohl er sich als Marxist in die europäische Denkwelt begeben hatte. Von den zur Aufhebung drängenden dialektischen Gegen-
sätzen des – von Hegel beeinflussten – Marxismus wollte er nichts wissen. Die
Gegensätze stünden nicht so scharf nebeneinander, dass sie sich in einem Dritten
aufheben müssten, sagte Mao. Sie stünden vielmehr als Ergänzungen in Yin und
Yang ruhig nebeneinander.

Allerdings ist diese Bevorzugung einer rechtlos-harmonischen Welt in China neuerdings im Wanken. Wie der Sinologe Pohl seiner Beschreibung der Andersartigkeit des inneren Friedens in China hinzufügte, werden dort gegenwärtig bemerkenswerte Anstrengungen unternommen, um ein Rechtssystem aufzubauen. Das stützt das Theorem, auf das wir letzten Endes in diesem Text kommen werden: dass die allgemeine und gleiche Rechtsbewehrtheit der Individuen zwar nicht den gemeinschaftlich-traditionellen Verhältnissen, wohl aber den modernen gesellschaftlichen Formen des Zusammenlebens adäquat ist. Sie kann ihnen deshalb abverlangt werden, ohne dass ein unzulässiger Kulturimperialismus (Kapitel 7) vorliegt.

Die Unterschiede zwischen der asiatischen und der westlichen Menschenrechtsauffassung kommen in der „Kairoer Erklärung der Menschenrechte im Islam" vom 5. August 1990 zum Ausdruck. Ihre Präambel beginnt mit den Worten:

„Die Mitglieder der Organisation der Islamischen Konferenz betonen die kulturelle und historische Rolle der islamischen Umma, die von Gott als die beste Nation geschaffen wurde und die der Menschheit eine universale und wohlausgewogene Zivilisation gebracht hat, in der zwischen dem Leben hier auf Erden und dem Jenseits Harmonie besteht und in der Wissen mit Glauben einhergeht; und sie betonen die Rolle, die diese Umma bei der Führung der durch Konkurrenzstreben und Ideologien verwirrten Menschheit und bei der Lösung der ständigen Probleme dieser materialistischen Zivilisation übernehmen sollte."

Letzlich ist in der Präambel auch von den „grundlegenden Rechten und Freiheiten" die Rede:

„Ihre Einhaltung ist deshalb ein Akt der Verehrung Gottes und ihre Missachtung oder Verletzung eine schwere Sünde, und deshalb ist jeder Mensch individuell dafür verantwortlich, sie einzuhalten – und die Umma trägt die Verantwortung für die Gemeinschaft."

Keine einklagbaren Rechte also. Wer oder was aber ist die Umma? Die Umma ist die Weltgemeinschaft aller Muslime, ein Kollektiv, dessen Bindungskräfte viel stärker sind als die nationalen. Es kann mit dem Gebilde verglichen werden, das einmal als „die Christenheit" bezeichnet wurde und bis zur Reformation eine Einheit war. In der Intensität des Zusammenhalts geht die Umma wohl noch darüber hinaus. Die Koran-Sure 49,10 wird von den gläubigen Muslimen sehr ernst genommen: „Die Gläubigen sind einander Brüder."

Ähnlich wie früher in der Gegenüberstellung von Kapitalismus und Sozialismus kann man jetzt wieder von einem Wettkampf der Systeme sprechen. Es gibt einen neuen ideologischen Ost/West-Konflikt. Dabei liegen gute Gewichte in der Waagschale der asiatische Seite, und viele westliche Intellektuelle haben sich deshalb auf die östliche Seite gestellt.

> „Wenn das endgültige Ziel eine internationale Ordnung sein soll, die sich auf universell akzeptierte Menschenrechte stützen kann, dann muss der Westen anerkennen, dass Menschenrechte sich in einem Zustand dauernder Evolution befinden, und sollte die Möglichkeit eines positiven ostasiatischen Beitrages zu diesem Prozess begrüßen",

sagte zum Beispiel der amerikanische Soziologe Daniel Bell („The Asian Challenge to Human Rights").

Pohl legt Wert auf die Feststellung, dass China „mit einer gewissen Berechtigung im Sinne kollektiver Menschenrechte" darauf verweisen könne, dass die Regierung es innerhalb weniger Jahrzehnte geschafft habe, einer riesengroßen und stark verarmten Bevölkerung ein menschenwürdiges Leben und sogar einen bescheidenen Lebensstandard zu ermöglichen." Pohl kritisiert: „So fordern z. B. die USA für China demokratische Rechte – das Recht zu wählen –, haben sich aber 1996 auf dem Welternährungsgipfel in Rom geweigert, die Erklärung ‚Jeder Mensch hat ein Recht auf Ernährung‘ mit zu tragen."

Von Saint-Just stammt ein Wort, das auch Schiller zititiert hat: „Le pain est le droit du peuple" – das Brot ist das Recht des Volkes. „Das ist das größte Wort, das in der ganzen Revolution gesprochen wurde", sagte Heinrich Heine im 19. Jahrhundert.

Tatsächlich kann die Tatsache, dass es in China gelungen ist den Hunger zu besiegen, gar nicht genug gewürdigt werden. Wollte man sie gegenüber den individuellen Rechten abwägen, hätte sie vielleicht das Übergewicht. Diese Abwägung ist aber gar nicht möglich. Die staatliche Pflicht, für die Ernährung des Volkes zu sorgen, gehört in eine ganz andere Kategorie als der Menschenrechts-Schutz. Diese staatliche Pflicht folgt unmittelbar aus dem Staatszweck – der Wahrung des Allgemeinwohls; sie ist Teil des Gesellschaftsvertrages – und hat mit Menschenrechten nichts zu tun.

Wenn es heißt, die chinesische Position habe eine Berechtigung im Sinne kollektiver Menschenrechte, muss hinzugefügt werden: Menschenrechte sind nicht kollektiv. Das wird heute gern übersehen, zumal von den Protagonisten der Menschenrechten „zweiter und dritter Generation". Die gesamte Diskussion läuft aber aus dem Ruder, wenn der Unterschied zwischen den uralten Staatspflichten und den modernen individuellen Menschenrechten nicht mehr beachtet wird. Mit Recht sagte Ernst Bloch:

> „Keines der sogenannten Menschenrechte geht also über den egoistischen Menschen hinaus, über den Menschen, wie er Mitglied der bürgerlichen Gesellschaft,

nämlich auf sich, auf sein Privatinteresse und seine Privatwillkür zurückgezogenes und vom Gemeinwesen abgesondertes Individuum ist. Weit entfernt, dass der Mensch in ihnen als Gattungswesen aufgefasst wurde, erscheint vielmehr das Gattungsleben selbst, die Gesellschaft, als ein den Individuen äußerlicher Rahmen, als Beschränkung ihrer ursprünglichen Selbständigkeit."

Diese Beschränkung sollte sich im Sozialismus in Harmonie auflösen, genauso wie im Faschismus. Jetzt bietet sich (in der Kairoer Erklärung) die Umma an, „die Lösung der ständigen Probleme dieser materialistischen Zivilisation zu übernehmen."

6. Kapitel: Absturz in Terror

Thermidor

1793. Kehren wir zurück auf die Zeitschiene, kehren wir zurück zu den Fakten, die jetzt sehr böse werden.

Mit der Déclaration der Droits de l'homme, mit der Entmachtung des Königs und dem Verzicht der feudalistischen Machthaber auf ihre Privilegien schien die Revolution im August 1789 ihr Ziel erreicht zu haben. Aber der Schein trog. Ludwig XVI. hatte sich nur verstellt; nur als Maskerade hatte er die Tricolore um seinen Hut gebunden und den Bürgernamen Louis Capet angenommen. Tatsächlich führte er die versprochenen Reformen nicht durch, sondern stärkte im Gegenteil die alten Mächte durch reaktionäre Maßnahmen.

Diese Mächte – Adel und Klerus – hatten das Volk in den vorangegangenen Jahrzehnten brutal ausgepresst. Insbesondere der „Zehnte", den die Kirche verlangte, hatte den Bauern den kleinen Überschuss genommen, den sie zum Leben brauchten. Als das Volk jetzt sah, dass sich die Situation entgegen allen Versprechungen tatsächlich nicht änderte, als jetzt an manchen Stellen Hunger auftrat und sich „das Brot als Recht des Volkes" meldete, wuchs der revolutionäre Geist immer mehr an. Die Regierung konnte ihn nicht aufhalten; die alten Gewalten lähmten sich gegenseitig. Auch die Armee wurde von dem neuen Geist ergriffen und war dem Regime bald keine Stütze mehr. Letzten Endes war keine Staatsmacht mehr vorhanden; die Revolution konnte unaufgehalten losbrechen.

Es kam zur Levée en masse, die Rousseausche Volonté générale beherrschte die Szene in Form von Demagogie, Spitzelei, Denunziation, Geheimpolizei, Terror, Massenmorden, Plünderungen; die Bestie im Menschen und ihre niedrigsten Instinkte wurden wach, alle natürlichen und moralischen Bande zerrissen. „La cause de genre humain est désespérée", sagte der alte Enzyklopädist Baron de Grimm. Die Sache des Menschengeschlechts ist verloren.

Stefan Zweig schilderte die Lage aus Sicht der Königin, in deren Salon die revolutionären Ideen gerade noch auf so viel Sympathie gestoßen waren:

„Soll sie den trüben Unrat von Fischweibern und Straßendirnen, die als kannibalische Zeichen ihres Sieges abgehackte Köpfe auf blutigen Piken tragen, wahrhaftig als die Vorhut einer neuen Humanität betrachten? Weil sie nur Gewalt sieht, glaubt Marie Antoinette nicht an die Freiheit, weil sie nur auf den Menschen blickt, ahnt sie nicht die Idee, die unsichtbar hinter dieser wilden und weltaufwühlenden Be-

wegung steht; sie hat nichts gemerkt und nichts verstanden von den großen huma-
nen Errungenschaften einer Bewegung, welche uns die großartigsten Grundsätze
menschlicher Beziehungen überliefert hat: die Glaubensfreiheit, Meinungsfreiheit,
Pressefreiheit, Gewerbefreiheit, Versammlungsfreiheit, welche die Gleichheit der
Klassen, Rassen und Konfessionen als erste in die Gesetzestafeln der Neuzeit ein-
gegraben und die schmachvollen Reste des Mittelalter, Folter, Fron und Sklaverei,
aufgehoben hat; niemals hat sie nur das geringste von diesen geistigen Zielen hinter
dem brutalen Tumult der Straße verstanden."

So ging es nicht nur der Königin von Frankreich, die monatelang in einem dunk-
len Kerker auf ihre Hinrichtung wartete. Alle Gebildeten in Europa waren ent-
setzt, zumal diejenigen, die soviel Hoffnungen in die Revolution gesetzt hatten.

Goethe, der (in Hermann und Dorothea) seine frühere Begeisterung für die
Revolution mit dem „Glanz einer neuen Sonne" verglichen hat, die aufging, „als
man hörte vom Rechte der Menschen, das allen gemein sei, von der begeisternden
Freiheit und von der löblichen Gleichheit", fuhr in seinem Text fort: „Aber der
Himmel trübte sich bald. Um den Vorteil der Herrschaft stritt ein verderbtes Geschlecht, unwürdig, das Gute zu schaffen. Sie ermordeten sich und unterdrückten die neuen Nachbarn und Brüder und sandten die eigennützige Menge." Mit
dieser Menge waren die Revolutionsarmeen gemeint (von denen, im Zusammenhang mit Napoleon, im nächsten Kapitel die Rede sein wird). Am 21. Januar 1793
wurde der französische König hingerichtet. Hébert schaffte das Christentum ab
und führte den Kultus der Vernunft ein; währenddessen ratterte die Guillotine
unaufhörlich.

Schiller, der eben noch der Revolution zugejubelt hatte, schrieb nach der Hinrichtung des Königs an Theodor Körner: „Ich kann seit vierzehn Tagen keine französische Zeitung mehr lesen, so ekeln diese elenden Schindersknechte mich an."

In seinem berühmten Gedicht „Die Glocke" brachte er seinen Abscheu über
den Terreur in den Versen zum Ausdruck:

„Freiheit und Gleichheit! hört man schallen; der ruhige Bürger greift zur Wehr, die
Straßen füllen sich, die Hallen, und Würgerbanden ziehn umher. Da werden Weiber
zu Hyänen und treiben mit Entsetzen Scherz; noch zuckend, mit des Panthers Zäh-
nen, zerreißen sie des Feindes Herz. Nichts Heiliges ist mehr, es lösen sich alle Bande frommer Scheu; der Gute räumt den Platz dem Bösen, und alle Laster walten frei."

Bei den entsetzten deutschen Zuschauer brach die gesamte Ideenwelt zusammen,
deren langsamen Aufstieg seit der Renaissance wir hier beobachtet haben.

„Noch nie in der Weltgeschichte waren höchster Aufschwung und tiefster Absturz
so unmittelbar aufeinander gefolgt. Und was in diesem katastrophalen Umbruch

scheiterte, das war ja nicht nur die Französische Revolution mit all den Hoffnungen, die das ganze gebildete Europa auf sie gesetzt hatte, das war auch nicht nur die Aufklärung des 18. Jahrhunderts, die, ob sie gewollt hatte oder nicht, in diesen Zusammenbruch mit hineingezogen wurde, sondern das war letzten Endes der ganze säkulare Anlauf, der, die Tradition des klassischen Altertums erneuernd, mit der Renaissance begonnen und in der Aufklärung gegipfelt hatte",

sagte Alexander Rüstow. Die niederschmetternde Wirkung der Katastrophe von 1792/93 ging in Deutschland viel tiefer als in Frankreich selbst, wo die Ereignisse zu bedrängend waren, als dass eine Besinnung möglich gewesen wäre. Auch in Russland war die Wirkung heftig. Rüstow sagte weiter: „Von jener Wirkung verschont blieb eigentlich nur Amerika, vor allem, weil hier die Begeisterung des eigenen, soeben erst glorreich gelungenen Befreiungskampfes von 1775–1783 noch zu frisch war – das hat, neben den ,unbegrenzten Möglichkeiten', dazu beigetragen, die Vereinigten Staaten im Gegensatz zu der greisenhaften Müdigkeit des alten Europas zur Hochburg eines jugendlichen Optimismus zu machen." Amerika, du hast es besser – hier zeigte sich die ganze Wahrheit dieses Satzes. We can make it!

Der Schock, den die Verhältnisse in Frankreich bei den Zeitgenossen auslöste, ähnelte dem Schock, unter dem wir heute nach dem Holocaust stehen. Bei Goethe heißt es in „Herrmann und Dorothea" weiter:

„Möcht ich den Menschen doch nie
in dieser schnöden Verirrung
Wieder seh'n!
Das wütende Tier ist ein besserer Anblick.
Sprech' er doch nie von Freiheit, als könn' er sich selber regieren!
Losgebunden erscheint, sobald die Schranken hinweg sind,
Alles Böse, das tief das Gesetz in die Winkel zurücktrieb."

Das Menschenbild, das zutage trat, war mit dem Bild, das die Aufklärung suggeriert hatte, völlig unvereinbar. Ebenso wie im Holocaust erwies sich die Vorstellung als Illusion, dass die Menschen einen angeborenen Widerwillen haben einander zu töten und nicht durch die Furcht vor Strafe, sondern durch eine natürliche Abneigung davon abgehalten werden. Nein, das Töten macht ihnen Freude – sie muss nur geweckt werden, und wenn es erlaubt ist, geben sie sich diesem Vergnügen, das sie sich normaler Weise versagen müssen, gerne hin (im 11. Kapitel werden wir hören, wie Nietzsche diesen Sachverhalt – zustimmend – beschreibt).

Die Vorstellung, dass man nur der Natur des Menschen zu folgen brauche, um auf ein „Naturrecht" – und damit auf eine richtige gesellschaftliche Ordnung – zu stoßen, war dem Druck dieser Fakten nicht gewachsen. Man hatte als

Anhänger des Naturrechts ja gemeint, dass es nur darauf ankäme alle Hierarchie zu beseitigen, damit die wahre und gute Natur des Menschen zum Vorschein kommen und sich entfalten könne. Jetzt stellte sich heraus, dass ein schlechter Staat immer noch besser war als gar keiner. Schiller machte dazu in seinem Essay „Über die ästhetische Erziehung des Menschen" die feinsinnige Bemerkung:

> „Hebt die Vernunft den tatsächlich vorhandenen, sittlich unvollkommenen Staat auf – in der Hoffnung, ihn durch einen Idealstaat zu ersetzen – so wagt sie den physischen und wirklichen Menschen an den sittlichen, so wagt sie die Existenz der Gesellschaft an ein bloß mögliches (wenn gleich moralisch notwendiges) Ideal von Gesellschaft. Sie nimmt dem Menschen etwas, das er wirklich besitzt, und ohne welches er nichts besitzt, und weist ihn dafür an etwas an, das er besitzen könnte und sollte; und hätte sie zu viel auf ihn gerechnet, so würde sie ihm für eine Menschheit, die ihm noch mangelt und unbeschadet seiner Existenz mangeln kann, auch selbst die Mittel zur Tierheit entrissen haben, die doch die Bedingung seiner Menschheit ist. Ehe er Zeit gehabt hätte, sich mit dem Willen an dem Gesetz fest zu halten, hätte sie unter seinen Füßen die Leiter der Natur weggezogen."

Schiller – so muss hinzugefügt werden – gehörte nicht zu denen, die sich von dem „moralisch notwendigen Ideal von Gesellschaft", das der Revolution zugrunde gelegen hatte, völlig abwandten. Die öffentliche Meinung im übrigen aber tat es: Die Auffassung verbreitete sich, dass Ideale nur schädlich sein können und die bestehende Ordnung geehrt und bewahrt werden müsse – so, wie sie nun einmal, right or wrong, historisch entstanden sei.

Eine langsam von innen heraus ohne leitende Maximen gewachsene, durch Alter und Gewohnheit legitime staatliche Ordnung schien jetzt das einzige Mittel, mit dem man den Menschen in Schach halten kann. Schluss mit der Freiheit und der Gleichheit! Schluss mit den ewigen Rechten, Schluss mit allen Idealen – diese Lehre wurde in Deutschland gezogen – und der deutsche Sonderweg betreten.

Exkurs: Staatsbedürftigkeit

Die Durchsetzung der Menschenrechtsidee in Frankreich war daran gescheitert, dass gleichzeitig mit ihrer Deklaration das notwendige Minimum an staatlicher Ordnung zerstört wurde. Das konnte nicht gutgehen. Die Menschenrechte erheben zwar den Anspruch ewig und universal Gültigkeit zu haben, das heißt auch und gerade da, wo kein Staat vorhanden ist, der sie stützt; sie stehen ja in der Tradition des Naturrechts, das behauptet, der Mensch sei mit einem unsichtbaren Kordon von Rechten ausgestattet, deren Herkunft nicht der nomos, sondern die physis sei. Diese Herleitung verführt dazu, sie als staats-unabhängig zu verstehen. Damit überfordert man sie aber.

Ihr Ursprung aus der antiken Tradition, ihre kynischen Anfänge – denken wir an Diogenes und seine Schüler, die die Ordnungsstrukturen Athens hochmütig verachtet und sich einer imaginierten „Kosmopolis" unterstellt haben – verleiteten das Menschenrechtsdenken schon von Anfang an zu dieser Selbstüberschätzung. Diese Überschätzung wird geradezu gefährlich, wenn sie die Menschen in einer Gesellschaft in Bewegung setzt, deren Gewalt nicht wirkungsvoll monopolisiert ist.

Die an den Himmel geschriebenen Ansprüche führen zum Kampf jedes gegen jeden, wenn sie nicht ihren eindeutigen Adressaten im Staat haben. Die Französische Revolution ist daran untergegangen, dass sich die Menschen in einem Taumel ihres Rechts auf Freiheit und Gleichheit bewusst wurden, während sie gleichzeitig die Staatsmacht zerstörten. Herbert Krüger sagte in seiner „Allgemeinen Staatslehre":

„Man kann sehr wohl zugeben, dass der Mensch lediglich deswegen, weil er ‚Menschenantlitz' trägt, von Geburt oder sogar von der Zeugung an mit gewissen unantastbaren und unveräußerlichen Rechten ausgestattet ist, dass er also m. a. W. frei geboren wird. Aber diese Rechte und diese Freiheit bedeuten ohne Sicherheit und Ordnung praktisch nichts. Erst ein Faktor, der wirksam und verlässlich Sicherheit und Ordnung zu schaffen und zu verbürgen vermag, erhebt Rechte und Freiheit des Menschen aus einem bloßen Titel zu wirklichem Besitz. Das Naturrecht hat systematisch nachgewiesen, dass der einzelne Mensch zu schwach sei, um diesen Faktor bilden zu können, und dass es daher der Vereinigung und Organisierung aller Kräfte zum Staate bedürfe, um diesen Faktor hervorzubringen. Der Staat ist daher nicht etwa das Gegenteil – er ist die Wirklichkeit und die Voraussetzung von Rechten und Freiheit."

Die Universalität der Menschenrechte könne man nur in den Griff bekommen, wenn man ihren unmittelbaren Zusammenhang mit dem modernen Staat ins Auge fasst – darauf legt Martin Kriele („Grundprobleme der Rechtsphilosophie") den größten Wert. Niklas Luhmann hat diesen Sachverhalt in seiner „Rechtssoziologie" so formuliert:

„Die Grundrechte werden angesetzt, um die Freiheit gegen den Staat zu sichern; aber das setzt voraus, dass zunächst einmal eine Gegeninstanz, ein Monopol auf Freiheitsbedrohung, geschaffen ist, mit deren Bändigung man nicht ins Leere greift, sondern den positiven Erfolg, die Freiheit, wirksam herstellen kann. Der Staat ist, was immer vergessen wird, Vorbedingung der Freiheit." (Dass Luhmann selbst diese Tatsache vergessen sollte, werden wir im 10. Kapitel sehen.)

Weil sich die ewigen Rechte gegen den Staat richten, weil sie ihn zurückdrängen, weil sie ihn eindämmen, wird der Anschein erweckt, als seien sie umso stärker, je schwächer der Staat ist. Dieser Irrtum wird verstärkt dadurch, dass sie so oft im Zusammenhang mit dem Widerstandsrecht stehen. (Auch wir haben dieses Recht – als wir unseren Text mit Antigone beginnen ließen – als Grundlage des Menschenrechtsdenkens behandelt.) Von der amerikanischen Unabhängigkeitserklärung über die Declaration des Droits bis zum deutschen Grundgesetz geht die Anerkennung der Menschenrechte immer mit der Zubilligung des Widerstandsrechts einher. Unter den Schirmen der Menschenrechtsidee, so scheint es, darf die Ordnung aufgehoben werden.

Aber was sind das für Schirme? Zu hoch sind die ewigen Rechte angeheftet, als dass sie die irdischen Verhältnisse ohne eine funktionierende Ordnungsmacht wirksam beschützen könnten.

Die Menschenrechte sind nicht etwa umso stärker, je schwächer der Staat ist, sondern umgekehrt. Ohne den Staat – nur gegen die amorphe Gesellschaft gerichtet – haben die angeblich angeborenen Ansprüche der Individuen keinen Adressaten. Wenn kein Staat da ist, halten die mit ihnen versehenen Menschen ungedeckte Schecks in der Hand, denn es ist kein Schuldner da, der sie einlöst. (Wir greifen mit dieser Formulierung die Terminologie von Martin Luther King auf, der 1963 in einer berühmten Rede, die wir noch ausführlicher zitieren werden, das Versprechen der Gleichheit als einen ungedeckten Scheck bezeichnete.)

Nehmen wir zum Beispiel das Freiheitsrecht, das vor willkürlicher Verhaftung schützt. Wenn kein Staat da ist, der das Monopol besitzt, Menschen zu verhaften, wenn also jeder Starke jeden Schwachen einsperren kann (und in dieser Lage notfalls auch muss!), nützt dieses Recht überhaupt nichts. Es setzt die Machtzentralisierung voraus, die der Charakter des Staates ist.

Aufs Deutlichste mussten die aus Hitler-Deutschland vertriebenen Emigranten die Erfahrung der Staatsbedürftigkeit der Menschenrechte machen. Hannah Arendt berichtete davon, wie es den jüdischen Emigranten ging, die den ewigen Rechten vertraut hatten:

„Schließlich hatte man, wenn man von unveräußerlichen und unabdingbaren Menschenrechten sprach, gemeint, diese seien unabhängig von allen Regierungen und müssten von allen Regierungen in jedem Menschen respektiert werden. Nun stellte sich plötzlich heraus, dass die Menschen in dem Augenblick, in dem sie sich nicht mehr des Schutzes einer Regierung erfreuen, keine Staatsbürgerrechte mehr genießen und daher auf das Minimum an Recht verwiesen sind, das ihnen angeblich eingeboren ist, weil es niemanden gab, der ihnen dies Recht garantieren konnte."

Sie sprach von den Staaten- und Rechtlosen,

„die, nachdem sie aus allen menschlichen Gemeinschaften herausgeschleudert wurden, auf ihre naturhafte Gegebenheit und nur auf sie zurückgeworfen sind. Sie sind, nachdem sie aufgehört haben, als Deutsche oder Russen oder Armenier oder Griechen anerkannt zu sein, nichts als Menschen; jedoch sofern sie von aller Teilhabe an der von Menschen errichteten und von ihren Künsten ersonnenen Welt ausgeschaltet sind, besagt dies Menschsein nicht mehr, als dass sie dem Menschengeschlecht in der gleichen Weise zugehören wie der ihnen vorgezeichneten Tierart."

Arendt sah die Staatsabhängigkeit des universalistischen Konzepts so scharf, dass sie seine naturrechtliche Vorgegebenheit in Zweifel zog:

„Die Staatenlosigkeit in Massendimensionen hat die Welt faktisch vor die unausweichliche und höchst verwirrende Frage gestellt, ob es überhaupt so etwas wie unabdingbare Menschenrechte gibt, das heißt Rechte, die unabhängig sind von jedem besonderen politischen Status und einzig der bloßen Tatsache des Menschseins entspringen." („Elemente und Ursprung totaler Herrschaft")

Sie kehrte die Legitimierung der menschenrechtlichen Maximen, die nicht aus dem nomos, sondern aus der physis bezogen wird, sogar um:

„Die Isonomie garantiert isótes, Gleichheit, aber nicht, weil die Menschen von Natur her (physei) gleich sind, sondern weil sie nicht gleich sind und daher einer von Menschen errichteten Einrichtung bedürfen, nämlich der Polis, um kraft des Gesetzes (nomoi) einander ebenbürtig zu werden." („Über die Revolution")

Auch der Emigrant Dolf Sternberger zog diese Konsequenz:

„Eigentlich ist ein ‚vorstaatliches' Recht, wörtlich genommen, mag es sich auch auf Gott und die Natur berufen, ein nichtiges Recht, denn wo kein Staat ist, ist kein Recht installiert und kein Richter, es zu sprechen."

Aus der Sicht Georg Friedrich Hegels ist diese Konsequenz keineswegs überraschend. Er gab dem Staat ja die allergrößte Bedeutung und sprach das berühmte Wort: „Es ist der Gang Gottes in der Welt, dass der Staat ist; sein Grund ist die Gewalt der sich als Wille verwirklichenden Vernunft." Wenn man den Staat als Grundlage der Menschenrechts-Idee verstehen gelernt hat, kommt einem dieses pathetische Wort nicht mehr übertrieben vor. Hegel will die bestehenden Staaten damit nicht idealisieren:

„Bei der Idee des Staates muss man nicht besondere Staaten vor Augen haben, nicht besondere Institutionen, man muss vielmehr die Idee, diesen wirklichen Gott, für sich betrachten. Jeder Staat, man mag ihn auch nach den Grundsätzen, die man hat, für schlecht erklären, man mag diese oder jene Mangelhaftigkeit daran erkennen, hat immer, namentlich wenn er zu den ausgebildeten unserer Zeit gehört, die wesentlichen Momente seiner Existenz in sich. Weil es aber leichter ist Mängel aufzufinden, als das Affirmative zu begreifen, verfällt man leicht in den Fehler, über einzelne Seiten den inwendigen Organismus des Staates selbst zu vergessen."

Ein schlechter Staat ist besser als gar keiner, soll das heißen.

Man kann den Menschenrechten nicht dadurch zur Geltung verhelfen, dass man eine staatliche Struktur, die ihnen zuwiderläuft, zerstört. Das ist auch in unserem jungen Millenium schon übersehen worden. Von der Luft aus wurden Irak und Afghanistan, Staatswesen, die den universalistischen Standards nicht entsprachen, bombardiert – die Schätzungen über die Zahl der Toten schwanken zwischen einer halben und einer ganzen Million. Auch hier wurde ein Staatsoberhaupt, Saddam Hussein hingerichtet – mit dem Ergebnis, dass sich die humanitäre Situation in den betroffenen Ländern verschlimmerte.

Das hätte man sich denken können. Aber noch immer geht das Menschenrechtskonzept mit der Illusion einher, es werde sich, da es am Himmel hanget unveräußerlich und unzerbrechlich wie die Sterne, von selbst durchsetzen, wenn nur die falschen Strukturen beseitigt würden.

Feudale und andere Zwischenmächte

Wenn man die Staatsbedürftigkeit der Menschenrechte im Auge hat, kann man verstehen, warum sie – obwohl sie als ethisches Postulat schon viele hundert Jahre lang vorbereitet gewesen waren – als Rechte erst zu Beginn der Aufklärung artikuliert wurden.

Das ethische Postulat machte erst Sinn, als sich das Konzept vom zentralisierten, gegenüber Adel und Klerus souveränen Staat durchgesetzt hatte. Bevor nicht die Monopolisierung der Gewalt in einer staatlichen Instanz gelungen war, solange also die Macht der Pouvoirs intermédiares noch ungebrochen war, hatten die ewigen Rechte keinen Adressaten.

Der Absolutismus Ludwig XIV. war insofern ein historischer Fortschritt. „Absolut" war diese Herrschaft insofern, als sie sich von den feudalen Mächten losgelöst hatte. Das Wort „L'Etat c'est moi" – der Staat bin ich, das so schlecht angesehen ist, war, trotz aller absurden Erscheinungen am Hof des Sonnenkönigs, durchaus fortschrittlich.

Zur Zeit der Französischen Revolution aber, als sein Urenkel Ludwig XVI. regierte, war der Absolutismus schon wieder verfallen. Dieser König war ein schwacher und bequemer Mensch, der sich nicht traute, dem Adel und dem Klerus die Privilegien zu entziehen, mit deren Hilfe das Volk so rücksichtslos ausbeutet wurde. Es gelang ihm nicht sich gegenüber den Zwischenmächten gegenüber „absolut" zu stellen.

Nicht die Herrschaft der Monarchie, sondern die Herrschaft dieser Zwischenmächte war das wahre Angriffsziel der Revolution. Ihre Vordenker hatten das gewusst: Sie waren nicht so sehr gegen die Monarchie eingenommen wie gegen diese Mächte. Manche von ihnen waren auf die aufgeklärt monarchische Regierungsform aus, wie sie in Preußen unter Friedrich II. praktiziert wurde. Sein Vater, Friedrich Wilhelm I., hatte ihm einen Staat hinterlassen, in dem der Adel weitgehend entmachtet war. Jochen Klepper („Der Vater") hat diesen Kampf im Einzelnen beschrieben. Die Freien, Mächtigen, Verwöhnten, die großen Geschlechter, die ‚mitregieren wollten', jammerten hinter dem König her: „Tout le pays sera ruiné!" Das ganze Land wird ruiniert! „Tout le pays sera ruiné? Nihil credo." Glaube ich nicht! war seine Antwort.

> „Aber das credo, dass die Junkers ihre Autorität wird ruiniert werden müssen! Denn ich komme doch zu meinem Zweck und stabilisiere die souverainité und setze die Krone wie einen rocher de bronce."

Wie einen Bronzefelsen, hieß das – dieses Wort wurde in Preußen berühmt als Sinnbild für einen Staat, der sich von der Mitherrschaft des Adels freigemacht hat. Auch Voltaire, der eine Zeitlang bei Friedrich II. in Sanssouci zu Gast war, war auf die aufgeklärte Monarchie aus. Lieber von einem Löwen regiert werden als von hundert Ratten, sagte er in seiner pointierten Art.

An dem (innenpolitischen) Erfolg der napoleonischen Herrschaft sollte sich zeigen, dass der Absolutismus das bessere Milieu für Freiheit und Gleichheit ergibt als die feudalistische Gebundenheit. Der absolute Herrscher steht losgelöst über der Gesellschaft, in der alle – bis auf ihn selbst – zueinander auf dem Fuße der Freiheit und Gleichheit stehen. Der Fehler des Absolutismus hatte deshalb nicht darin bestanden, dass er sich vom Einfluss der Zwischenmächte losgelöst (und insofern „absolut" gesetzt) hatte – der Fehler war, dass er diese Loslösung nicht durchhalten konnte und es den Zwischenmächten wieder gelungen war, das Volk zu unterdrücken.

(Wir werden die Thematik im nächsten Kapitel aufgreifen, wenn wir es mit Napoleon zu tun haben.)

Nicht weniger als die totalitäre Übermacht des Staates ist seine Ohnmacht der Menschenrechtsgeltung zuwider. Die vielschichtigen Machtverflechtungen, die die gesellschaftlichen Zwischenmächte bewirken, bedeuten für Freiheit und

Gleichheit oft ein größeres Hindernis als die nackte Staatsgewalt. Deshalb sind diese Rechte in dem Moment revolutionär hervorgebrochen, als die feudalistisch-klerikale Privilegienwirtschaft völlig undurchdringlich geworden war.

Wir wollten die Magna Charta nicht als Basis der Grundrechte verstanden wissen, weil sie nicht dem Prinzip der Gleichheit, sondern dem Prinzip der Privilegierung gedient hat. Jetzt können wir hinzufügen, dass sie nicht als diese Basis angesehen werden kann, weil sie sich gegen die Ausbildung einer monopolisierten Staatlichkeit gerichtet hat. Die englischen Lords haben sich mithilfe der Magna Charta erfolgreich gegen die Bestrebungen der Stuarts, eine solche Staatlichkeit zu etablieren, gewehrt und die Herausbildung einer modernen Staatlichkeit verzögert.

Hegel

Hegel war der entschiedenste theoretische Gegner der gesellschaftlichen Zwischenmächte. Er war so sehr auf die Absolutheit des Staates aus, dass er alle gegen ihn gerichteten Rechte ablehnte – auch die Menschenrechte.

Rechte, die den Staat einschränken, könnten, so fürchtete er, die Privilegien der partikularen Mächte wiederbeleben, die das Alte Reich ruiniert hatten und nach seiner Ansicht die Wurzel allen Übels waren:

„Von diesem Standpunkt aus mussten die Grundrechte, verstanden als Reservate einer ursprünglichen, vorstaatlichen Freiheit, als eine im Grunde der älteren, gerade zu überwindenden staatsrechtlichen Figur zugehörig erscheinen. Das hohe Pathos, das die zeitgenössischen Rechteerklärungen gerade aus der Auffassung der Grundrechte als natürlicher, angeborener und vom Staat nur noch anzuerkennender Rechte schöpften und das ihnen den hervorragenden Platz in den jungen konstitutionellen Verfassungen sicherte, war konsequenterweise in Hegels Recht des sittlichen Staates nicht zu integrieren", schreibt Gertrude Lübbe-Wolff (1986) und zitiert Hegels Wort: „Dass das Allgemeine als solches gewollt wird, charakterisiert den Staat als solchen".

Hegel kann als der große Kämpfer gegen alle „Besonderheiten", die das „Allgemeine" zu ersticken drohten, verstanden werden. In seiner Tour d'horizon der Geschichte ist das sein roter Faden: das Schicksal des Allgemeinen, seine Herausbildung und sein Verfall. Fortschritt war für ihn immer da gegeben, wo sich das Allgemeine verfestigen konnte, wo große Reiche gebildet wurden, die sich nicht in feudalistisch-unübersichtlichen Herrschaften staffelten, sondern eine klare Regierungsspitze herausgebildet hatten: den Staat, der einsam und unabhängig über der Gesellschaft schwebte. Seine Heroen waren deshalb Alexander, Cäsar – und sein Zeitgenosse Napoleon.

Exkurs: Staatsablehnung heute

Hegels Befürchtung, dass die individuellen Grundrechte den Staat unterminieren könnten, ist nicht so abwegig, wie es auf den ersten Blick scheint. Nehmen wir das Recht auf Eigentum, das in dem Menschenrechtskanon eine bedeutende Stellung spielt (wir werden darauf noch eingehen); nehmen wir die übergroße Macht der Wirtschaft in der Gegenwart, so sehen wir die Berechtigung dieser Befürchtung.

Wirtschaftsmonopole, die nicht das allgemeine, sondern lediglich ein partikulares Interesse vertreten, machen dem Staat Vorgaben, die er befolgen muss, und drängen „das Allgemeine" an den Rand. „Dass das Allgemeine als solches gewollt wird, charakterisiert den Staat als solchen" – so denkt heute niemand mehr. Man verspricht sich die Wahrung „des Allgemeinen" von dem bewusstlosen Zusammenspiel pluralistischer Kräfte.

Auch nach der Wirtschaftskrise meint man heute immer noch, dass es der Freiheit günstig sei, wenn die Staatsmacht durch Zwischeninstanzen gebrochen und aufgesplittert ist. „Teilhabe" ist ein wichtiges Schlagwort geworden, und man sieht nicht, dass diejenigen, die tatsächlich „teilhaben", die Lobbyisten sind.

Wenn man es heute für günstig hält, dass die Staatsmacht durch die Verflechtung mit der Lebenswelt, durch die zivilgesellschaftliche Einmischung und den Einfluss der Diskurse geschwächt ist, denkt man an die Mitwirkung politisch korrekter Akteure, mündiger Citoyens – man denkt bei dem Begriff „Zivilgesellschaft" im Grunde an die Kreise, denen man selbst zugehört. Tatsächlich sind diese Kreise aber „Politik-verdrossen" und nehmen gar nicht Anteil.

Man meint, man würde eine Lehre aus dem Faschismus ziehen, wenn man der Machtzersplitterung das Wort redet. Diese Lehre ist aber falsch. Der Faschismus war – nach den Analysen der Emigranten Franz Neumann und Ernst Fraenkel – kein Überwuchern des Staates, sondern einer Partei (die ihre Partikularität schon im Namen trägt). Nicht der Leviathan herrschte, sondern der Behemoth (wie Neumann unterschied). Die Nazis selbst wollten nicht von der Totalität des Staates reden, wie es die italienischen Faschisten taten, sondern von der „Totalität der Bewegung". (Die einschlägigen Zitate hat Monika Leske, Philosophen im „Dritten Reich", gesammelt.)

Man hat aus dem Nationalsozialismus die falsche Lehre gezogen. Die gegenwärtig herrschende staatsfeindliche Theorie kommt der Wirtschaft zugute, die auf der höchsten Ebenen des Regierens nicht einmal eine Lobby braucht, um ihre Interessen geltend zu machen, sondern in Form einer energischen Partizipation die Politik gleich selber macht. Während noch die Warnung „Big Brother is watching you" ausgestreut wird, sieht man nicht, dass Big Brother schon längst in tiefem Schlaf liegt.

Die Staatsablehnung auf die Spitze getrieben hat Michel Foucault, dessen Werk Ende der siebziger Jahre in Mode kam. Er sah die Wirksamkeit des Staates nur in Gefängnissen, Zuchthäusern und Folterkammern, in Tollhäusern und auf Hinrichtungsstätten – die er mit sadistischer Akribie beschrieb. Wenn in der Öffentlichkeit heute nichts auf die Staatstätigkeit gegeben wird, spielt sein Einfluss eine große Rolle. Ähnlich war die Botschaft Jacques Derridas, der nicht von „Schurkenstaaten" sprechen wollte, sondern den Staat generell als Schurken bezeichnete.

Heute werden statt des Staates die NGOs als Menschenrechts-Hüter aufgefasst. Hier liegt ein Missverständnis vor. Die NGOs sind, wenn man sie staatliche Funktionen wahrnehmen, „Pouvoirs intermédiaires" mit der ganzen Problematik, die diesen Mächten anhängt. Man stellt sich die NGOs immer philanthropisch und sympathisch vor; dabei vergisst man, dass auch die Organisationen um Horst Mahler und Bin Laden als NGOs anzusehen sind. Quis iudicabit? So, wie es Schurkenstaaten gibt, gibt es auch Schurken-NGOs. Im übrigen: Amnesty International kann keinen Gerichtshof ersetzen. Die Arbeit dieser Organisation setzt eine funktionierende Gerichtsbarkeit voraus; gegenüber Lynchjustiz ist sie unwirksam.

Zusammenfassend lässt sich sagen: Obwohl die Menschenrechte, die des Staates so dringend bedürfen, so viel verbale Anerkennung genießen, ist die Staatsabneigung heute ungebrochen. Der Zeitgeist hat seit den siebziger Jahren, kulminierend in den Neunzigern, den Sinn „für das Allgemeine" verloren. Er unterlag dem Missverständnis, dass die staatliche Loslösung vom „Besonderen" totalitär sei und sah den Nutzen der Zwischenmächte darin, dass sie die Unmittelbarkeit der Staatsgewalt als Puffer abdämpften. Die Weltwirtschaftskrise hätte den Zeitgeist eines Besseren belehren sollen; von aller Augen zeigten sich die Staaten ohne Lenkung; sie waren Opfer der Lobbywirtschaft, die man als gesunden Pluralismus geduldet hatte.

Um mit Hegel zu sprechen: „Die Staatseinrichtung ist nicht auf den Geist des Volkes gegründet, nicht lebendig in demselben, sondern nur ein äußerlich Auferlegtes".

7. Kapitel: Napoleon und die oktroyierte Freiheit

Die napoleonische Besatzung

1804. Mit ihrem Untergang im Terror war die Französische Revolution nicht beendet. Sie wurde weiter- und zum Erfolg geführt unter der Herrschaft von Napoleon, der ihre wesentlichen Maximen in die Praxis umsetzte, indem er ein Gesetzbuch einführte, das – wie schon das Ius Gentium – jedem Bürger die gleiche Rechtssubjektivität zubilligte: den Code Napoleon.

Diese Errungenschaft wurde (und wird) in Deutschland nicht angemessen gewürdigt. Weil in Frankreich insofern keine vollkommene Egalité eintrat, als über dem Volk ein Kaiser schwebte, wurden die egalitären Fortschritte, die mit dieser Herrschaft einhergingen, geringschätzig betrachtet. Tatsächlich aber verschaffte Napoleon der Revolution genau das, was sie brauchte: einen funktionierenden Staat.

Napoleon zähmte die Revolution.

„Er war der große Testamentsvollstrecker, Vollender und Stabilisator der Revolution, derjenige, der ihre Errungenschaften für die Mit- und Nachwelt in gültige Form überführt hat. Der Code Napoleon ist letzten Endes nichts anderes als das große Ausführungsgesetz zu der Erklärung der Menschen- und Bürgerrechte",

sagte Alexander Rüstow.

Nach 1806 galt dieses Recht, das auf dem Prinzip von Freiheit und Gleichheit beruhte, auch in den von Napoleon besetzten Gebieten Deutschlands. Alte Zöpfe konnten jetzt fallen: die Primogenitur, der Erbadel, die kirchliche Kontrolle der Institutionen, die Unauflöslichkeit der Ehe; als Fortschritte wurden die Vertragsfreiheit und die Unverletzlichkeit des Eigentums eingeführt. Dieses Gesetzbuch hat seither in vielen Ländern der Welt Einfluss gehabt, wurde in einigen unverändert übernommen und ist bis heute gültig.

Unter Napoleon herrschte ein Absolutismus im besten Sinne des Wortes: Der Staat hatte sich endlich losgelöst von den Pouvoirs intermédiares; das Volk war frei von der Last, die die Eigensucht dieser Mächte ihm zugemutet hatte. Adel und Klerus hatten nichts mehr zu sagen. Insofern war das Ziel der Revolution erreicht, und das Volk war zufrieden.

Obwohl es die Monarchie in einem brutalen Akt beendet hatte, konnte es jetzt einen Kaiser ertragen – dieses Rätsel löst sich, wenn man versteht, dass das

Volk im Grunde nicht die Volkssouveränität gesucht hatte, also nicht die Beteiligung aller an den Entscheidungen, sondern die Befreiung von den gesellschaftlichen Zwischenmächten.

Die Zentralisierung der politischen Willensbildung in einer Spitze, dem Kaiser, leuchtete den Franzosen durchaus ein. Der König wäre wohl am Leben und auf dem Thron geblieben, wenn er sich nicht auf die Seite des degenerierten Feudaladels und des Klerus gestellt und dem Volk nicht die Gleichheit so hartnäckig vorenthalten hätte, meinte Napoleon. Sein Erfolg bestätigt seine eigene Einschätzung: dass das französische Volk in der Revolution weniger die republikanische Freiheit als die Gleichheit gesucht hatte.

Bei aller Sympathie für Napoleon, die wir hier zum Ausdruck gebracht haben, darf allerdings nicht vergessen werden, dass die Völker Europas den Preis für diese Erfolge zahlen mussten. Napoleon hat nur innenpolitisch positiv und aufbauend gewirkt, aber außenpolitisch in noch viel höherem Maße negativ und zerstörend. Auf den Schlachtfeldern der Außenpolitik sei „dieser größte Stratege der Neuzeit" als „Eroberungsbestie" an seiner Maßlosigkeit gescheitert, sagte Alexis de Tocqueville.

Zunächst waren die Vorzüge des Zivilrechts, das in den besetzten Gebieten eingeführt wurde, auch in Deutschland als Befreiung empfunden worden: auch hier konnten es die Bürger durchaus schätzen, endlich mit dem Adel gleichgestellt zu werden, endlich Grundeigentum zu besitzen und Wirtschaftsfreiheit genießen zu dürfen. Zunächst waren die Revolutionsarmeen, in denen die junge Republik ihre Errungenschaften nach außen zu tragen suchte, noch begrüßt worden. Bei Goethe heißt es in Hermann und Dorothea – nachdem gerade noch gesagt worden war, wie hoch sich das Herz erhoben hatte, „als man hörte vom Rechte der Menschen, das allen gemein sei, von der begeisternden Freiheit, und von der löblichen Gleichheit":

„Drauf begann der Krieg, und
die Züge bewaffneter Franken
Rückten näher; allein sie schienen nur Freundschaft zu bringen.
Und die brachten sie auch: denn ihnen erhöht war die Seele Allen;
sie pflanzten mit Lust die munteren Bäume der Freiheit."

Doch wie mit der Revolution, so ging es auch mit den Revolutionskriegen weiter. Wir hörten schon Goethes Worte: „Aber der Himmel trübte sich bald. Um den Vorteil der Herrschaft Stritt ein verderbtes Geschlecht, unwürdig, das Gute zu schaffen. Sie ermordeten sich und unterdrückten die neuen Nachbarn und Brüder und sandten die eigennützige Menge." Die eigennützige Menge – das waren die Armeen.

Die Tatsache, dass die napoleonische Besatzung so bedrückend war und deshalb so vehement zurückgewiesen wurde, hat der deutschen Geschichte großen Schaden zugefügt. Die Verbesserungen, die mit der Napoleonischen Herrschaft auf Dauer einhergegangen wären, hätten die bitterböse Abgründigkeit dieser Geschichte wohl verhindern können. Der sogenannte deutsche Sonderweg wäre vermieden worden. Wir kommen darauf noch zu sprechen.

Unter der schweren Belastung der Besatzung aber wehrte sich der deutsche Volksgeist (Hegel) gegen die westlichen Modernisierungen und entschied sich nicht für die „Souveränität des unqualifizierten Individuums", sondern für die nationale Souveränität – gegen die Gleichheit also und für die nationale Freiheit. Hätten die Deutschen die Gleichheit, die der Code einführte, akzeptiert, so hätte diese Gleichheit den Mangel gehabt, dass sie unfreiwillig und oktroyiert gewesen wäre.

Diesen Mangel hatte sie schon im Ius Gentium, dem Fremdenrecht, das die Römer für die Rechtsgeschäfte der Ausländer schufen. Es hatte den Angehörigen der überlagerten Völkerschaften die Gleichheit ihrer Rechtssubjektivität geschenkt, ohne sie gefragt zu haben. Wenn die formale Gleichstellung der Menschen das Ergebnis von Imperialismus ist, liegt darin eine Erniedrigung. Das Ius Gentium brachte den Handel treibenden Fremden in Rom zwar eine große praktische Erleichterung, wirkte aber andererseits demütigend. Die Nichtachtung der Statusunterschiede, die in den eroberten Ländern gewachsen und tradiert waren, stellte einen imperialistischen Übergriff dar, dem die römische Auffassung zugrundelag, dass die barbarischen Völkerschaften nichts sind als organisierte Räuberbanden, deren innere Hierarchie gleichgültig ist. Dennoch brachte diese Nichtachtung der Menschheit einen Fortschritt.

Wir haben es hier mit einer der vielen Erscheinungsform der Felix Culpa (der „glücklichen Schuld") zu tun, die die Beurteilung der Weltgeschichte so schwierig macht. Unter dem Stichwort „Segen der Sünde" werden wir noch darauf zu sprechen kommen.

Als Anhänger der Gleichheitsidee möchte man die Gewalt, mit der sie geschichtlich oft durchgesetzt wurde, lieber leugnen. Man würde ihre Durchsetzung lieber als Frucht eines einvernehmlichen Übereinkommens aller Rechtsgenossen ansehen. Ein solches Übereinkommen hat es aber in der Geschichte nie gegeben. Immer wurde der Fortschritt im Wege gewaltsamer Überlagerung eingeführt. Wir kamen mit dieser bitteren Wahrheit im 5. Kapitel in Berührung im Zusammenhang mit Hannah Arendts Beschreibung des griechischen Tyrannen, der zur Kennzeichnung seiner beabsichtigten Regierungsform die Ähren in einem Kornfeldes mit einem Schlag seines Schwertes auf die gleiche Höhe niederschlug.

Exkurs: Kulturimperialismus

Wir sehen, dass sich die Menschenrechtsidee auf zweierlei – sehr verschiedene – Weise zur Geltung bringen kann. In beiden Fällen handelt es sich um den Widerstand gegen den herrschenden Nomos, der aber entweder von unten oder von oben kommen kann.

Im Normalfall – oder ist es der Idealfall? – den wir hier – beginnend mit Antigone – im Auge hatten, kommt der Widerstand gegen die ungerechte Norm von unten, von den Gewaltunterworfenen, die sich – zum Beispiel – auf das ewige Recht der Meinungsfreiheit berufen (in Tibet oder Burma etwa). In einem solchen Fall ist Amnesty International berufen, die Position der Menschenrechte zu vertreten.

Der Protest gegen den ungerechten Nomos kann aber auch von oben her kommen, von der sogenannten „Weltgemeinschaft" – wenn sie der Ansicht ist, dass die Zustände in einem Land nicht geduldet werden dürfen und das Regime gewaltsam beseitigt werden muss. Diese zweite Variante tritt in der Gegenwart immer mehr in den Vordergrund – mit der Wirkung, dass die Menschenrechte die Bedeutung von Kriegs-Legitimationen bekommen. Sie werden zur „Interventionsideologie", wie sich der Neonazi Horst Mahler in seinem (nicht empfehlenswerten) Buch „Schluss mit dem deutschen Selbsthass" ausdrückte. Er sagte vor zehn Jahren, was heute in aller Munde ist: „Das, was uns jetzt als ‚allgemeine Menschenrechte' verkauft wird, ist nichts anderes als die Vernichtung des Selbstbestimmungsrechtes der Völker, die Vernichtung der souveränen Nationen – mit Ausnahme der USA".

Von oben her – tatsächlich aus der Luft, nämlich durch Bombardement – wurden in den letzten Jahren souveräne Regime zerstört, die den Standards der Weltgemeinschaft nicht entsprachen: in Serbien, in Afghanistan, im Irak. Vor unser aller Augen, in unser aller Namen (kann man ohne große Übertreibung sagen), sind unter diesen Auspizien hunderttausende von Menschen getötet worden.

Man braucht kein Neonazi zu sein, um die Menschenrechtsidee als Interventionsideologie aufzufassen. Auch in gemäßigteren Kreisen wird jetzt darauf hingewiesen, dass diese Idee an die Stelle des Christentums getreten ist, das früher eine solche Ideologie geliefert hat. Das alte Wort, das sich gegen den Missbrauch der christlichen Mission richtete: „Man redet die Bibel und meint Kattun" wird jetzt manchmal in dieser Weise abgewandelt: „Man redet die Menschenrechte und meint Öl."

Eine deutliche Sprache wird in dieser Äußerung, die schon aus dem Jahr 1967 stammt, gesprochen:

> „Welches Recht haben wir Westler, gerade heimgelangt von einer 400 Jahre währenden Plünderung der Welt, fett und reich und besorgt um unsere Kalorien – welchen

Nerv haben wir eigentlich, hier und da herumzustochern und zu schauen, ob da Staub auf dem politischen Klavier liegt, und uns so edelmütig zu sorgen, dass diese Leute, deren Ertrinken und Verhungern in Millionenhöhe bei uns keine Schlagzeile wert gewesen waren, genügend demokratische Rechte besitzen?" (Hans Koningsberger, „Love and Hate in China")

Schon vor fast zweihundert Jahren wurde – und zwar von amerikanischer Regierungsseite aus – darauf hingewiesen, wie leicht sich die gute Idee missbrauchen lässt. Als 1821 von den USA erwartet wurde, dass sie ihre Kriegsflotte aussenden, um die Chilenen und Columbianer von der spanischen Unterdrückung zu befreien, wies der damalige Außenminister John Quinzey Adams dieses Ansinnen mit dem Argument zurück, dass man sich unter der Standarte der Freiheit allzu leicht in die Kriege von Eigensucht, Habgier, Neid und Intrige verwickeln ließe. Adams sagte:

„America goes not abroad in search of monsters to destroy. Were the country to embark on such a foolish adventure, she would involve herself beyond the power of extrication, in all the wars of interest and intrigue, of individual avarice, envy, and ambition, which assume the colors and usurp the standard of freedom. The fundamental maxims of Her policy would insensibly change from liberty to force. She might become the dictator of the world; she would no longer be the ruler of Her own spirit."

So wurde damals der amerikanische Isolationismus begründet. Die USA haben in ihrer Geschichte immer unberechenbar zwischen Isolationismus und Interventionismus geschwankt. Heute hat der Interventionismus die Überhand gewonnen – ohne dass auf diese Haltung allerdings wirklich Verlass wäre.

Exkurs: Der Standpunkt des Völkerrechts

Das Völkerrecht verbietet alle militärischen Interventionen – seien sie humanitär oder nicht. In den Diskussionen um die Interventionen, die im Anschluss an den 11. September 2001 vorgenommen wurden, hat das Völkerrecht aber fast gar keine Rolle gespielt. Die zu seiner Wahrung berufenen Lehrstuhlinhaber blieben stumm. Erst seit kurzer Zeit, erst seit sich die Misserfolge häufen, wird über das Angriffskriegsverbot gesprochen.

Wie schnell sich die Öffentliche Meinung wandelt! Und wie wenig sie sich für ihr Gerede von gestern interessiert! So stark, wie die USA von jeher zwischen Interventionismus und Isolationismus schwanken, schwankt auch bei uns die Öffentliche Meinung.

Die meisten von denen, die sich jetzt über den westlichen Menschenrechts-Imperialismus beklagen, haben ihn vor fünfzehn Jahren selbst in Gang gebracht, als sie mit großer Dringlichkeit die militärische Einmischung in Serbien verlangten – dort würden die Menschenrechte verletzt! Sie waren damals gar nicht ansprechbar auf das Völkerrecht, das die gewaltsame Einmischung verbietet. Sie erklärten damals die UN-Charta, in der das Angriffskriegsverbot festgelegt ist, für bloßes Papier, das sie gegen das Fleisch und Blut der bosnischen Muslime abwogen und zu leicht befanden. „Appeasement" nannten sie die Charta-treue Haltung, „München 1938!" wurde gerufen, und mancher, der damals die Position des Völkerrechts einnahm, wurde als Hitlers Spießgeselle eingestuft. Damals wurde der Pazifismus abgebaut. (Ich habe das in meinem Buch „Pazifismus passé" beschrieben.)

Die Charta der Vereinten Nationen spricht sich in ihrem Artikel 2 Ziffer 4 mit aller Deutlichkeit gegen den Angriffskrieg aus und macht keine Ausnahme für die „Humanitäre Intervention". (Wir befassen uns damit näher im 11. Kapitel). Das hat einen guten Grund: Im anderen Fall könnte das Recht auf Einmischung von jedem angriffswilligen Staat in Anspruch genommen werden. An Menschenrechtsverletzungen ist auf der Welt kein Mangel. Kriegswillige Staaten finden Anlass genug, wenn sie in andere Staaten eindringen wollen, um dort für Ordnung zu sorgen. Wer entscheidet darüber? Quis iudicabit? diese Hobbessche Frage stellt sich hier wieder in aller Dringlichkeit. Wer beurteilt letzten Endes, ob eine Intervention humanitär ist oder nicht? Wenn sie im Völkerrecht gestattet wäre, so ginge damit eine massive Gefahr für den Weltfrieden einher.

Vor dem Bombardement Belgrads wollte die Öffentliche Meinung vom Angriffskriegsverbot nichts wissen. Zur Zeit ist sie in die Gegenrichtung geschwappt und verachtet den menschenrechtlich motivierten Angriffsimpuls; sie spricht von Kulturimperialismus, wenn westliche Werte einer Gesellschaft aufgepropft werden sollen, die lieber nach ihrer eigenen Facon selig werden möchte.

Auch diese Haltung kann sich aber schnell wieder ändern. Das Angriffskriegsverbot wird schnell wieder in den Hintergrund treten, sowie irgendwo skandalöse und massenhafte Menschenrechtsverletzungen gemeldet werden. Das Dilemma zwischen der kosmopolitischen Orientierung der Öffentlichen Weltmeinung und der immer noch zu achtenden Souveränität der Nationen wird solange aufbrechen, bis sich die Frage dadurch erübrigt hat, dass eine weltpolizeiliche Gewalt-Zentralisierung eingetreten ist. (Das ist das Thema meines Buches „Cosmopolis Now".)

Vom Segen der Sünde

Wenn man sich fragt – und man fragt es sich heute verstärkt: Kann man die Menschenrechte von oben her einführen, müssen sie sich nicht von unten her entwickeln? darf man nicht zu prüde sein, um vorweg erst einmal eine Grundfrage zu stellen:

Wie sieht es denn generell mit der Entstehung von rechtlichen Ordnungen aus? Wachsen sie denn normalerweise autochthon auf eigenem Boden? Sind sie denn nach historischer Erfahrung das Ergebnis einer inneren, endogenen Kulturentwicklung – oder ist es normal, dass sie exogen geformt werden, durch eine Überlagerung von außen?

Denken wir in diesem Zusammenhang daran, welches Mittel angewendet wurde, um in Deutschland Mitte des vorigen Jahrhunderts die Gleichheitsidee wieder einzuführen: die Gleichstellung von Juden, Sintis, Romas, Homosexuellen zu erreichen; auf welche Weise das Lebensrecht für Behinderte durchgesetzt und der Rassenwahn beendet wurde: durch Flächenbombardement.

Man kann in solchen Fällen von der Ambivalenz der Überlagerung reden: Einerseits beraubt sie die Unterworfenen ihrer kollektiven Souveränität, andererseits kann sie im Inneren der Gesellschaften befreiend wirken, befreiend von hergebrachten oder neu erfundenen sozialen Schranken.

Es gab in den zwanziger Jahren des vorigen Jahrhunderts einen Streit in der Soziologie, der um diese Frage ging: Auf welche Weise bildet sich eine Rechtsordnung? Die einen meinten mit Max Weber: „Überall ist das tatsächlich Hergebrachte der Vater des Geltenden gewesen" – mit anderen Worten, das Recht ist die Systematisierung von Regeln, die im Innern der Gesellschaften durch lange Übung entstanden sind. Diese Art der Rechtsgenese bezeichnete man als endogen.

Die anderen aber, die sich als Theoretiker der „Überlagerung" verstanden (für sie steht der Name Oppenheimer; auch Alexander Rüstow gehörte zu ihnen), behaupteten, dass alle geltenden Rechtsordnungen das Ergebnis von gewaltsamen Eroberungen, das heißt also exogen entstanden und oktroyiert seien.

Nietzsche, der immer auf der Seite der zynischen, politisch inkorrekten Wahrheit stand, betonte gern, dass die staatliche Ordnung überall gewaltsam eingeführt worden sei,

„dass jene Veränderung keine allmähliche, keine freiwillige war und sich nicht als ein organisches Hineinwachsen in neue Bindungen darstellte, sondern als ein Bruch, ein Sprung, ein Zwang, ein unabweisbares Verhängnis, gegen das es keinen Kampf und nicht einmal ein Ressentiment gab."

Die Einfügung einer bisher ungehemmten und ungestalteten Bevölkerung in eine feste Form habe mit einem Gewaltakt ihren Anfang genommen und habe auch

nur mit lauter Gewaltakten zu Ende geführt werden können. Nietzsches Ausfüh-
rungen kulminierten in dem Satz,

> „dass der älteste ‚Staat' demgemäß als eine furchbare Tyrannei, als eine zerdrücken-
> de und rücksichtslose Maschinerie auftritt und fortarbeitet, bis ein solcher Rohstoff
> von Volk und Halbtier endlich nicht nur durchgeknetet und gefügig, sondern auch
> geformt war. Ich gebrauchte das Wort ‚Staat': es versteht sich von selbst, wer damit
> gemeint ist – irgend ein Rudel blonder Raubtiere, eine Eroberungs- und Herrenrasse,
> welche, kriegerisch organisiert und mit der Kraft zu organisieren, unbedenklich ihre
> furchtbaren Tatzen auf eine der Zahl nach vielleicht ungeheuer überlegene aber noch
> gestaltlose Bevölkerung legt. Dergestalt beginnt ja der ‚Staat' auf Erden."

Diese Auffassung ist realistisch; dennoch mag man sich von ihr nicht leiten und
zu der Konsequenz führen lassen, dass die Nachfahren der blonden Raubtiere in
dieser Weise auch weiterhin fortfahren sollten. Die westliche Außenpolitik ist
dringend daran interessiert jedenfalls den Anschein zu erwecken, dass die neuen,
Amerika-freundlichen Regime in Afghanistan und Irak durch demokratische
Wahlen entstanden seien, durch einen Akt, den man als Rosseauschen „Gesellschaftsvertrag" auffassen kann. Gegen solche Verfälschungen des wahren Sachverhalts hat Nietzsche heftig polemisiert; er wollte von der „Schwärmerei", die
den Staat mit einem Vertrag beginnen lässt, überhaupt nichts wissen. Denn: „Wer
befehlen kann, wer von Natur ‚Herr' ist und gewalttätig auftritt – was hat der mit
Verträgen zu schaffen!" Nietzsche sagte über die Eroberer:

> „Mit solchen Wesen rechnet man nicht, sie kommen wie das Schicksal, ohne Grund,
> Vernunft, Rücksicht, Vorwand, sie sind da wie der Blitz da ist, zu furchtbar, zu plötz-
> lich, zu überzeugend, zu ‚anders', um selbst auch nur gehasst zu werden. Ihr Werk ist
> ein instinktives Formen-schaffen, Formen-aufdrücken, es sind die unfreiwilligsten,
> unbewusstesten Künstler, die es gibt: in Kürze steht etwas Neues da, wo sie erschei-
> nen, ein Herrschafts-Gebilde, das lebt, in dem Teile und Funktionen abgegrenzt und
> bezüglich gemacht sind."

Es ist nicht vollkommen hergeholt, die globale Ausdehnung des menschenrechtlichen Denkens in die nietzeanischen Kategorien einzufügen. Die archaischen
Äußerlichkeiten, mit denen Nietzsche die Überlagerer zeichnet, kann man durchaus abstreifen; das Bild einer von oben her Ordnung schaffenden Übermacht lässt
sich universalisieren und auf die heutige Weltlage übertragen. Sogar das Attribut „blond" trifft noch zu – jedenfalls im Vergleich mit den Unterworfenen sind
die Eroberer auch heute blond.

Stellen wir uns wieder die Situation in Westdeutschland vor Augen, als die deutsche Bevölkerung die Prinzipien Freiheit und Gleichheit erst anerkennen wollte, nachdem sie durch ein jahrelanges Bombardement demoralisiert worden war. 1948 durfte das zerstörte Deutschland die internationale Menschenrechtserklärung nicht mit-unterzeichnen. Dieser „Rohstoff von Volk und Halbtier" musste tatsächlich noch gewaltsam geknetet und geformt werden – in der Reeducation, über die wir noch sprechen werden.

Legt man die Prüderie einmal ab, so kann es kann es einem gehen wie Sigmund Freud, der – widerwillig – zu dem Eindruck kam, „dass die Kultur etwas ist, was einer widerstrebenden Mehrheit von einer Minderzahl auferlegt wurde, die es verstanden hat, sich in den Besitz von Macht und Zwangsmitteln zu setzen." („Die Zukunft einer Illusion")

Als Rechtfertigung steht diesem deprimierenden Sachverhalt die Schaffung der Hochkulturen und ihres gesamten Inhalts, der den Stolz und die eigentliche Leistung der Menschheit bildet, gegenüber. „Auch ist es bisher nicht gelungen, Kräfte ausfindig zu machen, die auf friedlich-rechtlichem Wege das gleiche hätten zustande bringen können", sagte Alexander Rüstow.

„Der Gedanke vom ‚Segen der Sünde', scheint hier in der weltgeschichtlichen Rolle der Überlagerung seine schärfste Ausprägung zu finden, ein tragischer Tatbestand, wie ihn vorschneller masochistischer Quietismus als unabänderlich zu verehren liebt. Die Überlagerung gleicht einer stark giftigen Substanz, die im Laufe eines chemischen Produktionsprozesses zur Herbeiführung wichtiger synthetischer Reaktionen unentbehrlich ist, die aber später wieder vollständig ausgeschieden werden muss, wenn nicht das Produkt mit entsprechenden giftigen Eigenschaften belastet bleiben soll."

Die deutsche Freiheit

Kehren wir zurück in die Zeit der napoleonischen Kriege, als von französischer Seite aus der Fortschritt mit Waffengewalt nach Osten getragen werden sollte. Wir sahen, dass die Deutschen nicht an der oktroyierten Gleichheit interessiert waren. Zu drückend war die Last der Besatzung, zu sehr war das keimende Nationalgefühl verletzt.

Hier, in den Befreiungskriegen, erwarben die Deutschen, die damals noch nicht politisch vereint waren, ihre nationale Identität. Der vehemente Hass, der dem französischen Kaiser entgegenschlug, schmiedete sie zusammen.

Für Heinrich von Kleist zum Beispiel war Napoleon „der böse Geist, der Anfang alles Bösen und das Ende alles Guten, ein Sünder, den anzuklagen die Sprache der Menschen nicht hinreicht und den Engeln einst am jüngsten Tage der Odem vergehen wird, ein der Hölle entstiegener Vatermördergeist, der herumschleicht in dem Tempel der Natur und an allen Säulen rüttelt, auf welchen er gebaut ist." Dies war sein „Kriegslied der Deutschen":

> Zottelbär und Panthertier
> Hat der Pfeil bezwungen;
> Nur für Geld, im Drahtspalier,
> Zeigt man noch die Jungen.

> Auf den Wolf, soviel ich weiß,
> Ist ein Preis gesetzet;
> Wo er immer hungerheiß
> Naht, wird er gehetzet.

> Schlangen sieht man gar nicht mehr,
> Ottern und dergleichen,
> Und der Drachen Greuelheer,
> Mit geschwollen Bäuchen.

> Nur der Franzmann zeigt sich noch
> In dem deutschen Reiche;
> Brüder, nehmt die Keule doch,
> Dass er gleichfalls weiche.

Die deutschen Patrioten, die die französische Fremdherrschaft abwehrten, waren auch anschließend nicht mehr für eine staatliche Struktur zu gewinnen, unter der die Menschenrechte gedeihen konnten. Ihnen lag gar nichts mehr an diesen Rechten. Sie hatten sie fallen gelassen, durchgerissen wie Beethoven die Partitur der Heroica. Sie entwickelten eine Freiheitsauffassung, die nicht innenpolitisch, sondern rein außenpolitisch ausgerichtet war.

Thomas Mann sah in dieser Wendung (die er „patriotisch-freiheitlich" nannte) die Wurzel allen deutschen Übels. Er meinte, dass sich die Deutschen mit Napoleon hätten arrangieren sollen. In einer Rundfunkrede, die er 1945, vier Wochen nach Kriegsende – vom amerikanischen Exil aus – gehalten hat, zog Thomas Mann eine Verbindungslinie zwischen dem Geist der Befreiungskriege und dem Faschismus:

> „Der deutsche Freiheitsbegriff war immer nur nach außen gerichtet; er meinte das Recht, deutsch zu sein, nur deutsch und nichts anderes, nichts darüber hinaus, er war ein protestierender Begriff selbstzentrierter Abwehr gegen alles, was den völkischen Egoismus bedingen und einschränken, ihn zähmen und zum Dienst an der

Gemeinschaft, zum Menschheitsdienst anhalten wollte. Ein vertrotzter Individualismus nach außen, im Verhältnis zur Welt, zu Europa, zur Zivilisation, vertrug er sich im Inneren mit einem befremdenden Maß von Unfreiheit, Unmündigkeit, dumpfer Untertänigkeit. Er war militanter Knechtssinn, und der Nationalsozialismus nun gar übersteigerte dies Missverhältnis von äußerem und innerem Freiheitsbedürfnis zu dem Gedanken der Weltversklavung durch ein Volk, das zuhause so unfrei war wie das deutsche.

Warum muss immer der deutsche Freiheitsdrang auf Unfreiheit hinaus laufen? Warum musste er endlich gar zum Attentat auf die Freiheit aller anderen, auf die Freiheit selbst werden? Der Grund ist, dass Deutschland nie eine Revolution gehabt und gelernt hat, den Begriff der Nation mit dem der Freiheit zu vereinigen."

Thomas Mann sah in dieser Vereinigung der beiden Begriffe den großen Vorsprung Frankreichs: „Die ‚Nation' wurde in der Französischen Revolution geboren, sie ist ein revolutionärer und freiheitlicher Begriff, der das Menschheitliche einschließt und innenpolitisch Freiheit, außenpolitisch Europa meint. Alles Gewinnende des französischen politischen Geistes beruht auf dieser glücklichen Einheit; alles Verengende und Deprimierende des deutschen patriotischen Enthusiasmus beruht darauf, dass diese Einheit sich niemals bilden konnte."

Dem stellte Thomas Mann die deutsche Freiheitsidee gegenüber: „Sie ist völkisch-anti-europäisch, dem Barbarischen immer sehr nahe, wenn sie nicht geradezu in offene und erklärte Barbarei ausbricht wie in unseren Tagen."

Zwei Ausnahmen

Tatsächlich gab es diese Einschätzung auch schon während der Befreiungskriege. Während Deutschland in Hass gegen die Franzosen entbrannte, gab es zwei Ausnahmen: Hegel und Goethe.

Als der Kaiser der Franzosen 1806 durch Jena geritten war, schrieb Hegel an einen Freund: „Den Kaiser – diese Weltseele – sah ich durch die Stadt zum Rekognizieren hinausreiten; – es ist in der Tat eine wunderbare Empfindung, ein solches Individuum zu sehen, das hier auf einen Punkt konzentriert, auf einem Pferde sitzend, über die Welt übergreift und sie beherrscht."

Hegel bewunderte Napoleon, weil er es geschafft hatte, den Einfluss der Pouvoirs intermédiares ganz auszuschalten. Diese Zwischenmächte hatten ja (vgl. 6. Kapitel) nach Hegels Ansicht das Alte Reich zerstört, indem sie dessen Zentrale alle Macht genommen hatten.

Auch Goethe besaß genug geistige Unabhängigkeit, um die Überlegenheit des napoleonischen Prinzips erkennen zu können. Der überhitzte Franzosenhass, der sich während der Befreiungskriege entwickelte, stieß ihn ab.

Thomas Mann sagte in seiner Rede über Goethe („Adel des Geistes"), dass sein Verhalten zum Kriege gegen Napoleon von vollkommener Kälte gewesen sei – nicht nur aus Loyalität gegen seinen Pair, den großen Kaiser, sondern auch deshalb, weil Goethe das völkische Element in dieser Erhebung als barbarisch und widerwärtig empfand.

„Die Vereinsamung dieses Großen, der jede Weite und Größe bejahte: das Übernationale, das Weltdeutschtum, die Weltliteratur – in dem ‚patriotisch-‚freiheitlich' aufgeregten Deutschland seiner Tage ist nicht peinvoll genug nachzuempfinden. Die entscheidenden und dominierenden Begriffe, um die sich für ihn alles drehte, waren Kultur und Barbarei, – und es war sein Los, einem Volk anzugehören, dem die Freiheitsidee, weil sie nur nach außen, gegen Europa und gegen die Kultur gerichtet ist, zur Barbarei wird."

In seinem Goethe-Roman „Lotte in Weimar", hat Thomas Mann die mentale Situation der Befreiungskriege im Einzelnen beschrieben. (Sie hat in vielen Zügen Ähnlichkeit mit dem heutigen Anti-Amerikanismus.)

8. Kapitel: Der deutsche Sonderweg

Werden-Lassen statt Machen

1814. Die Befreiungskriege waren erfolgreich. Hinweg mit dem machtbesessenen Napoleon, hinweg mit der scheußlichen Besatzung, hinweg mit Freiheit und Gleichheit! Restauration war angesagt.

Die Befreiungskriege haben für einen langen Zeitraum die Identität Deutschlands geformt, die Identität des politisch zunächst noch gar nicht vereinten Deutschlands; sie schufen die subjektive Voraussetzung für die Einigung (die erst sechzig Jahre später erfolgte). Es war ja für die Deutschen in ihrer bisherigen Partikularität und Heterogenität noch kaum möglich gewesen zu erfassen, was es hieß, „Deutscher" zu sein. Jetzt, im Kampf gegen die Napoleonischen Armeen, war es ihnen klar geworden: kein Franzose! Und das hieß: Keiner von denen, die sich mit kühlem Verstand Ideale ausdenken und so tun, als sei die Welt eine tabula rasa, auf der man beliebige neue Inhalte einritzen kann – Ideale, deren Umsetzung dann verheerend wirkt.

Deutsch sein hieß im Gegensatz dazu: Einer von denen, die beobachten und erfühlen, was ganz von selbst geschieht, die das Stillwachsende-Werden der Geschichte heilig halten, in dem sich eine politische Ordnung – ganz ohne Ideale – von innen her selbsttätig entfaltet.

Denn dies wurde die neue Ideologie, die die verbesserungs-süchtige Aufklärung überwand und sich „Romantik" nannte: Alles muss sich von alleine und von innen her entwickeln. Keine liberale Gesetzgebung also! Maßgeblich wurde dieses Umdenken von dem jungen Carl Friedrich von Savigny angestoßen, dessen Schrift „Vom Beruf unserer Zeit für Gesetzgebung und Rechtswissenschaft" schnell berühmt wurde. Unsere Zeit ist nicht zur Gesetzgebung berufen! hieß es darin, und gemeint war: zur Kodifizierung eines modernen, die Adelsprivilegien beseitigenden bürgerlichen Gesetzes nach Art des Code Napoléon. Wie ein Krebsgeschwür habe sich der Code in Deutschland eingefressen, sagte Savigny. Als adliger Grundbesitzer war er von den alten Privilegien persönlich begünstigt und befürchtete ihren Verlust. „Man muss auf den Untergang aller Verhältnisse, die uns erfreulich sind und Sicherheit bieten, gefasst sein und alles, was sich erhält, als Geschenk betrachten", schrieb er 1830 an Eichhorn. „Aus mehreren Dörfern, gegen welche ich Weide-Servituten habe, sind Deputierte zu meinem Geschäftsführer gekommen und haben Verzichtleistungen auf meine Rechte gefordert mit der Drohung, sonst mein Gut zu demolieren."

Savigny konnte durch seinen großen Einfluss verhindern, dass solchen aufrührerischen Aktionen womöglich eine egalitäre Gesetzgebung zu Hilfe kam. Er begründete die „Historische Rechtsschule", in der die naturrechtlichen Prinzipien verabschiedet und durch eine Auffassung ersetzt wurden, die den angeblich von selbst entstandenen Privilegien Legitimität gab.

Wenn er sagte, dass sich eine Rechtsordnung organisch aus dem Wesen des Volkes heraus entwickeln müsse und nicht künstlich durch das Diktat naturrechtlicher Prinzipien eingeführt werden dürfe, so drückte sich darin der neue romantische Zeitgeist aus, in dem alles, was „gemacht" ist, abgelehnt und alles, was „geworden" ist, bevorzugt wurde.

Savigny verglich die Rechtsentstehung mit der bewusstlosen Entwicklung der Sprache:

> „Der organische Zusammenhang des Rechtes mit dem Wesen und Charakter des Volkes bewährt sich im Fortgang der Zeiten, und hierin ist es der Sprache zu vergleichen. So wie für diese, so gibt es auch für das Recht keinen Augenblick eines absoluten Stillstands, es ist derselben Bewegung und Entwicklung unterworfen wie jede andere Richtung des Volkes, und auch diese Entwicklung steht unter demselben Gesetz innerer Notwendigkeit, wie jene früheste Erscheinung."

Nicht nur mit der Sprache, sondern auch mit Volksliedern und Märchen, deren Ursprung ebenfalls organisch-unabsichtlich ist, verglich Savigny das Recht. Damit befand er sich im Einklang mit den Romantikern im engeren Sinne, mit denen er – als Schwager von Clemens von Brentano und Achim von Arnim – verwandt war. Diese Männer sammelten deutsche Volkslieder und Verse und gaben sie in „Des Knaben Wunderhorn" heraus.

Diese Romantiker im engeren Sinne sind bis heute bekannt; fast vergessen ist aber die „politische" Romantik, von der wir hier sprechen: die romantische Staatslehre. Tatsächlich aber hat diese Richtung den stärksten Einfluss auf die politische Entwicklung in Deutschland genommen. Sie hat die Strömung geformt, die man den „deutschen Sonderweg" nennt; seine Besonderheit besteht in dieser Aussage: Es gibt keine universalen Menschenrechte. Die Wirklichkeit untersteht keinem äußeren Diktat, sondern entwickelt sich organisch aus einer inneren Dynamik heraus.

Im Vorgriff auf das 13. Kapitel sei an dieser Stelle auf die Polarität von Gemeinschaft und Gesellschaft hingewiesen. Ferdinand Tönnies wurde durch seinen Ärger über die restaurative Staatslehre, die das Naturrecht im Laufe des 19. Jahrhunderts verdrängt hatte, zu dieser Polarisierung motiviert. Beunruhigt über die Ausbeutung und Verelendung der Arbeiter, überzeugt von der Notwendigkeit der juristischen Anerkennung von allgemeinen Menschenrechten, war ihm die organische Legitimation der ungerechten Zustände zuwider. Er wollte diese Missstände nicht als das Ergebnis „organischen Werdens" hinnehmen, son-

dern als das Ergebnis „restaurativen Machens" erkennbar machen. Als Hobbesia-
ner war der Staat für ihn eine künstliche Einrichtung mit einem moralischen
Auftrag, von dem er nicht durch den Hinweis auf Still-wachsendes-Werden ent-
lastet werden konnte. Deshalb lag ihm an einer „Erneuerung des Naturrechts".

Andererseits aber war Tönnies – ebenso wie gleichzeitig Friedrich Engels –
von den damals neuen ethnologischen Forschungen tief beeindruckt, in denen
die immanente organische Richtigkeit primitiver Stammesgemeinschaften tatsächlich zutage trat. Die Forschungen von Charles Morgan ebenso wie Bachofens „Mutterrecht" konnten davon überzeugen, dass auch Zustände harmonisch
sein können, in denen das Naturrecht ganz fern liegt.

So konzipierte Tönnies die Unterscheidung zwischen Gemeinschaft und
Gesellschaft: Zwar könnten die kleinen traditionellen Gemeinschaften die orga-
nische Legitimation des Von-selbst-Gewordenen beanspruchen; der modernen
Gesellschaft aber seien nur die universalistischen, konstruierten und künstlichen
Maximen des Naturrechts angemessen.

Diese Parteinahme für das rationale Naturrecht konnte aber keinen Erfolg
haben. Sie stand dem Geist des neunzehnten Jahrhunderts zu sehr entgegen. Der
Philosoph Bernhard Windscheid sollte Recht behalten, der 1854 in einer dem
preußischen König gewidmeten Rede triumphierend gesagt hatte, „dass der
Traum des Naturrechts ausgeträumt und die titanenhaften Versuche der neueren
Philosophie den Himmel nicht gestürmt haben."

Das Menschenrechtskonzept konnte sich in der öffentlichen Meinung Deutschlands nicht wieder von dem Absturz im Terreur und der Gewaltsamkeit der napoleonischen Eroberungskriege erholen. Studentische Bewegungen, die es wieder
beleben wollten, blieben schwach und wurden in der Demagogenverfolgung
wirksam bekämpft. Das Hambacher Fest 1832, in dessen Parolen es wieder auftauchte, blieb ohne Folgen.

Auch wenn dieser Absturz längst nicht mehr bewusst und der Druck der
napoleonischen Besatzung längst vergessen ist, gibt es Nachwirkungen bis heute.
Wir werden noch genauer sehen, dass der Menschenrechtsgedanke der deutschen
Kultur nur oberflächlich aufliegt, und wir werden das Wort des Rechtsphiloso-
phen Arthur Kaufmann hören, der 1984 in Hinblick auf die Gegenwartstheorien
vom „Verrat der meisten führenden Schichten des Volkes an dem Ideengut des Liberalismus, der nicht 1945 aufgehoben, sondern in die Gegenwart weiter gezogen
wird", sprach. Dabei hatte Kaufmann insbesondere die Systemtheorie im Auge,
die das naturrechtsfeindliche Motiv der romantischen Staatslehre weiterführt,
auch wenn die organisch-ungesteuerte Selbsttätigkeit der Vorgänge dort in anderen, verfremdeten Terminologien ausgedrückt und insbesondere das Wort „organisch" peinlich gemieden wird. Aber andere biologische Metaphern werden dort
verwendet: Termini wie „Autopoiesis", „Selbstreferenz" und „Selbstreflexivität",

die eine naturhafte Selbstentwicklung bezeichnen – wieder mit der Botschaft, dass übergeordnete, womöglich der Gerechtigkeit verpflichtete Maximen den auf den systemischen Selbsterhalt zurückgebogenen Tendenzen nur schaden können. Darin besteht die historische Analogie: In den achtziger Jahren des 20. Jahrhundert war – ähnlich wie nach den napoleonischen Kriegen – wieder eine Restauration nötig: Das übermäßig revolutionäre Denken der Studentenbewegung, das die Zustände mit Macht umkrempeln wollte, musste durch die Vorstellung der Selbstregulierung gedämpft werden. Da bewährte sich – wenn auch ohne bewusste Anknüpfung – die deutsche Tradition.

Hinab ins Stoffliche

Während die „selbst-evidente Wahrheit, dass alle Menschen gleich geschaffen sind", sich im Westen Europas und zumal in Amerika entfalten konnte, wurde sie in Deutschland seit der Romantik als flach angesehen; zusammen mit dem ihr zugrundeliegenden Humanitätsgedanken galt sie hierzulande als oberflächlich und tendenziell lächerlich.

Stattdessen war in der deutschen Denkweise die Versenkung in das Wesen der Dinge angesagt; sie schöpfte aus tieferen Quellen, in denen auch das Böse seine geheimnisvolle Berechtigung hat ... Letzten Endes führte diese Einstellung zu der Haltung: Das Böse gehört zum Leben. Das Dämonische darf nicht durch idealisierende Vorgaben ausgeschaltet werden, sondern muss – und sei es auch katastrophal – zur Entfaltung kommen. Was 1945 denn auch gelang.

„Romantik als deutsches Schicksal" heißt ein Büchlein von Ferdinand Lion, dem Freund von Thomas Mann, das 1947 in der amerikanischen Emigration erschien und diese Verbindungslinie zum Thema hat.

Nicht nur die Maximen Freiheit und Gleichheit wurden vom deutschen Volksgeist (Hegel), wie er sich in der Restaurationszeit bildete, abgelehnt, sondern richtungsweisende Maximen generell – generell und grundsätzlich. Die Diskrepanz zwischen dem Wirklichen und dem Idealen wurde nicht mehr geduldet. Diese Diskrepanz wurde als unguter Dualismus verstanden, als Kluft, die durch die Philosophie geschlossen werden müsste.

Maximen wurden nicht mehr als das geachtet, was sie dem Wortsinn nach sind: das Höchste. Im Gegenteil ging jetzt die Blickrichtung nach unten, in die Stofflichkeit – und womöglich in die Erde, wo die tiefen Brunnen rauschen. Man wollte wissen, was wirklich ist, man entdeckte das Empirische, das Vorhandene, das von selbst entstanden war – und sei es auch bizarr und abstoßend – und womöglich tödlich.

Uneingeweihte muss die Feststellung überraschen, dass der Anti-Idealismus ausgerechnet der Romantik angehört. Man verbindet „Romantik" eher mit Idee und Himmel als mit Wirklichkeit und realer Geschichte. Das ist aber ein Irrtum. Die idealisierenden Idyllen wurden in der Aufklärung gemalt: ländlich-anmutige Szenen mit reizenden Schäferinnen – Naturbilder à la Rousseau. Die Romantik hingegen entdeckte den wilden Wald. Sie hatte eine starke Vorliebe für das Vernunftlose und sogar Zerstörerische. Während die noch der Aufklärung verhafteten Zeitgenossen die Motive ablehnten, die Caspar David Friedrich malte – Schiffswracks, Ruinen, verwahrloste Friedhöfe, vereiste Berge, schwarzes Meer – konnte der neue romantische Geist ihren Reiz entdecken.

Diese Lehre hat die von der Revolution enttäuschte deutsche Öffentlichkeit nach 1800 gezogen: Die Einheit zwischen Ideal und Wirklichkeit darf nicht dadurch hergestellt werden, dass die Wirklichkeit an das Ideal angepasst wird; die theoretische Kluft muss geleugnet und Verschmelzung angestrebt werden.

Wenn wir eben vom „Dualismus" gesprochen haben, den die Romantik der Aufklärung ankreidete und überwinden wollte, können wir die Gegenposition als „monistisch" bezeichnen. Monistische Auffassungen sehen da eine Einheit, wo sonst eine Zweiheit oder Mehrheit wahrgenommen wird. In der Theologie zum Beispiel bezeichnet man den Pantheismus, der Gott nicht von der Schöpfung abhebt, sondern ihn in jeder ihrer Einzelheiten verkörpert sieht, als „monistisch".

Im Zusammenhang mit Friedrich Schelling, der einer der Protagonisten der neuen Auffassung war, spricht man von einer „Identitätsphilosophie". Er erklärte Stoff und Geist für identisch; unter seinem Einfluss entwickelte Hegel die Vorstellung, dass die idealistische Vernunft als reiner Geist nicht lebensfähig sei und sich deshalb in der wirklichen Geschichte verkörpern müsse.

Die beiden hatten ja im „Tübinger Stift" zusammen in einer Bude gewohnt, gemeinsam mit einem dritten Genie, Friedrich Hölderlin. Alle drei, jeder auf seine Weise, waren maßgeblich an dem Umschwung vom Denken der Aufklärung ins Denken der Romantik beteiligt. Hölderlin, der Früh-Umnachtete, blieb zwar zeitlebens dem Revolutionsdenken verfallen, löste in seiner Lyrik aber die Grenzen zwischen dem Göttlichen und dem Wirklichen dichterisch auf.

Hegel war derjenige unter den Dreien, der den größten Einfluss haben sollte. „Das Wirkliche ist vernünftig und das Vernünftige ist wirklich" – mit diesem berühmten (und Anstoß erregenden) Satz hat Hegel der romantische Verschmelzung zwischen Idee und Stoff den klassischen Ausdruck gegeben.

In gewisser Weise gehörte Hegel allerdings noch der Aufklärung an. Wie sie blickte er optimistisch in die Zukunft, anders als die Romantik, die das Bessere schon hinter sich zu haben meinte. Hegel blieb der revolutionären Zeit dadurch verhaftet, dass er in der Geschichte einen Fortschritt sah, eine Zielrichtung, auf die sie – wenn auch aus eigener Kraft und nicht von Menschen gelenkt – zuging. (Wir hörten schon von seiner Zuneigung zu Napoleon, die dem Zeitgeist entgegen gerichtet war.)

Erforschen, wie es wirklich war

Wir sahen im 4. Kapitel, wie stark der Fortschrittsglaube – vorbereitet durch die Renaissance – in der Aufklärung war. Auch insofern war die Romantik eine Gegenbewegung. In der Vergangenheit und nicht in der Zukunft lagen für sie die herrlichen Zeiten. (Deshalb bildete Rousseau eine Ausnahme, wenn er rief: Retour à la nature! Er hätte damit eher in die Romantik gepasst; andererseits aber hätte sein Verbesserungsstreben deren Zeitgeist entgegengestanden.)

Heinrich von Kleist, der ein Vollblut-Romantiker war, spottete in seinen „Betrachtungen über den Weltlauf" über die Menschen, die noch an den Fortschritt glaubten:

> „Es gibt Leute, die sich die Epochen, in welchen die Bildung einer Nation fortschreitet, in einer gar wunderlichen Ordnung vorstellen. Sie bilden sich ein, dass ein Volk zuerst in tierischer Roheit und Wildheit daniederläge; dass man nach Verlauf einiger Zeit das Bedürfnis einer Sittenverbesserung empfinden und somit die Wissenschaft von der Tugend aufstellen müsse; dass man, um den Lehren derselben Eingang zu verschaffen, daran denken würde, sie in schönen Beispielen zu versinnlichen, und dass somit die Ästhetik erfunden werden würde: dass man nunmehr, nach den Vorschriften derselben, schöne Versinnlichungen verfertigen, und somit die Kunst selbst ihren Ursprung nehmen würde: und dass vermittelst der Kunst endlich das Volk auf die höchste Stufe menschlicher Kultur hinaufgeführt werden würde."

Die Beschreibung erinnert an das Dokument im Gothaer Turmknopf, in dem sich der hier verspottete Geist noch so selbstbewusst ausgedrückt hatte. Kleist sagte weiter:

> „Diesen Leuten dient zur Nachricht, dass alles, wenigstens bei den Griechen und Römern, in ganz umgekehrter Ordnung erfolgt ist. Diese Völker machten mit der heroischen Epoche, welches ohne Zweifel die höchste ist, die erschwungen werden kann, den Anfang; als sie in keiner menschlichen und bürgerlichen Tugend mehr Helden hatten, dichteten sie welche; als sie keine mehr dichten konnten, erfanden sie dafür die Regeln; als sie sich in den Regeln verwirrten, abstrahierten sie die Weltweisheit selbst; und als sie damit fertig waren, wurden sie schlecht."

„Abstrahierte Weltweisheit" – das ist die revolutionäre Überzeugung von einem universalen Menschenrecht.

Den historischen Verbesserungsprozess hatte Lessing in der Blütezeit der Aufklärung in einer kleinen Schrift „Die Erziehung des Menschengeschlechts" genannt. Stufe für Stufe wachse die Einsicht, und jede Epoche sei deshalb nur eine Vorbereitung der nächsten, höheren. Diese Vorstellung wurde jetzt ganz fallengelassen. Nein! Jede Epoche ist unmittelbar zu Gott! hielt der Historiker Leopold von Ranke (1795–1886) dem entgegen. Es ginge deshalb darum zu erforschen, „wie es wirklich war".

Das neue Interesse für „eine Geschichte, die man nicht macht, sondern von der man getragen wird" (Rüdiger Safranski), begünstigte zwar den unglücklichen „deutschen Sonderweg", wirkte sie sich aber doch wohltuend auf das Interesse für die Wirklichkeit aus. Zum ersten Mal trat eine ernst zu nehmende Geschichtsforschung auf – eine Forschung, die nicht danach fragte, wie die Verhältnisse richtiger Weise hätten sein sollen, sondern wie sie tatsächlich waren.

Endlich entstand ein Geschichtskonzept, das sich auch für Partikulares und Einmaliges interessiert, es erforschte und würdigte, ohne es zu bewerten. Diese Haltung hat sich inzwischen durchgesetzt und uns Heutigen scheint sie selbstverständlich zu sein; nur sie erlaubt ja exakt wissenschaftliches historisches Arbeiten. Solange aber das Interesse ganz von der Frage absorbiert war, was „das Richtige" ist – wie eine Gesellschaft „richtigerweise" zu organisieren ist – hatte die Beschäftigung mit den wirklichen Abläufen im Hintergrund gestanden.

Das änderte sich jetzt, und Hegel war der letzte, der noch die Ansicht vertrat, dass die Aufeinanderfolge der geschichtlichen Epochen der Wachstumsprozess des Fortschritts sei. Im Laufe des 19. Jahrhunderts ging sein Einfluss rapide zurück; lediglich im Marxismus wirkte er weiter.

Leopold von Rankes Popularität trug wesentlich dazu bei, dass Hegels Ansehen zurückging. Er polemisierte offen gegen ihn: „Wollte man annehmen", sagte Ranke,

„dass in jeder Epoche das Leben der Menschheit sich höher potenziert, dass also jede Generation die vorhergehende vollkommen übertreffe, mithin die letzte allemal die bevorzugte, die vorhergehende aber nur die Träger der nachfolgenden wären, so würde das eine Ungerechtigkeit der Gottheit sein. Eine solche gleichsam mediatisierte Generation würde an und für sich eine Bedeutung nicht haben; sie würde nur insofern etwas bedeuten, als sie Stufe der nachfolgenden Generation wäre, und würde nicht in unmittelbarem Bezug zum Göttlichen stehen."

An dieser Stelle folgten Rankes berühmt gewordene Worte:

„Ich aber behaupte: jede Epoche ist unmittelbar zu Gott, und ihr Wert beruht gar nicht auf dem, was aus ihr hervorgeht, sondern in ihrer Existenz selbst, in ihrem eignen Selbst. Dadurch bekommt die Betrachtung der Historie, und zwar des individuellen Lebens in der Historie einen ganz eigentümlichen Reiz, indem nun jede Epoche als etwas für sich Gültiges angesehen werden muss und der Betrachtung höchst würdig scheint."

Nur schwach schimmert durch diese Worte die Zurückweisung der Vorstellung durch, dass sich die Geschichte in dem Prozess der zunehmenden Durchsetzung von Freiheit und Gleichheit befände. Aber – wenn auch verkappt – stand dieses Thema immer hinter der Frage, ob es in der Menschheitsgeschichte einen Fortschritt gäbe. Das verächtliche „Pah!" – das sich zu allen Zeiten gegen den Fortschrittsglauben gewendet hat – stand immer in Verbindung mit der Verachtung der ewigen Maximen.

Heinrich Heine, der Zeitgenosse, hat genau gesehen, wie hemmend sich Rankes Einfluss auf die Anerkennung dieser Maximen auswirkte. Obwohl er als Dichter „Romantiker" war (und zwar der beste unter ihnen), war Heine ein entschiedener Anhänger des altmodisch gewordenen Naturrechts. „Wer nicht durch freie Geisteskraft emporsprießen kann, der mag am Boden ranken", sagte er in Anspiel auf Rankes Namen. Die preußische Regierung, die den Historiker sehr förderte, „wird die Zukunft lehren, wie weit man kommt mit Ranken und Ränken."

Heine wollte die Kämpfer für eine „idealische Staatsform, die ganz basiert auf Vernunftgründen, die die Menschheit veredeln und beglücken soll", nicht lächerlich machen. Er sagte: „Ihr Hochstreben ist jedenfalls erfreulicher als die kleinen Windungen niedriger Ranken; wenn wir sie dereinst bekämpfen, so geschehe es mit dem kostbarsten Ehrenschwerte, während wir einen rankenden Knecht nur mit der wahrverwandten Knute abfertigen werden." (Auch Heine musste emigrieren.)

Schon als junger Student, in der „Harzreise" aus dem Jahre 1826, hatte er sich für das aus der Mode gekommene Naturrecht ausgesprochen. Einem Mädchen, das ihn nach seiner Religion gefragt hatte, erzählte er vom „Heiligen Geist":

„Dieser tat die größten Wunder,
Und viel größ're tut er noch;
Er zerbrach die Zwingherrnburgen,
Und zerbrach des Knechtes Joch.

Alte Todeswunden heilt er,
Und erneut das alte Recht:
Alle Menschen, gleichgeboren,
Sind ein adliges Geschlecht.

Er verscheucht die bösen Nebel,
Und das dunkle Hirngespinst,
Das uns Lieb' und Lust verleidet,
Tag und Nacht uns angegrinst.

Tausend Ritter, wohlgewappnet,
Hat der heil'ge Geist erwählt,
Seinen Willen zu erfüllen,
Und er hat sie mutbeseelt.

Ihre teuern Schwerter blitzen,
Ihre guten Banner weh'n!
Ei, du möchtest wohl, mein Kindchen,
Solche stolze Ritter seh'n?
Nun, so schau' mich an, mein Kindchen,
Küsse mich und schaue dreist;
Denn ich selber bin ein solcher
Ritter von dem heil'gen Geist."

Eine bestimmte Epoche war der Romantik besonders lieb: das Mittelalter. Diese Epoche war von der Aufklärung gar nicht ernst genommen und deshalb – als bedeutungsloses Intermezzo zwischen Antike und Renaissance – „Mittelalter" genannt worden, vorzugsweise „das finstere Mittelalter". In der Romantik durfte diese Zeit der vielfältigen hierarchischen Gliederung, der verstrickten, geheimnisvoll-unübersichtlichen Machtverhältnisse wieder ihre partikular geprägte Farbigkeit entfalten. Die alten Heiligen kamen wieder zu Ehren und es wurde in dieser Zeit Mode, zum Katholizismus zu konvertieren.

Man löste sich in der Romantik von der einseitigen Vorliebe für die klassische Antike, die in Renaissance und Aufklärung vorgeherrscht hatte. Man setzte den dort entwickelten Geschmack nicht mehr absolut, genauso wenig wie die dort entwickelten Ideen. Die Universalisierung des „Klassischen", der Glaube, in Griechenland sei die Architektur zu ihrer Vollendung gekommen, löste sich auf. Man entdeckte die Gotik und beendete, mithilfe eines groß angelegten Fund-Raising, den Bau des Kölner Doms, dessen Türme damals noch nicht standen. Man entdeckte das Germanische und das Keltische, und statt der klaren und hellen griechischen Tempelwelt kam das schottische Hochland (Walter Scott) in Mode. Die Nebel von Avalon begannen zu wallen.

Das Partikulare, Verschiedene, Abweichende wurde dem Universalen vorgezogen. In diesem Zuge sollte sich das Slavische selbst entdecken und das Nordische – was dann im Nationalsozialismus kulminierte.

Wenn die Wissenschaft wissen wollte, „wie es wirklich war" und wie es woanders wirklich ist, musste sie eine werturteilsfreie historische und ethnologische Forschung betreiben. Während Voltaire die indische Sitte der Witwenverbrennung noch mit Abscheu beschrieben hatte, ließ man solche Wertungen jetzt fallen und interessierte sich fürs Detail. Jede partikulare Sitte wurde als „Blüte der

Besonderheit" geachtet und nicht mehr unter dem Gesichtspunkt betrachtet, ob sie dem Urteil der Vernunft standhielt; sie wurde in den kulturellen Kontext einer Religion und Überlieferung eingebettet, die man in ihrer Eigenart respektierte. Ich brauche das nicht näher zu beschreiben. In der Gegenwart steht die universale Menschenrechtsidee wieder im Schatten einer solchen partikular ausgerichteten Neo-Romantik: der Postmoderne. „Le Differend" – in diesem Buchtitel des Franzosen Lyotard, drückt sich das postmoderne Programm aus. Heinrich von Kleist, so sahen wir, verspottete „die abstrahierte Weltweisheit"; heute wird sie als willkürliche Konstruktion entlarvt.

Monismus-Dualismus

Wir beschäftigen uns deshalb so stark mit den restaurativen Gegenbewegungen gegen das Menschenrechts-Konzept, weil es sich erst erschließt, wenn es in eine Polarität eingeordnet ist – wenn klar ist, was es nicht ist. Zu viel wird heute über die Menschenrechte geredet – soviel, dass ihre Kontur ganz verschwimmt. Alles, was gut und richtig ist, wird unter diese Rechte subsumiert; sie sind ein Synonym für alles politisch Korrekte. Je öfter von ihnen die Rede ist, desto glatter wird ihre Oberfläche und desto schwerer sind sie zu fassen.

Solange die Menschenrechte den gesamten Horizont des Guten und Richtigen einnehmen, solange ihnen nicht eine andere Hemisphäre gegenüber gestellt wird, in denen sie keine Geltung haben, eine andere Hemisphäre, in der sich das Gute und Richtige auf seine Weise auch zu verkörpern sucht – so lange bleiben sie farblos und stehen steif da wie die Koniphären, die aus Anlass der ihnen gewidmeten Sonntagsreden in die Festsäle hinein- und anschließend wieder hinausgetragen werden.

Keineswegs kann man sich das politisch Gute nur unter der Geltung der Menschenrechte vorstellen – wir sehen, dass sie in den dominierenden Denkwelten des neunzehnten Jahrhunderts geleugnet wurden und bis in unsere Tage hinein keinen philosophischen Unterbau haben. Wir haben unter dem Stichwort „rechtlose Brüderlichkeit" im 5. Kapitel auch gesehen, dass in großen Teilen der Welt eine Kultur vorherrscht, die auf innere gesellschaftliche Harmonie vertraut und den äußeren Maximen misstraut.

Als abstrakte Polarität, innerhalb derer sich die Besonderheit des Naturrechtsdenkens besonders gut zeigt, haben wir die Dichotomie zwischen Dualismus und Monismus verwendet. Wir fassen zusammen: Die beiden Begriffe kennzeichnen die Antwort auf die Frage, ob Idee und Realität, Vernunft und Wirklichkeit jeweils getrennte Erscheinungen sind oder im Grunde identisch und nur verschiedene Modalitäten einer einheitlichen Substanz.

Dualistisch dachte die Aufklärung insofern, als sie über dem Sein eine prinzipiell andere Welt schweben ließ; sie sah die vorgefundene Wirklichkeit in Divergenz zu einem gedachten vernünftigen Ideal, das sie im Naturrecht als Programm formulierte: Freiheit und Gleichheit stand der Wirklichkeit als Alternative entgegen; Aufgabe des Menschen war es, die Realität auf dieses Ideal hin zu verändern.

Monistisch dachte die Romantik insofern, als Idee und Stoff für sie eins waren: Im geschichtlichen Prozess hat die Vernunft ihren Körper. Es ist nicht die Aufgabe des Menschen, die Realität nach seinen Plänen zu verändern; vielmehr vollzieht sich in ihr ein Prozess, dessen bewusstloses Element er ist. Das soziale Leben ist kein Artefakt, sondern hat ein Eigenleben wie ein Organismus. Der Mensch ist nicht aus der Natur hervorgehoben, er unterliegt wie sie dem Werden und Vergehen.

Auf dem deutschen Sonderweg hat die monistische Auffassung den Sieg davon getragen. Die dualistische Trennung des Seienden in Wirklichkeit und vernünftige Idee wurde aufgegeben.

Ich habe die Polarität, innerhalb derer wir uns hier orientieren, auf möglichst abstrakter Ebene als „Dimorphismus der Wahrheit" an anderer Stelle ausführlich behandelt. Wir werden sie im folgenden Abschnitt unter den Begriffen Materialismus und Idealismus wiederfinden.

Der Marxismus und die Menschenrechte

Der Monismus der Romantik setzte sich nicht nur in der restaurativen Staatstheorie fort, sondern auch – auf seine Weise – im Marxismus.

Der Marxismus gab nichts auf die Menschenrechte. Sie wurden dem „Utopismus" zugerechnet. Das wird von seinen verbliebenen Befürwortern heute manchmal geleugnet: Haben doch auch die sozialistischen Staaten 1948 die Allgemeine Menschenrechterklärung unterschrieben, wird die Wahrung dieser Rechte doch bis heute eher von der linken als von der rechten Seite aus beobachtet. Dadurch ist aber ein falscher Eindruck entstanden. Der Marxismus wollte tatsächlich nichts von den ewigen Rechten wissen.

Das sozialistische Denken war monistisch, das heißt: der Anerkennung von Idealen krass entgegen gerichtet. Seine Philosophie nannte sich Historischer Materialismus, und schon dieser Begriff war (in seinen beiden Bestandteilen) eine Kampfansage gegen den Idealismus des rationalen Naturrechts. „Historisch" sollte heißen, dass die Geschichte selbst die treibende Kraft ist, „Materialismus" sollte heißen: Es gibt keine die Verhältnisse überschwebende Ideenwelt; alles Geistige leitet sich aus den materiellen Verhältnissen ab.

Die materiellen Verhältnisse waren die „Produktionsverhältnisse": die Art und Weise, auf die die Arbeit in einer Gesellschaft organisiert ist. Wem gehören die Werkzeuge und Maschinen, wem gehört das Produkt der Arbeit? Dem Unternehmer oder dem Arbeiter? Ist die Arbeit – je nachdem – entfremdet oder unentfremdet? Diese Frage stand im Vordergrund, sie bildete die Basis für alle anderen Phänomene, die nur der „Überbau" der materiellen Grundbeziehung waren, sogenannte „Epiphänomene".

Bei Betrachtung der geschichtlichen Epochen – Sklavenhaltergesellschaft, Feudalismus, Kapitalismus und Sozialismus – wurden die Menschenrechte so angesehen, als seien sie historisch nur an eine dieser Epochen gebunden, nämlich an den frühen Kapitalismus, als sich das Bürgertum gegen den Feudalismus durchsetzen musste: an die Zeit der Aufklärung und der Französischen Revolution also. Aus marxistischer Sicht hat das Bürgertum die Forderung nach Freiheit und Gleichheit in dem Moment fallengelassen, als es sich selbst nicht mehr unterdrückt fühlte und fürchten musste, dass sich das anwachsende Proletariat auf diese Ideale berufen könnte.

Im Sozialismus aber sollten die Menschenrechte keine Funktion mehr haben und ganz von allein verschwinden. Die Gleichheit, meinte Marx („Kritik des Gothaer Programms"), sei nicht etwa der ewige Maßstab für das Gerechte, sondern lediglich der Maßstab, nach dem im Kapitalismus die Waren ausgetauscht werden. Er brachte die Abstrahierung „Mensch", die der Gleichheitsidee zugrundeliegt, in einen untrennbaren Zusammenhang mit dem kapitalistischen Äquivalententausch. Kraft desselben Vorgangs, in dem sich dort ein Naturprodukt in eine Ware verwandelt und die rätselhafte Eigenschaft des Wertes erhalte, werde der Mensch in ein Rechtssubjekt verwandelt (so sollte sich der bolschewistische Jurist Eugen Paschukanis, „Allgemeine Rechtslehre und Marxismus" ausdrücken.)

Wir werden im 10. Kapitel sehen, dass die Ablehnung der Gleichheitsidee als Ausdehnung des „Wertfetischismus" den Kern von Theodor Adornos Kritik an der Aufklärung ausmachen sollte.

Freiheit und Gleichheit, so hieß es im Marxismus, seien materialistisch nicht zu begründen. Das Naturrecht sei nur eine Utopie; es bestünde aus idealistisch-moralischen Postulaten, die in der Luft schweben. Ihre Durchsetzung würde im Zuge der Veränderung der Produktionsverhältnisse ganz von allein geschehen – sie würde mit der Expropriation der Unternehmer einhergehen. Dazu bedürfe es keiner an den Himmel geschriebenen Sollens-Sätze – das Kapital ruiniere sich selbst.

Der industrielle Fortschritt schweißt die Arbeiter zusammen, meinten Marx und Engels im Kommunistischen Manifest:

„Mit der Entwicklung der großen Industrie wird unter den Füßen der Bourgeoisie die Grundlage selbst hinweg gezogen, worauf sie produziert und die Produkte sich

aneignet. Sie produziert vor allem ihren eigenen Totengräber. Ihr Untergang und der
Sieg des Proletariats sind gleich unvermeidlich."

In dieser Betonung der Selbstläufigkeit, in diesem Vertrauen auf das, was die
Verhältnisse von innen heraus automatisch produzieren, stand der Marxismus in
der Tradition der Romantik. Nicht mit seiner politischen Zielsetzung, wohl aber
mit seiner Ablehnung von ideellen Maximen befand sich das radikale Denken
durchaus im Geist seiner Zeit – des 19. Jahrhunderts.

Wir sahen, dass der gesamte Zeitgeist nach 1800 nicht mehr erlaubte,
von „ew'gen Rechte" zu sprechen, „die droben hangen unveräußerlich und unzerbrechlich wie die Sterne selbst". Wir sahen, dass Schelling mit seiner Identitätsphilosophie die reine Idee vom Himmel geholt und mit dem Stoff versöhnt hatte
und Hegel ihm darin gefolgt war. Hegel entwickelte das Konzept, dass sich der
Weltgeist in der Geschichte verkörpere und sich in ihr von Epoche zu Epoche ver-
vollkommne. Der innere Motor für diesen Prozess sei die Dialektik: der Drang
der Widersprüche sich aufzuheben. (Carl Schmitt sollte diese Vorstellung von
Selbstbewegung hundert Jahre später mit einem böse-treffenden Wort als „Peristaltik des Weltgeists" bezeichnen.)

Marx war als junger Student in Berlin von Hegels Vorlesungen beeinflusst
worden. Er hatte sich als Achtzehnjähriger von der kantianisch-idealistischen
Weltsicht, der sein Vater noch anhing, gelöst und nach Hause geschrieben, dass er
den „Gegensatz des Wirklichen und Sollenden" von nun an nicht mehr anerkennen wolle. Längst bevor er „Marxist" geworden war, hatte Marx schon gelernt,
utopisch-leere Postulate abzulehnen und sich der Vorstellung angeschlossen,
dass sich der Fortschritt aus einer inneren Notwendigkeit heraus von Epoche zu
Epoche von selbst entwickele.

Der Kommunismus, schrieb Marx später (in der „Deutschen Ideologie"),
dürfe nicht als Ideal aufgefasst werden, wonach die Wirklichkeit sich zu richten habe, als Zustand, den man künstlich herstellen müsse. Er sei vielmehr „die
wirkliche Bewegung, welche den jetzigen Zustand aufhebt" und deren Bedingungen „sich aus der jetzt bestehenden Voraussetzung" ergeben. (Mit diesen Begriffen knüpfte Marx an Hegels Dialektik an.)

Die monistische Sicht entsprach nicht nur dem gehobenen Zeitgeist. Sie war –
jetzt als „materialistisch" bezeichnet, auch in den Massen zugkräftig. Durch die
Behauptung von dem natur-notwendigen Umschlag in eine neue Epoche ließen
sich die proletarisierten Arbeiter im 19. Jahrhundert eher animieren als durch
die ethischen Forderungen des Naturrechts, die im 18. Jahrhundert noch so viel
bewegt hatten, jetzt aber als utopisch galten. Die Menschen des 19. Jahrhunderts
waren schon von den großen Erfolgen der Naturwissenschaften beeindruckt und

vertrauten den inneren Gesetzmäßigkeiten, die in der Natur entdeckt und nutzbar gemacht worden waren, eher als den Idealen.

Die Behauptung, dass die Dinge von sich aus in eine bestimmte Richtung drängen, hat eine starke Suggestionswirkung: Macht was ihr wollt, es passiert sowieso – mit Notwendigkeit! So wie Wasser bei 100 Grad kocht, geht auch der Kapitalismus, wenn er voll – monopolistisch – ausgereift ist, in den Sozialismus über. Der Rechtsphilosoph Gustav Radbruch sollte diese Kraft später (1946) so beschreiben:

> „Kein Zweifel, dass die hinreißende agitatorische Wucht des kommunistischen Manifestes gerade darauf beruht, dass seine Verfasser den Sozialismus nicht wie ihre utopischen Vorläufer auf den schwankenden Boden der Wünsche und Hoffnungen, der wohlmeinenden, aber ohnmächtigen Humanitätsgründe, der metaphysischen Ideologien gründeten, sondern ihn mit der sieghaften Selbstsicherheit des Intellekts auf das feste Fundament eines beweisbaren und unwiderlegbaren Kalküls stellten, als ein unaufhaltsames Schicksal darstellten, das jeden Widerstand entmutigt und jeder Hoffnung Flügel leiht."

Der Revisionismus

Innerhalb des Sozialismus hat es um die Naturrechtsfrage immer wieder Streit gegeben. So gab Ende des 19. Jahrhunderts ein Mitarbeiter von Engels, Eduard Bernstein, das Vertrauen in den Selbstlauf auf und knüpfte wieder an die normativ gegründeten ethischen Postulate an, wie sie die Französische Revolution ausgerufen hatte: die Menschenrechte.

Rosa Luxemburg („Die Akkumulation des Kapitals") widersprach ihm scharf: Damit werde die materialistische Theorie verlassen, dadurch erhalte das sozialistische Programm „eine idealistische Begründung, während die objektive Notwendigkeit, das heißt die Begründung durch den Gang der materiellen gesellschaftlichen Entwicklung, dahinfällt".

Auch Kautsky trat Bernstein deutlich entgegen. Er sagte (im „Erfurter Programm" 1891), ethische Postulate seien überflüssig, denn „die kapitalistische Gesellschaft hat abgewirtschaftet; ihre Auflösung ist nur noch eine Frage der Zeit; die unaufhaltsam ökonomische Entwicklung führt den Bankrott der kapitalistischen Produktionsweise mit Naturnotwendigkeit herbei. Die Bildung einer neuen Gesellschaftsform an Stelle der Bestehenden ist nicht mehr bloß etwas Wünschenswertes, sie ist etwas Unvermeidliches geworden." Der Zwiespalt zwischen diesen beiden Ausrichtungen förderte letzten Endes die unglückliche Spaltung zwischen Kommunisten und Sozialdemokraten.

Verhängnisvoll auswirken sollte sich die monistisch-materialistische Festlegung der Kommunisten, als es im Faschismus wichtig wurde, dass sich alle geistigen Kräfte gegen den Abbau der Menschenrechte konzentrierten. Dem sollte die Tatsache entgegenstehen, dass die Sozialisten diese Rechte als Utopie ablehnten. Wir werden noch hören, wie Ernst Fraenkel in den Dreißiger Jahren über die „Schicksalsfrage" klagte, dass die Anhänger des proletarischen Sozialismus sich nicht mit den Anhängern des Naturrechts verbünden konnten und in ihrer Naturrechtsablehnung den Nazis näherstanden als den verpönten Idealisten.

Bis in die 68er-Bewegung hinein wirkte sich die Aussonderung derer, die an naturrechtliche Vorgaben glaubten, spaltend aus. Von den orthodoxen Linken wurde Eduard Bernstein auch in dieser Zeit noch als „Revisionist" verachtet (als jemand also, der die reine Lehre „revidieren" wollte). Man musste sich auch damals noch deutlich von dem ideell-postulatorischen Ansatz des Bernsteinschen „Ethischen Sozialismus" distanzieren, wenn man dazugehören wollte.

Obwohl das Naturrecht im Kommunismus abgelehnt wurde, haben kluge Marxisten die gesellschaftlichen Fortschritte, die ihm zu verdanken sind, allerdings immer anerkannt.

> „Das Naturrecht rüttelte an der Leibeigenschaft und Hörigkeit und sorgte dafür, dass Grund und Boden von jedermann erworben werden konnten; es setzte die Arbeitskraft derer frei, die bisher durch den Zwang eines verknöcherten Zunftwesens und unsinnige Handelsbeschränkungen gebunden waren, es führte zur Freiheit des religiösen Bekenntnisses und der wissenschaftlichen Lehre, es beseitigte die Folter und lenkte den Strafprozess in die geordneten Bahnen eines gesetzmäßigen Verfahrens."

Diese Worte stammen zwar von Bergbohm (der Positivist war, s. u.), wurden aber von Ernst Bloch zustimmend zitiert. Auch der bolschewistischen Juristen Eugen Paschukanis, der in der Studentenbewegung viel gelesen wurde, gab diese Worte würdigend wieder.

Wir sahen schon, dass Ernst Bloch, obwohl er sich ganz der marxistischen Philosophie verschrieben hatte, einer der besten Kenner des Naturrechts war – und in gewisser Weise auch sein Anhänger. Die marxistische Vernunft, sagte Bloch, sei dem rationalen Naturrecht und den Deklarationen der Menschenrechte hoch verpflichtet,

> „obwohl diese, weil man das Eigentum unter sie rechnete und Gleichheit auf die politische beschränkte, eben nur – erklärt worden sind. Immerhin, sie wurden erklärt, sie drangen aus der Stube ins Feld hinaus. Zum ersten Mal griff ein Volk auf, was gedacht worden ist, meinte es zu verwirklichen."

Auch der Marxist schulde den progressiven Intentionen des rationalen Naturrechts Dankbarkeit: „Ohne seine Arbeit wäre nicht einmal die Abwesenheit realer
Freiheit expressis verbis feststellbar."

Wenn wir uns mit der marxistischen Kritik am Menschenrechtskonzept so
ausführlich befassen, so geschieht das deshalb, weil sie ein scharfes Licht auf
dessen metaphysisch-idealistische Grundlagen wirft. Diese luftige Basis ist tatsächlich seine Schwäche und schadete ihm nicht nur in den Augen der Sozialisten,
sondern der modernen Philosophie überhaupt – bis heute. Wir werden noch sehen,
dass das Konzept von keiner der heutigen philosophischen Richtungen (was auch
immer in den Sonntagsreden behauptet wird) getragen wird. Der Idealismus hat
ausgedient.

9. Kapitel: Von Marx bis Hitler

Die Marxisten und das Privateigentum

Wir sahen, dass Gracchus Babeuf, der das Privateigentum bekämpfte, in der Französischen Revolution noch eine Ausnahmeerscheinung war. Zu Macht und Einfluss kam dieses radikale Denken erst durch Karl Marx. Die Kommunisten haben – wenn sie auf die Französische Revolution zurückblickten – immer moniert, dass die Gleichheit damals lediglich formal als Gleichheit vor dem Gesetz verstanden wurde. Durch die formal-juristische Gleichstellung, so sagten sie, würden die materiellen Unterschiede zwischen arm und reich nur schlau überdeckt. Josef Stalin („Stalinsche Verfassung") kritisierte die bloße Formalität der Gleichheit mit den Worten:

„Die bürgerlichen Verfassungen beschränken sich gewöhnlich darauf, die formalen Rechte der Staatsbürger zu fixieren, ohne sich um die Bedingungen der Verwirklichung dieser Rechte, um die Möglichkeit ihrer Verwirklichung, um die Mittel zu ihrer Verwirklichung zu kümmern. Man spricht von der Gleichheit der Staatsbürger, vergisst aber, dass es keine wirkliche Gleichheit zwischen Unternehmer und Arbeiter gibt, wenn die einen den Reichtum und das politische Gewicht in der Gesellschaft besitzen, die anderen aber beides entbehren, wenn die einen die Ausbeuter, die anderen die Ausgebeuteten sind."

Ernst Bloch drückte diese Kritik so aus: Die bloße Gleichheit der Menschen vor dem Gesetz sei nicht mehr wert als die Gleichheit der Menschen vor Gott.

Die Französische Revolution sei – so wurde ihr von dieser Seite vorgeworfen – lediglich die Revolution des Dritten, nicht aber die des Vierten Standes gewesen – des besitzenden Bürgertums also und nicht des besitzlosen Proletariats.

Für einen Marxisten war es undenkbar, das Privateigentum als angeborenes, von Natur aus gegebenes Recht anzusehen. Die marxistische Grundidee ist im Gegenteil die, dass es „in der Natur" zunächst einen „Urkommunismus" (Engels) gegeben habe, der sich in der Menschheitsgenese erst relativ spät aufgelöst habe. Das Privateigentum sei (wie schon der junge Rousseau in seiner Preisschrift behauptet hatte) erst im Zuge der Arbeitsteilung entstanden und habe sich in seiner ganzen Schärfe erst allmählich in der Klassengesellschaft heraus gebildet. Die ursprüngliche und naturgemäße Form sei das Gemeineigentum, das sich (zum

Beispiel in der germanischen Allmende und der russischen Mir-Verfassung) noch lange erhalten habe.

Ernst Bloch allerdings konnte trotz seiner marxistischen Grundauffassung Verständnis dafür äußern, dass das Privateigentum in den Kanon der Menschenrechte aufgenommen und als Ausdruck der Freiheit angesehen wurde. Ohne diese feste Grundlage unter den Füßen, so meinte er, hätten die Bürger niemals gegen den Feudalismus und die Monarchie aufkommen können. (Wir haben Rousseaus Wort vom Eigentum als dem „Schild gegen die Unfreiheit" schon zitiert.)

Dem klassischen Naturrecht, sagte Bloch, sei deshalb nicht vorzuwerfen,

> „dass es seinen Männerstolz vor Königsthronen ans Privateigentum band, auch ans kapitalistische, nicht nur My house – my castle, und freilich binden musste. Die subjektiven öffentlichen Rechte konnten nur von dem aufsteigenden Unternehmer mit Nachdruck angemeldet werden, und sie waren seine ideologische Waffe. Dadurch aber banden sie sich ans Privateigentum."

So sei das Recht auf Eigentum in die Menschenrechte eingereiht worden und habe dort „seine düster-progressive, seine sehr bald menschenfeindliche Rolle" gespielt. Rousseaus „kleinbürgerliche Träume" von einem begrenzten Privateigentum, sagte Bloch, seien durch die damalige Richtung der Produktivkräfte – die rasche Monopolisierung der Unternehmen – schnell aufgehoben worden. Diese kapitalistischen Monopole aber bedeuteten eine viel schlimmere, den Menschen viel radikaler von sich selbst entfremdende „Entäußerungsmacht" als die Mächte, die mit der Revolution besiegt wurden: die Monarchie und der Feudalismus.

Bloch zitierte in diesem Zusammenhang das Kommunistische Manifest. „Man hat uns Kommunisten vorgeworfen", sagten Marx und Engels dort,

> „wir wollten das persönlich erworbene, selbsterarbeitete Eigentum abschaffen; das Eigentum, welches die Grundlage aller persönlichen Freiheit, Tätigkeit und Selbständigkeit bilde. Erarbeitetes, erworbenes, selbstverdientes Eigentum! Sprecht ihr von dem kleinbürgerlichen, kleinbäuerlichen Eigentum, welches dem bürgerlichen Eigentum vorherging? Wir brauchen es nicht abzuschaffen, die Entwicklung der Industrie hat es abgeschafft und schafft es täglich ab."

Paulskirche und Kaiserreich

1848. Die praktisch-politische Wirkung des Kommunistischen Manifests, das in diesem Jahr erschien, sollte erst später eintreten. Zunächst hatte das Naturrecht noch einmal seine Chance in Deutschland – durch die sogenannte Paulskirchen-Bewegung und die Märzrevolution.

Die Männer der Paulskirche versuchten, das rationale Naturrecht – so, wie es in den Vereinigten Staaten und in Frankreich deklariert worden war – zur Basis eines neuen, Deutschland vereinigenden Staates zu machen. Die von ihnen vorgesehene Verfassung sollte zwar die Erbmonarchie beibehalten, enthielt aber einen ausführlichen Katalog von Grundrechten: Die Freiheit der Person, die Freizügigkeit, die Unverletzlichkeit des Eigentums, die Freiheit von Wissenschaft und Lehre, die Versammlungs- und Redefreiheit, das Briefgeheimnis, die Aufhebung der Todesstrafe.

Dieser Versuch misslang – der preußische König nahm die ihm angetragene Kaiserwürde nicht an – und nur auf sehr lange Sicht sollte „die Paulskirche" einen nachhaltigen Einfluss haben: die Bestimmungen ihrer Verfassung wurden zum Teil wörtlich in die Verfassung der Weimarer Republik und in das heute geltende Grundgesetz Deutschlands aufgenommen.

Die im Jahre 1848 überall in Deutschland aufgetretenen Unruhen wurden militärisch niedergeschlagen. Mit dem Scheitern der Märzrevolution – als in Berlin ein Aufstand niedergeschossen wurde – ging das rationale Naturrecht in Deutschland unter. Wir hörten schon, dass Windscheid 1854 verkünden konnte, dass der „Traum des Naturrechts ausgeträumt" und die „titanenhaften Versuche der neueren Philosophie den Himmel nicht gestürmt hätten".

Die romantische Staatsphilosophie hatte gesiegt; 1871 wurde ein Kaiserreich gegründet, das sich nicht auf die angeborenen Rechte der Einzelnen, sondern auf die innere Harmonie der Staatsfamilie und die mittelalterliche Vorstellung vom Gottesgnadentum stützte und eine patriotische Grundhaltung förderte, die den Universalismus zurückdrängte. „Schuster, bleib bei deinen Leisten" hieß es wieder; es wurde ständisch-hierarchisch gedacht und die Kirchen unterstützten das nach Kräften – in einer Zeit, in der schon ein modernes Industrieproletariat entstanden war, das um menschenwürdige Lebensbedingungen kämpfte.

Schiller und Goethe wurden in der Kaiserzeit – beide ganz zu Unrecht – als vaterländische Dichter gefeiert. Im Fall Schillers ignorierte man seine Begeisterung für die Menschenrechte und münzte seinen emotionalen Schwung in einen glühenden Patriotismus um. Nicht die „Ode an die Freude", sondern „Die Glocke" mit ihrer scharfen Verurteilung der revolutionären Exzesse wurde von allen Kindern auswendig gelernt. „Weh denen, die dem ewig Blinden des Lichtes Himmelsfackel leih'n, sie strahlt ihm nicht, sie kann nur zünden" konnte damals jeder Volksschüler auswendig sagen. Die Warnung ließ sich ja ohne weiteres auf die sozialistischen Ideen, die die gesellschaftlichen Verhältnisse umzustürzen drohten, anwenden.

Im Falle Goethes wurde seine Weltoffenheit unterschlagen, sein Kosmopolitismus und seine Abneigung gegen jede nationale Einengung und Deutschtümelei – Haltungen, die sich in seiner Sympathie für Napoleon ausgedrückt hatten.

Positivismus

Ende des 19. Jahrhunderts. Sowohl die restaurative als auch die sozialistische Ge-
sellschaftstheorie – so gegensätzlich ihre Ziele auch waren – lehnten das Naturrecht ab. In einem wiederum anderen Kleid trat eine dritte philosophische Schule
auf, die ihm ebenfalls entgegenstand: der Positivismus.

Inmitten der politisch tendenziösen – sei es nationalistischen, sei es sozialistischen – Ideologie-triefenden Ausrichtungen der jungen Kaiserzeit wuchs das
Bedürfnis nach einer Konzeption, die ganz wertfrei ist und die Verhältnisse so
kühl betrachtet, als sei sie eine Naturwissenschaft. Durch die großen Erfolge,
die die technischen Wissenschaften im neunzehnten Jahrhundert gemacht hatten,
motiviert, entwickelte sich im Positivismus eine Denkrichtung, die gar keine politische Tendenz hatte, sondern nur eine kalte Analyse der Verhältnisse vornahm.

Von dieser Seite aus konnte das Menschenrechts-Denken genauso wenig
Unterstützung bekommen wie von der marxistischen. Auch hier wurde es als
metaphysisch-idealistisch abgetan. „Wertfreiheit" war die neue Maxime. Wo sie
durchbrochen war, wurde ein Denken als unwissenschaftlich angesehen. Vor diesen Augen hatten die ethischen Normen des Naturrechts keinen Stand: die Überzeugung von „ew'gen Rechte, die am Himmel hangen unveräußerlich" konnte
hier nicht ernst genommen werden.

Nur das tatsächlich kodifizierte, also „positive" Recht wurde anerkannt –
und das Gewohnheitsrecht insofern, als es faktisch wirksam war. Bergbohm
(„Jurisprudenz und Rechtsphilosophie") sagte 1892: Alles Recht ist positiv, und
nur positives Recht ist Recht. Eine Rechtsnorm ist kein Ideal, sondern das Ergebnis eines äußeren, historischen Vorgangs, handele es sich um eine Entscheidung
oder eine bloße Gewohnheit.

Die Vorstellung von einem „übergesetzlichen Recht" war für die Positivisten ein Widerspruch in sich. Sie sei nur aufgrund einer Wertung möglich – insofern „normativ"; in ihren Augen waren aber nur „deskriptive" Aussagen zulässig,
die die Realität lediglich beschreiben.

In dieser Haltung liegt eine Fortsetzung der romantischen Fokussierung auf
das Wirkliche. Das kann leicht übersehen werden, weil der Positivismus – bei
äußerlicher Betrachtung – so wenig Romantisches an sich. Die Verbindung wurde aber immer gesehen. (Ich habe das in meinem Buch „Der westliche Universalismus" nachgewiesen.)

Der naturwissenschaftlich orientierte Positivismus ist zu großem Einfluss
gekommen. Bis in die heutige Zeit hinein spielt er eine dominierende Rolle. Im
Anglo-amerikanischen Sprachraum zeigt er sich, wenn der Vorwurf der „natu-
ralistic fallacy" erhoben wird. Wir werden ihm im nächsten Kapitel wieder begegnen, wenn es um die Zeit nach dem Zweiten Weltkrieg geht; wir werden dann
einen strengen Positivisten kennenlernen, den Rechtssoziologen Theodor Geiger,

der mit aller Macht gegen die ewigen Maximen des Naturrechts polemisiert und dazu beigetragen hat, dass sie im Akademia der Nachkriegszeit ganz unter den Tisch gefallen sind.

Nietzsche

Wenn wir der Zeitschiene folgen, haben wir es jetzt mit Friedrich Nietzsche (1844–1900) zu tun, dessen Denken für den Werdegang der Menschenrechts-Idee insofern bedeutend ist, als er ihr extremster Leugner und Antagonist war. Sein Protest gegen diese Idee richtete sich nicht dagegen, dass sie unwissenschaftlicher Weise Wertungen vornimmt, sondern dagegen, dass sie die falschen Wertungen vornimmt. Nietzsche nahm eine (von ihm selbst so genannte) „Umwertung aller Werte" vor.

Statt die Sache der Starken zu vertreten, unterstützt das Naturrecht die Position der Schwachen – das war Nietzsches zentrale Kritik. Wir haben von seiner Vorliebe für die Starken – wenn sie als blonde Raubtiere auftreten – schon im 7. Kapitel gehört. Die Schwachen waren ihm entsprechend zuwider, er hasste ihre Menge, die „Überfülle des Missrathenen, Kränklichen, Müden, Verlebten, nach dem heute Europa zu stinken beginnt."

Allgemeine Menschenrechte waren nach Nietzsches Ansicht erfunden worden, um die Schwachen, die besser von der Bildfläche verschwinden sollten, am Leben zu halten. Sie hinderten die Starken daran sich zu „Übermenschen" zu entfalten, was nach seiner Ansicht ihre Bestimmung war. Die Ursache dafür, dass man den Schwachen ungeschriebene Rechte zubilligte, sei das „Ressentiment" – so bezeichnete er den Neid, den die Mühseligen und Beladenen auf die Schönen, Glücklichen und Erfolgreichen haben.

Nietzsches Werke „Jenseits von Gut und Böse" und „Die Genealogie der Moral" haben eine hohe literarische Qualität und sind einem erwachsenen Publikum zur Lektüre empfohlen – einem Publikum, das herrenmenschlichen Verführungskünsten gewachsen ist und weiß, wie erfolgreich sie im Nationalsozialismus waren.

Leider wird Nietzsche aber ohne das ausreichende Bewusstsein für diesen Erfolg bis heute geschätzt und geehrt; von Verehrern, die sich an den zynischen (und oft treffenden) Bemerkungen des Meisters laben, ohne die Problematik der Gesamtaussage zu erkennen. Er bezeichnet das abstrakte, universalistische Menschenbild des „modernen Geistes" als „plebejisch" und meint damit dieses: dass es die Hochgeborenen auf dieselbe Ebene stellt wie die Niedrigen und das Allgemein-Menschliche in den Vordergrund schiebt.

Nietzsche kann zeigen, dass diese „plebejische" Sicht (die wir „human" nennen würden) relativ neu ist. Auch wir haben bei der Verfolgung der geschichtlichen

Spur gesehen, dass die moralische Gleichstellung der Menschen relativ „modern" ist. In der „Genealogie der Moral" belegt Nietzsche etymologisch, dass in alten Zeiten das Wort „adlig" noch gleich bedeutend war mit „edel"; der einfache Mann hingegen wurde als der Gemeine (= Böse) und Schlichte (= Schlechte) bezeichnet. Diese nach seiner Ansicht gesunde, noch nicht von moralischer Blässe angekränkelte Auffassung wollte Nietzsche durch seine „Umwertung aller Werte" wieder herstellen. Er wollte die „aristokratischen Werturteile" rehabilitieren, die den kraftvollen Eigennutz achteten und zur Demonstration von Macht und Stärke ermutigten. Er wollte die Erfindung des „Gewissen" rückgängig machen, weil es alle freien vitalen Impulse zerstöre. In Wirklichkeit nämlich gebe es keine Instanz, vor der das Leben sich schämen müsse.

Die aus Ressentiment geborene Gleichheitskonzeption kreidete Nietzsche den Christen an (die in der Tat nichts auf edle Abstammung gaben, sondern die Einzelseele mit den Augen Gottes zu sehen versuchten). Letzten Endes aber, sagte Nietzsche, sei der schlechte Einfluss der Christen den Juden anzulasten, aus deren Kultur Christus hervor gegangen sei.

> „Die Juden sind es gewesen, die gegen die aristokratische Wertgleichung (gut = vornehm = mächtig = schön = glücklich = gottgeliebt) mit einer furchteinflößenden Folgerichtigkeit die Umkehrung gewagt und mit den Zähnen des abgründlichsten Hasses (des Hasses der Ohnmacht) festgehalten haben, nämlich, die Elenden sind allein die Guten, die Armen, Ohnmächtigen, Niedrigen sind allein die Guten, die Leidenden, Entbehrenden, Kranken, Hässlichen sind auch die einzig Frommen, die einzig Gottseligen, für sie allein gibt es Seligkeit, – dagegen ihr, ihr Vornehmen und Gewaltigen, ihr seid in alle Ewigkeit die Bösen, die grausamen, die Lüsternen, die Unersättlichen, die Gottlosen – ihr werdet auch ewig die Unseligen, Verfluchten und Verdammten sein! ... Man weiß, w e r die Erbschaft dieser jüdischen Umwertung gemacht hat ...."

Die Pünktchen, die der Pfarrerssohn hier hingestellt hat, deuten darauf hin, dass Nietzsche Hemmungen hatte, an dieser Stelle den Namen Jesus Christus zu nennen. Aber einige Seiten weiter wird er deutlich: Die Juden hätten Jesus absichtlich auf den Weg geschickt, um sich an der Welt für ihre Benachteiligung zu rächen. „Hat Israel nicht gerade auf dem Umwege dieses ‚Erlösers', dieses scheinbaren Widersachers und Auflösers Israels, das letzte Ziel seiner Rachsucht erreicht?"

Trotz solcher Äußerungen – und obwohl es in der „Genealogie der Moral" heißt, dass „verjüdeln, verchristlichen, verpöbeln" ein und dasselbe sei, wird immer wieder behauptet, Nietzsche sei kein Antisemit gewesen. Dabei wird auf einzelne abweichende Textstellen verwiesen. Thomas Mann (in einer Rede, die er 1947 vor dem Pen-Club hielt) sagte dazu:

„Nietzsche, fern allem Rassen-Antisemitismus, sieht allerdings im Judentum die Wiege des Christentums und in diesem, mit Recht, den Keim der Demokratie, der Französischen Revolution und der verhassten ‚modernen Ideen', die sein schmetterndes Wort als Herdentier-Moral brandmarkt."

Der große Einfluss, den Nietzsche hatte, fügte der Menschenrechts-Idee schweren Schaden zu – er gab ihr den Rest, könnte man sagen. Dieser Einfluss ist immer noch wirksam und erfasst besonders diejenigen, die sich selbst gern zu den „Vornehmen, Mächtigen, Schönen und Glücklichen" rechnen und auf diejenigen herabblicken möchten, die ihnen sozial unterlegen sind. Obwohl das Werk dieses Meisters in die Schmuddelkiste gehört, will die akademische Welt es sich nicht nehmen lassen.

Hier, in Nietzsches Werk, ist der deutsche Sonderweg am deutlichsten abgewichen von dem Konsensus der westlichen Länder. Es war ja schon seit längerer Zeit Ansicht in Deutschland, dass dem westlich-universalistischen Konzept die Tiefe fehle, das Dämonische – der Flirt mit dem Bösen, durch den die Ganzheit des Lebens erst erfasst würde, die Zuwendung zum Tod ... Die angelsächsische Zielsetzung „The greatest possible happiness of the greatest possible number" wurde ja schon länger als flach und lächerlich angesehen. Die deutsche Kritik an dieser Zielsetzung – dass sie „eudämonistisch" und „utilitaristisch" sei – wurde bei Nietzsche zur Fratze aufgeschminkt.

Wir kommen der Epoche immer näher, in der Nietzsches theoretische „Umwertung aller Werte" praktisch wurde. Seine Forderung, „das Schlimme und Falsche solle ans Licht" sollte in ungeahnter Weise tägliche Wirklichkeit werden. „Auf seine sehnsüchtige Frage: Wo sind die Barbaren des 19. Jahrhunderts? konnte die SS mit einem zackigen ‚Hier!' antworten", sagte Alexander Rüstow in seiner „Ortsbestimmung der Gegenwart".

Wir können uns bei der Beschreibung dieser Epoche immer mehr an Thomas Mann (1875–1955) anlehnen, der sich zunächst, als junger Mensch (in den „Betrachtungen eines Unpolitischen"), auch auf den „deutschen Sonderweg" hatte ziehen lassen – den Weg, auf dem die Aufklärung und das rationale Naturrecht missachtet wurden – und sich dann aber umso gründlicher bekehrte. Er kehrte zum Dualismus der Aufklärung zurück, zu der Trennung zwischen der Wirklichkeit und einen diese überschwebenden Geist; er erkannte die absolute Notwendigkeit der Anerkennung vorgegebener Grundwerte. (Im „Zauberberg" vertreten die Antagonisten Settembrini und Naphta die beiden Positionen.)

Thomas Mann brachte den unverzichtbaren Dualismus in der Rede zum Ausdruck, die er 1947 vor dem Pen-Club in Zürich hielt. Die Rede hatte den Titel: „Nietzsche's Philosophie im Lichte unserer Erfahrung". Nachdem er Nietzsches Bemerkung: „Es gibt keinen festen Punkt außerhalb des Lebens, von dem

aus über das Dasein reflektiert werden könnte, keine Instanz, vor der das Leben
sich schämen könnte" zitiert hatte, fragte Thomas Mann:

> „Wirklich nicht? Man hat das Gefühl, dass doch eine da ist, und möge es nicht die
> Moral sein, so ist es schlechthin der Geist des Menschen, die Humanität selbst als
> Kritik, Ironie und Freiheit, verbunden mit dem richtenden Wort."

Und auf Nietzsches Bemerkung: „Das Leben hat keine Richter über sich", antwortete Thomas Mann:

> „Aber im Menschen kommen doch irgendwie Natur und Leben über sich selbst hin-
> aus, sie verlieren in ihm ihre Unschuld, sie bekommen Geist – und Geist ist die
> Selbstkritik des Lebens."

Weimarer Republik

1919. Nietzsches Philosophie passte gut in den kulturellen Zusammenbruch, den
der Erste Weltkrieg auslöste. Dieser Krieg zerriss das komplette Wertesystem –
was man am besten in Sebastian Haffners Lebenserinnerungen nachlesen kann.

Die Menschenrechtsidee wurde damals zwar äußerlich wiederbelebt, sie
erhielt sogar – erstmalig in Deutschland – durch den Grundrechtskatalog der
Weimarer Republik den Status einer gesetzlichen Kodifikation. Tatsächlich
aber genoss sie nie wieder so wenig Anerkennung wie in der Zeit zwischen
1919 und 1945.

Der Staatstheoretiker Carl Schmitt berichtete in seinem 1934 veröffentlich-
ten Aufsatz über „Nationalsozialistisches Rechtsdenken":

> „Zu den großen Erfahrungen und Begegnungen, die mich als Juristen zum National-
> sozialismus geleitet haben, gehört ein Gespräch mit einem weltberühmten, weitge-
> reisten, über 70 Jahre alten Rechtsgelehrten aus den USA, der mir 1932 das Ergebnis
> seiner Gegenwartserfahrungen und seiner Diagnose unseres heutigen Zustandes in
> dem Satz zusammenfasste: Wir erleben heute den Bankrott der idées générales."

Es handelte sich bei dem weltberühmten Mann um George Sorel, der den Idées
générales – den Ideen mit Allgemeinanspruch – tatsächlich sehr wirkungsvoll
abgesagt hatte und eine nur einzige Autorität anerkannte: die Gewalt.

Ernst Fraenkel – der Zeitgenosse – kommentierte Schmitts Bemerkung so:

> „Die Tatsache, dass sich der geistreichste Staatstheoretiker Nachkriegsdeutschlands
> einer politischen Idee anschloss, nicht um ihrer Idee willen, sondern wegen ihrer

Ideenlosigkeit, ist symptomatisch für den Grad, den der politische Gewaltästhetizismus bereits erreicht hat."

Wie wenig Anerkennung die Menschenrechtsidee zu seiner Zeit noch besaß, zeigt dieser Satz aus George Sorels 1928 erschienenem Buch „Über die Gewalt". Dort spottete er über „unsere Väter, die die Erklärungen der Menschenrechte in fast religiöser Art verehrten" – diese Erklärungen, „die uns heute nur noch als eine ziemlich abgeschmackte Sammlung von abstrakten, verworrenen und praktisch nicht sehr bedeutsamen Floskeln erscheint."

Sorel unterstützte die unterschiedlichsten militanten Bewegungen – nicht, weil er an ihre jeweiligen Ziele glaubte, sondern weil er ihre Militanz bejahte. In dieser Zeit (1932) sagte in Deutschland Ernst Jünger: „Nicht wofür wir kämpfen ist das Wesentliche, sondern wie wir kämpfen". D a s s wir kämpfen stand für diesen Freund der Gewalt außer Frage.

Wenn an die Stelle der universalen Anerkennung des Rechts auf Leben die Faszination durch die Gewalt trat, handelte es sich – wie schon das Beispiel Sorel zeigt – allerdings nicht um eine speziell deutsche Erscheinung. Sie prägte die gesamte westliche Kultur und hatte in Deutschland nur ihr Zentrum. Noch bis in meine Jugend, die fünfziger, sechziger Jahre hinein, als man sich vom Nationalsozialismus strikt abgewendet hatte, wurde diese Faszination im Existentialismus weitergeführt. In Jean Paul Sartres Interesse an Andreas Baader, den er in Stammheim besuchte, kam sie offen zum Ausdruck.

Faschismus

1933. Als auch der Staat nicht mehr beanspruchte, der Behüter der Menschenrechte zu sein, zerfielen sie tatsächlich in Staub. Das Prinzip der Gleichheit vor dem Gesetz trat außer Kraft und Millionen von Menschen verloren das angeblich angeborene Recht auf Leben.

Wir erinnern uns an Hannah Arendts Worte: „Die Isonomie garantiert isótes, Gleichheit, aber nicht, weil die Menschen von Natur her (physei) gleich sind, sondern weil sie nicht gleich sind und daher einer von Menschen errichteten Einrichtung bedürfen, nämlich der Polis, um kraft des Gesetzes (nomoi) einander ebenbürtig zu werden."

Diese Voraussetzung war im Faschismus nicht mehr erfüllt. Er bot keine Polis im alten Sinne des Wortes, keine Institution, die dem „Allgemeinen" im Hegelschen Sinne diente – er bot keinen Staat im strengen Sinn also. Und er wollte es auch gar nicht. Der Nationalsozialist Otto Koellreutter betonte, dass Adolf Hitler mit Hegels „Staatsvergottung" nichts zu tun habe, weil seine Weltanschauung auf dem Volke aufruhe und nicht auf dem Staat.

Wir sahen schon im 6. Kapitel, dass die Ausschaltung der Menschenrechte, die den Totalitarismus kennzeichnet, zu Unrecht dem Überwuchern der Staatsmacht angelastet wird. Diese Vorstellung ist falsch, weil diese Rechte im Gegenteil eines starken Staates bedürfen, der unter einem totalitären Regime keineswegs vorhanden ist; hier ist „das Allgemeine" ausgeschaltet und durch die Allmacht eines „Besonderen" – wie Hegel sich ausdrücken würde – überwältigt worden.

Die Feststellung, dass es sich beim Totalitarismus nicht um das Ausufern des staatlichen Prinzips handelt, sondern um die Übermacht einer Partei, kann nicht oft genug getroffen werden. Ein wirklicher Staat – ein Rechtsstaat – ist nur da vorhanden, wo das „Allgemeine" geschützt und bewahrt wird; eine „Partei" aber repräsentiert, wie schon ihr Name sagt, immer nur eine Partikularität.

Wir haben schon gesehen, dass zwei Emigranten diesen Charakter des Totalitarismus betont haben, Franz Neumann und Ernst Fraenkel. Franz Neumann unterschied deutlich zwischen dem „Leviathan", dem Garanten des Allgemeinen, und dem „Behemoth", der der Besonderheit ihren Tummelplatz gab. Sein Freund Ernst Fraenkel sprach deshalb vom „Doppelstaat".

Das Konkrete

Der Faschismus entzog den Menschenrechten nicht nur ihre faktische Grundlage – den Rechtsstaat –, sondern leugnete auch ihre ideelle Basis. Ebenso wie der Marxismus lehnte er die Gleichheit als ethische Konstruktion ab; er wandte sich gegen die Abstraktion des Menschen an sich und propagierte „das Konkrete". Das Konkrete fand er in der „Rasse".

Für seine monistische Grundauffassung gab es nur die wirkliche, natürliche, „rassische" Gleichheit. Das Ziel war, die „neuhumanistisch-idealistische Philosophie", die den Dingen nicht innewohnt, sondern „emanent" ist, durch eine „immanente" Philosophie zu ersetzen.

Der nationalsozialistische Staatsphilosoph Hans Gerber erklärte die nationalsozialistische Auffassung so: „Das Staatsdenken des Nationalsozialismus ist konkret, existentiell, biologisch"; es gründet sich nicht „auf rationale Konstruktionen und Theoreme mit dem Anspruch auf Allgemeingültigkeit." Gerechtigkeit sei kein System abstrakter, unmittelbar in sich beruhender Werte nach Art eines irgendwie gearteten Naturrechtssystems. Daraus erkläre sich die immer wieder in der Geschichte gemachte Erfahrung, dass in jedem Staate eine eigene Gerechtigkeit gelte.

Mit Verve verdammte Gustav Walz in seinem Aufsatz „Der Führerstaat", das intellektualistische Naturrecht, „jenes System, das an Stelle der schöpferischen Kraft und der Herrschaft lebendiger Menschen, Völker und Rassen eine hypostasierte Sollordnung von Werten aller Art, von Normen und Rechtssätzen einzusetzen sich vermaß und damit die ganze Unmittelbarkeit des ethischen und politischen Lebens zerstörte."

Diese konkretere und vitalere Sicht der Dinge begründete Alfred Bäumler (in einem Aufsatz mit dem Titel „Männerbund und Wissenschaft") damit, dass Deutschland kein Land der Dichter und Denker sei, kein Volk von Träumern und Theoretikern, sondern ein „Volk von Soldaten", ein „Volk von Aktivisten".

Die Verbundenheit der Volksgemeinschaft beruhe auf „Blut". Das Blut war das Konkrete: einerseits als gemeinsames Blutvergießen an der Front und andererseits als Grundlage der Rasse. Es galt als das Germanische, das Abstrakte hingegen als das Römische und gern auch als das Jüdische. So unterschied Bäumler:

> „Dort ein blutloser, abstrakter, allgemein menschheitlicher, wurzelloser, heimatloser Geist und hier ein blutbedingter, vital bestimmter, organisch verwurzelter, in der irdischen Wirklichkeit vielfach verankerter, in den ewigen Ordnungen des natürlichen Lebens fest beheimateter Geist".

Weiter heißt es in „Männerbund und Wissenschaft":

> „Die moralisch-humanistische Weltansicht, mit der die bürgerliche Gesellschaft sich rechtfertigt, ist durch eine neue zu verdrängen. Die neue Philosophie des Menschen geht nicht aus von der Abstraktion der ‚Persönlichkeit', sondern vom konkreten MENSCHEN, der einer bestimmten Rasse, einem bestimmten Volkstum ein einem gesellschaftlichen Zustand angehört."

Lemme erklärte (unter dem Titel: „Spekulatives oder lebensgesetzliches Staatsrecht?"): „Es gibt kein Recht, das in den Sternen hängt, das dem Einzelnen gleichmäßig eingeboren ist, also kein in diesem Sinne übervölkisches Naturrecht. Es gibt nur einen Grundsatz, der allerdings für alle Menschen gleich ist, und das ist der, dass er seiner Art gemäß leben soll." Artgerecht leben hieß: nach dem inneren Gesetz der eigenen Rasse.

Man strebte in eine Zeit, in der die „Illusion eines puren und abstrakten Geistes ein für allemal überwunden sein wird." Das neue Konzept wurde als Durchbruch des Sonnenlichts dargestellt:

> „Wie graue, unförmige Nebel sich vor strahlendem Sonnenlicht verlieren, das bisher durch sie verhüllt wurde, wird sich dann zeigen, dass es Geist immer nur gibt als materiell bedingten, vital durch ein ganz bestimmtes Menschentum getragenen, in ein jeweils ganz bestimmtes Seelentum eingebetteten, historisch einmaligen, raum- und zeitgebundenen, konkreten Geist. Das ist dem Ansatz nach eine alte deutsche These, es ist, in neuer Form und mit nie da gewesener Radikalität vorgetragen, die Lehre des Nationalsozialismus" (Klemmt, „Philosophie und Wissenschaft im deutschen Reich").

Das ist allerdings dem Ansatz nach eine alte deutsche These – wir haben sie in der
romantischen Identitätsphilosophie vorbereitet gefunden – sie ist die These des
deutschen Sonderwegs; jetzt zeigte sich ihre Problematik, weil tatsächlich keine
Instanz mehr da war, vor der sich das Leben schämen musste (Nietzsche).

Wir verdanken diese Zitatensammlung Ernst Fraenkel, der der beste Kenner
der nationalsozialistischen Rechtsphilosophie war. Nachdem er 1938 seine An-
waltspraxis aufgeben musste, weil er Jude war, widmete er sich der Aufgabe, die
Artikulationen dieser Philosophie zu sammeln und in seinem Buch „Der Doppelstaat" zu analysieren. Das Manuskript dieses Buches wurde in französischem
Diplomatengepäck ins westliche Ausland gebracht.

Fraenkel bezeichnete die Rassentheorie als „biologischen Mystizismus" und
ging davon aus, dass er von weißrussischen Emigranten eingeführt worden sei –
was bedenkenswert ist, weil auch Hannah Arendt die Priorität des Pan-Slawis-
mus betonte.

Nach Fraenkels Ansicht war die Nazi-Philosophie durch das Vordringen der
evolutionären Biologie in den Naturwissenschaften beeinflusst, wo sie die Vorherrschaft der klassischen Physik abgelöst hatte.

„Insoweit der Nationalsozialismus auf dem Rassegedanken basiert, hat er bereits
die Vorherrschaft der Biologie akzeptiert. Die nationalsozialistische Rassentheorie
verwirft den rationalen Optimismus der klassischen Physik, welche die Entdeckung
allgemeingültiger Naturgesetze als das höchste Ziel naturwissenschaftlicher Bemü-
hungen ansah. Was man ‚biologistisches' politisches Denken und Handeln nennen
könnte, basiert auf der Anerkennung und Pflege ‚vitaler' Kräfte. Diese vitalen, irrationalen Kräfte verdichten sich zu dem Begriff der Rasse und finden ihren politischen Ausdruck in der Rassengemeinschaft."

Ernst Fraenkel gehörte zu den wenigen Zeitgenossen, die die Besonderheiten
des nationalsozialistischen Denkens charakterisiert haben. Im Allgemeinen aber
wurden diese Besonderheiten gar nicht erfasst und so blieb unbemerkt, dass die
Abneigung gegen das Naturrecht nach dem Zweiten Weltkrieg mit ähnlichen Argumenten weiter geführt wurde. Weiterhin ging der Blick in der Nachkriegs-
philosophie nach unten; der Idealismus wurde weiterhin gemieden, und die
monistische Wesensschau wurde in neuer Terminologie und mit humaneren Absichten (zum Beispiel als „Natur der Sache" oder „Stoffbestimmtheit der Idee")
weiter geführt.

Die problematische Neigung zum Konkreten, dieses Spezifikum des Sonderwegs, haftete, wie gesagt, keineswegs nur der politisch rechts eingestellten Seite
an. (Wir werden uns im nächsten Kapitel – bei der Erörterung von Adornos „Dialektik der Aufklärung" – noch genauer mit dem heiklen Thema „Konvergenz"
befassen.) Wir sahen schon, wie unselig sich die den Rechten und den Linken

gemeinsame Ablehnung des Naturrechts während des Nationalsozialismus auswirkte. Es wäre damals wünschenswert gewesen, wenn sich die linken mit den naturrechtlich orientierten Kreisen verbunden hätten. Leider standen die Linken in ihrem Anti-Universalismus aber den Nazis näher als den Idealisten.

Ernst Fraenkel sagte als Zeitgenosse in den Dreißiger Jahren, es käme darauf an, dass die Reste des proletarischen Sozialismus mit den Gruppen, die sich zum rationalen Naturrecht bekannten (zu denen sich Fraenkel selber rechnete), gemeinsame Front gegen den Nationalsozialismus machen würden.

„Die Anhänger des proletarischen Sozialismus stehen heute vor dem Problem, welchen Ausdruck sie ihrer spontanen Reaktion gegen die Naturrechtsfeindschaft des Nationalsozialismus verleihen können, ohne Gefahr zu laufen, Utopisten zu werden. Die wiedererstehende proletarisch-sozialistische Bewegung muss in der jetzigen Periode der Illegalität zu dieser Schicksalsfrage Stellung nehmen."

In vielen illegalen Gruppen, sagte Fraenkel, würde im gegenwärtigen Deutschland über diese Frage diskutiert. Zu spät!

10. Kapitel: Nachkrieg bis heute

Das Naturrecht nach dem Krieg

1945. Die Frage nach der Geltung naturrechtlicher Normen war im Nachkriegs-Deutschland keineswegs nur eine theoretische. Sie wurde auf bedrängende Weise praktisch. Die Justiz nämlich konnte sich dieser Frage nicht mit dem Achselzucken der Philosophen entziehen. Sie musste entscheiden: Durften Nazi-Täter, deren Taten zwar dem geltenden („positiven") Recht des Dritten Reichs gehorcht hatten, unter dem Blickwinkel der Ewigkeit – sub specie aeternitatis – aber Verbrechen waren, wegen dieser Taten verurteilt werden? Die Frage sollte nach 1990 wieder aufkommen, als die sogenannten Mauerschützen vor Gericht gestellt wurden. Irgendwann wird vielleicht noch einmal zu klären sein, ob das allnächtliche Schießen an den Grenzen der Festung Europa unter dem Auge der Ewigkeit rechtmäßig ist.

Naturrecht oder Positivismus – in dieser Polarität wurde damals diskutiert. Gibt es ein übergeordnetes, ungeschriebenes Recht, an dem gemessen ein gesetzmäßiges Verhalten Unrecht sein kann?

Im Jahre 1946 verkündete der Generalstaatsanwalt des Bundeslands Sachsen seine Absicht, Richter zur Verantwortung zu ziehen, die unmenschliche Urteile gefällt hatten, auch wenn diese Urteile positiv-rechtlich nicht zu beanstanden waren. Er sagte, dass kein Richter durch die Anwendung eines Gesetzes Rechtfertigung finde, das verbrecherisch sei. „Wir berufen uns auf die Menschenrechte, die über allen geschriebenen Satzungen stehen, auf das unentziehbare, unvordenkliche Recht, das verbrecherischen Befehlen unmenschlicher Tyrannen Geltung versagt." Der Rechtsphilosoph Gustav Radbruch unterstützte diese Initiative. Auch er verlangte, dass Richter angeklagt werden müssen, die mit den Geboten der Humanität unvereinbare Urteile gesprochen und wegen Nichtigkeiten auf Todesstrafe erkannt hatten.

Gustav Radbruch begrüßte die Berufung auf das „unvordenkliche Recht" mit Nachdruck, obwohl er ursprünglich eine solche abgehobene Ebene geleugnet hatte und Positivist (9. Kapitel) gewesen war. Man sprach damals von der „Radbruchschen Wende". Der Rechtsphilosoph, der in der Nazizeit aller Ämter enthoben war, kam zu der Überzeugung, dass der Positivismus mit seiner These „Gesetz ist Gesetz" den deutschen Juristenstand gegen Gesetze verbrecherischen Inhalts wehrlos gemacht hatte.

Radbruch konnte andererseits den entgegenstehenden Aspekt der Rechtssicherheit nicht ignorieren: dass nur eine positivistisch-wertfreie Anwendung des Gesetzes die nötige Vorhersehbarkeit der Rechtsprechung schafft. Taten müssen schon während ihrer Begehung strafbar sein; sie dürfen nicht nachträglich pönalisiert werden. Immerhin hat das Prinzip „Nulla poena sine lege" – keine Strafe ohne Gesetz – seinerseits Naturrechtscharakter. Es markiert den Rechtsstaat und ist Teil der Freiheit. Wer vor seiner Tat nicht beurteilen kann, ob er um ihretwillen einmal strafrechtlich zur Rechenschaft gezogen wird, ist nicht frei.

Die Möglichkeit ein positives Gesetz nachträglich als „gesetzliches Unrecht" zu bezeichnen und für ungültig zu erklären, öffnet der Willkür Tür und Tor. Der Begriff überlässt die Anwendung der Gesetze dem richterlichen Belieben. Wer entscheidet denn im Ernstfall darüber, was naturrechtlicher Weise richtig ist? Quis iudicabit– diese alte Hobbessche Frage stellt sich in dieser Konstellation in aller Strenge.

Letzten Endes löste Gustav Radbruch (in seiner „Rechtsphilosophie") den Konflikt mit einer vermittelnden Auffassung. Er erklärte, dass das positive, durch Satzung und Macht gesicherte Recht prinzipiell den Vorrang habe, auch dann, wenn es inhaltlich ungerecht und unzweckmäßig sei – es sei denn, dass der Widerspruch zur Gerechtigkeit ein so unerträgliches Maß erreiche, dass das Gesetz als „unrichtiges Recht" der Gerechtigkeit zu weichen habe. Es sei leider unmöglich, eine schärfere Linie zu ziehen zwischen den Fällen des gesetzlichen Unrechts und der trotz unrichtigen Inhalts dennoch geltenden Gesetze. (Im Juristenjargon nennt man solche Lösungen „Dicke-Hund-Theorie".)

Eine schärfere Abgrenzung meinte Radbruch allerdings in den Fällen vornehmen zu können, in denen die Gerechtigkeit nicht einmal angestrebt wurde, wo die Gleichheit, die den Kern der Gerechtigkeit ausmache, bei der Setzung positiven Rechts bewusst verleugnet wurde: Hier sei das Gesetz nicht etwa nur unrichtiges Recht, vielmehr entbehre es überhaupt der Rechtsnatur.

„Denn man kann Recht, auch positives Recht, gar nicht anders definieren denn als eine Ordnung und Satzung, die ihrem Sinn nach bestimmt ist, der Gerechtigkeit zu dienen. An diesem Maßstab gemessen sind ganze Partien nationalsozialistischen Rechts niemals zur Würde des Rechts gelangt." Aber: Quis iudicabit? – diese Frage bleibt auch hier offen.

„Siegerjustiz" – diesen Vorwurf musste sich die Verurteilung der Mauerschützen machen lassen.

Schwierige Reeducation

1948 trat in den von den Westmächten besetzten Gebieten Deutschlands eine Verfassung in Kraft, in der die universalen Grundrechte als maßgeblich deklariert wurden. Was schon in der Paulskirchen-Verfassung versucht und dann wieder in der Verfassung der Weimarer Republik für kurze Zeit gelungen war, konnte endlich dauerhaft realisiert werden: Die Politik und die Rechtsprechung in Deutschland wurden den naturrechtlichen Maximen unterworfen.

Endlich sollte Deutschland (sein westlicher Teil) dauerhaft unter der Herrschaft der Grundrechte stehen, die sich in mehr als zweitausend Jahren gedanklich entwickelt hatten und in den Verfassungen der Westmächte schon lange etabliert waren. Endlich sollte dieses Land dauerhaft unter einer Verfassung stehen, die jedem Menschen – dem abstrakten, unqualifizierten Individuum – das Recht auf Leben und körperliche Unversehrtheit zubilligte, die freie Entfaltung seiner Persönlichkeit, die Meinungs- und Versammlungsfreiheit zusicherte und Frauen in der gleichen Weise wie Männer zu behandeln gebot. Der deutsche Sonderweg, auf dem die Gültigkeit dieser von alters her naturrechtlich begründeten Maximen hundertfünfzig Jahre lang geleugnet wurde, war endlich verlassen.

Dabei darf allerdings die Tatsache (die wir uns schon im 7. Kapitel bewusst gemacht haben) nicht ignoriert werden, dass dieser Kodifizierung des Naturrechts in Deutschland eine vernichtende militärische Niederlage zugrundelag – dass es nur mit Hilfe eines (völkerrechtlich verbotenen) Flächenbombardements möglich gewesen war, das deutsche Volk von seinem Sonderweg abzubringen und in die westliche Kultur zu integrieren.

Entsprechend oberflächlich war auch die Rezeption in der Rechtsphilosophie. Dort wurden die durch die Verfassung deklarierten Grundrechte zwar als positives Recht akzeptiert; es entwickelte sich aber keine Philosophie, die ihre überpositive, ewige und ubiquitäre Geltung hätte tragen können. Sie hätte ja idealistisch sein müssen – und das kam (und kommt) nicht in Frage.

Die „Radbruchsche Wende", die durch die NS-Gräuel provoziert worden war, wurde schnell wieder vergessen; sie konnte dem rationalen Naturrecht keine anhaltende Geltung verschaffen.

Die Rechtsphilosophie der Nachkriegszeit verweigerte sich den idealistischen Annahmen des Naturrechts weiterhin. Wenn sie damals die sogenannte Theorie von der „Natur der Sache" aufbaute, so näherte sie sich nicht etwa dem Naturrecht, sondern blieb im Gegenteil der romantisch-historistischen Schule treu, die nicht hinauf in den Himmel blickt, sondern nach unten in die Tiefe, in den Kern der Dinge selbst, in ihre „Natur". Wir sahen schon, dass man sein Urteil über das Richtige weiterhin aus dem bezog, was man immanent in den Verhältnissen vorzufinden meinte; man sprach von der „Stoffbestimmtheit der Idee".

Diese Theorie war, wenn auch jetzt in guter Absicht, eine Weiterführung der nationalsozialistischen Philosophie, wo man die „neuhumanistisch-idealistische Philosophie" durch eine „immanente Philosophie" hatte ersetzen wollen. Aus dem „Wesenskern" der Dinge heraus sollte sich ein normativer Maßstab ergeben. Der Sprung zurück in eine dualistische Haltung, zurück in den Idealismus der Aufklärung, lag so fern, dass gar nichts anderes möglich schien als die Fortsetzung der seit der Romantik herrschenden monistischen Betrachtung. Nur dass man die Schlussfolgerungen jetzt nicht mehr aus dem immanenten Wesen von „Volk" „Raum", „Rasse" und „Blut" zog, sondern bescheiden aus „Ehe" und „Familie".

Geigers Rechtspositivismus

Genauso ungünstig für das Menschenrechtskonzept war die Wiederbelebung der positivistischen Wertfreiheit. In der Rechtssoziologie wurde das Buch eines Emigranten, Theodor Geiger, stark rezipiert, der die Position der Wertneutralität auf die strikteste Weise vertrat. Wir haben die positivistische Ausrichtung schon in ihren Anfängen am Ende des 19. Jahrhunderts betrachtet, als – unter dem Einfluss der Naturwissenschaften – nur noch die kühle Beschreibung der Phänomene als wissenschaftlich galt. Diese Haltung wurde in den sechziger Jahren des 20. Jahrhunderts dominierend.

Wer in dieser Zeit den idealistischen Standpunkt der ewigen Maximen einnahm, stand völlig allein. „Damit können Sie nichts werden!" sagte mir mein Doktorvater damals, als ich ihm bekannte, dass mir das Naturrecht trotz aller Einwände gegen seinen idealistischen Charakter das Richtige zu sein schien. Dem Zeitgeist folgend, orientierte er sich an Theodor Geiger, für den die Menschenrechte „Ammenmärchen" waren.

Ebenso wie Radbruch war auch Geiger von den Erfahrungen mit dem Nationalsozialismus geformt worden, aber mit dem entgegengesetzten Ergebnis, dass er die ungeschriebenen, an den Himmel gehefteten Maximen ganz konsequent leugnete.

Als vielversprechender junger Jurist war er nach Hitlers Machtergreifung wegen seiner jüdischen Herkunft aus dem Dienst entfernt worden, in einem Ruderboot nach Dänemark geflohen und – nachdem die Deutschen dieses Land besetzt hatten – weiter nach Schweden gegangen, wo er an der Universität Uppsala wirkte und 1947 seine „Vorstudien für eine Soziologie des Rechts" herausgab. „Geltendes Recht" meinte Geiger, sei das, was – right or wrong – in einer Gesellschaft vorgeschrieben ist. Den Unterschied zwischen Richtig und Falsch gebe es nämlich gar nicht, jedenfalls nicht bei wissenschaftlicher Betrachtung. Nur der tatsächliche Rechtszustand dürfe ihr Gegenstand sein. „Eine Bewertung dieses Zustands kommt nicht in Frage." Die Wissenschaft könne nur sagen: So ist eine bestimmte Gesellschaft in einer bestimmten Zeit geordnet. Und: Zur Durchsetzung dieser Ordnung werden Machtmittel eingesetzt. Mehr nicht.

„Das soziale Zusammenleben von Menschen erheischt eine gewisse Berechenbarkeit des Verhaltens in gewissen typischen Situationen. Es ist aber ein willkürliches, naturrechtliches Postulat, dass Leben und Eigentum gesichert, Vereinbarungen unverletzlich sein müssen, um Gesellschaft möglich zu machen. Um des sozialen Zusammenlebens willen kommt es darauf, dass eine gewisse Ordnungssicherheit der Orientierung sowohl als der Realisierung bestehe. Ohne grundsätzlichen Belang ist es aber, welcher Regelmäßigkeiten man sicher sein kann."

Geiger berichtete, dass ihm ein befreundeter Rechtsgelehrter entgegengehalten habe: „,Ich weigere mich, als geltendes Recht alles das anzuerkennen, was die Staatsmacht mit Hilfe ihrer Zwangsmittel als äußere Ordnung der Dinge durchführt.'" Geiger fügte hinzu: „Er würde vermutlich leugnen, Naturrechtler zu sein – aber er ist es kraft dieser Äußerung." Naturrechtler – das war damals für einen Gelehrten ein Schimpfwort.

Auch wenn das Einschnüren der Füße eine chinesische Unsitte zu sein scheint, sagte Geiger, ändere dies doch nichts daran, „dass der auf sein Ansehen als Wissenschaftler bedachte Ethnolog gut daran tut, es als Sitte zu beschreiben und uns mit seinem persönlichen Urteil über die „Unsitte" zu verschonen: es ist wissenschaftlich ohne Interesse."

Heute, wo in China keine Füße mehr eingeschnürt werden, treten solche Probleme an anderen Stellen auf, und eine andere Theorie gerät dabei ins Schwitzen: Heute geht es um Klitorisbeschneidungen und Burka-Tragen, und es ist der postmoderne Relativismus (auf den wir noch zu sprechen kommen), der anlässlich dieser Themen an seine Grenzen stößt. Oft nimmt er dann zu einer „Dicke-Hund-Theorie" Zuflucht: alles kann man der partikularen Eigentümlichkeit überlassen … aber das denn nun doch nicht!

Diesen Ausweg suchte Geiger nicht. Sein Relativismus war konsequent. Partikulare Sitten seien Geschmackssache, sagte er – wie das Gefallen oder Missfallen an Rotwein, der Kathedrale zu Chartres oder einer Mordtat. Hier trat wieder das Homo mensura der Sophisten auf den Plan.

In Geigers Wertnihilismus drückte sich der durch die schlimmen Erfahrungen mit dem staatlichen Recht entwickelte Zynismus des Emigranten aus, der sich von der Illusion über die Rechtsidee freimachen musste und jetzt wollte, dass auch die anderen sie aufgeben:

„Die Zerstörung dieser Illusion ist nicht sozial schädlich, kann es nicht sein – weil ,soziale Schädlichkeit' selbst eine völlig inhaltlose Phrase ist. Konkret gesprochen: Es ist Torheit und Unverstand zu behaupten, dass die Lehre des Wertnihilismus die für das soziale Leben unerlässliche ,Wertgemeinschaft' untergrabe."

Eine solche Gemeinschaft gebe es nämlich gar nicht:

„Diese sagenhafte, von den kulturphilosophischen Nebelhörnern viel erörterte Wertgemeinschaft ist selbst nur eine Kollektivillusion, ist einfach der ideologische Ausdruck für eine homogen-konzentrative Gesellschaftsstruktur. Nicht unterm Ansturm einer philosophischen Lehre, sondern geschichtlich-sozialer Tatsachen bricht die Wertgemeinschaft zusammen. Und was ist dann damit schon zusammengebrochen? Ein gemeinsamer Götzenkult."

Die Bitterkeit dieses Resümees war damals kein Hindernis für die Rezeption der Gedanken. Im Gegenteil: Man fühlte sich in der ideologisch bodenlosen Nachkriegszeit auf der sicheren Seite, wenn man sich solch bitteren Maximen anschloss. Radbruchs gegenteilige Auffassung, man habe sich „durch die grundsätzliche Überwindung des Positivismus, der jegliche Abwehrfähigkeit gegen den Missbrauch nationalsozialistischer Gesetzgebung entkräftete, gegen die Wiederkehr eines solchen Unrechtsstaats zu wappnen" fand keine Nachfolger.

Dieselbe durch Erfahrung enttäuschte Haltung gegenüber der gesellschaftlichen Ordnungskraft findet sich – wenn auch in anderer theoretischer Entfaltung – bei Adorno und Horkheimer wieder, mit deren Anti-Universalismus wir uns beschäftigen werden, wenn wir uns in die Zeit der Achtundsechziger Bewegung versetzen.

Bürgerrechtsbewegung in Amerika

1963. Wir sahen schon an verschiedenen Stellen, wie unvergleichlich viel tiefer das menschenrechtliche Denken in die amerikanische Kultur eingebettet ist. Das fing an mit den auf Religionsfreiheit erpichten Pilgrim Fathers, das setzte sich fort in der Amerikanischen Unabhängigkeitserklärung und im amerikanischen Bürgerkrieg, der um der Abschaffung der Sklaverei willen geführt wurde, das kam letzten Endes in der Declaration of Human Rights zum Ausdruck, die zwar von fast allen Nationen unterzeichnet wurde, ihren Ursprung aber in den Vereinigten Staaten hatte, genau genommen in der Initiative der Ehefrau des amerikanischen Präsidenten, Eleanor Roosevelt.

Getragen von dem starken universalistischen Geist der Nation gab es in den sechziger Jahren des vorigen Jahrhunderts in den Vereinigten Staaten eine Bewegung, die viel weitreichendere Wirkungen hatte als die 68er-Bewegung, aber in Deutschland nicht in ihrer historischen Dimension wahrgenommen wurde: die Bürgerrechtsbewegung. Hier wurde das Menschenrecht auf Gleichheit praktisch eingefordert – von den Amerikanern afrikanischer Herkunft, deren Vorfahren als Sklaven ins Land verschleppt worden waren. Die Formulierung der Unabhängigkeitserklärung von 1776 hatte sie zwar nicht explizit ausgeschlossen – die Kultur war ja in dieser Zeit schon so weit fortgeschritten, dass sie auch Schwarze als Menschen anerkannte – aber man hatte damit nicht Ernst gemacht.

„We hold these truths to be selfevident, that all men are created equal, that they are endowed by their Creator with certain unalienable Rights, among these are Life, Liberty and the pursuit of Happiness."

All men – das waren noch nicht die Sklaven. Die Väter der Unabhängigkeitserklärung hielten selbst diese billigen Arbeitskräfte. Zwar wurde den schwarzen Sklaven hundert Jahre später – als Folge des Amerikanischen Bürgerkriegs – die Freiheit geschenkt; ihnen wurde 1862 in Lincolns Emancipation Proclamation der Anspruch auf Gleichbehandlung zugestanden, aber dennoch war eine Apartheids-Politik zurückgeblieben. Jetzt galt es die formalen Rechte praktisch umzusetzen.

Der Protagonist dieser Bewegung war Pastor Martin Luther King. In einer berühmten Rede sprach er 1963 von einem Scheck, den es einzulösen galt:

„In a sense we've come to our nation's capital to cash a check. When the architects of our republic wrote the magnificent words of the Constitution and the Declaration of Independence, they were signing a promissory note to which every American was to fall heir. This note was a promise that all men, yes, black men as well as white men, would be guaranteed the ‚unalienable Rights' of ‚Life, Liberty and the pursuit of Happiness.'"

Er erinnerte an die Emanzipationserklärung, die Abraham Lincoln nach dem Bürgerkrieg unterschrieben hatte.

„This momentous decree came as a great beacon light of hope to millions of Negro slaves who had been seared in the flames of withering injustice. It came as a joyous daybreak to end the long night of their captivity. But one hundred years later, the Negro still is not free. One hundred years later, the life of the Negro is still sadly crippled by the manacles of segregation and the chains of discrimination. One hundred years later, the Negro lives on a lonely island of poverty in the midst of a vast ocean of material prosperity. One hundred years later, the Negro is still languished in the corners of American society and finds himself an exile in his own land. And so we've come here today to dramatize a shameful condition."

Wer es nicht mehr weiß, muss vielleicht daran erinnert werden, dass die Schwarzen damals im Bus für die Weißen aufstehen mussten. Dieses Beispiel hätte keine große Bedeutung innerhalb der allumfassenden Diskriminierung, wenn nicht die Bewegung dort ihren Anfang gehabt hätte: bei der Weigerung einer schwarzen

Frau, für einen weißen Mann aufzustehen. Die Polizei war gegen sie vorgegangen. Die Nation habe ihr Versprechen gebrochen, sagte Martin Luther King weiter in seiner großen Rede.

„It is obvious today that America has defaulted on this promissory note, insofar as her citizens of colour are concerned. Instead of honouring this sacred obligation, America has given the Negro people a bad check, a check which has come back marked ‚insufficient funds.'"

Die „Bank der Gerechtigkeit" sei aber nicht bankrott, hieß es weiter. Der Scheck müsse eingelöst werden.

„But we refuse to believe that the bank of justice is bankrupt. We refuse to believe that there are insufficient funds in the great vaults of opportunity of this nation. And so, we've come to cash this check, a check that will give us upon demand the riches of freedom and the security of justice."

Muss erwähnt werden, dass auch Martin Luther King zu denen gehört, die ihren Einsatz für die Menschenrechte mit dem Leben bezahlt haben?

In Deutschland hielt sich die Anteilnahme an diesem historischen Ereignis – das die Voraussetzung dafür bot, dass jetzt Barack Obama amerikanischer Präsident ist – in Grenzen. Hier brodelte es in einem andern Topf, der endlich zum Sieden kam: Die marxistischen Ideen, deren Entfaltung durch den Faschismus 1933 jäh und gewaltsam abgebrochen worden war, wollten endlich aufschäumen.

Die Studentenbewegung

1968. Mehr noch als der Positivismus hat die marxistisch orientierte Studentenbewegung der Menschenrechts-Idee geschadet, und zwar auf eine Weise, die bis heute ihre Auswirkungen hat. Wenn diese Idee in der Gegenwart so unlebendig und ohne innere Überzeugung gelehrt wird, so rührt das oft daher, dass die Lehrenden ihre ersten ideologischen Prägungen durch den Marxismus erhalten haben und schon früh gegen das Naturrecht imprägniert worden sind. Obwohl es heute durchaus en vogue (und aus Opportunität auch nötig) ist, ein Freund der Menschenrechte zu sein, lässt sich diese Frühprägung oft nicht überwinden.

Die Angehörigen dieser Generation sind zwar in ihrer Jugend ausreichend über die Grundrechte informiert worden: dass jeder Mensch in gleicher Weise mit einem unsichtbaren Gürtel von basalen Rechten umgeben sei – und sie sind wohl auch zunächst davon ausgegangen, dass diese Behauptung der Ausdruck einer universellen Gerechtigkeitsidee sei. Diese Vorstellung wurde ja in den fünfziger Jahren in den Schulen verbreitet (und wird es bis heute). Sie war Teil des offiziellen Lehrplans, den die Alliierten den besiegten Deutschen nach 1945 oktroyiert hatten; sie machte den Kern der Reeducation aus, der Umerziehung des faschistisch kontaminierten Volkes. Das naturrechtliche Konzept wurde aber nur pflichtgemäß und ohne große Überzeugung beigebracht. Der Marxismus hatte bei seiner Unterminierung ein leichtes Spiel.

Als Maximen, die von einer Besatzungsmacht oktroyiert war, hatten es die universalistischen Prinzipien schwer sich in einem Land durchzusetzen, das seine nationale Identität hundertfünfzig Jahre lang aus einer Haltung bezogen hatte, für die diese Maximen nur ein blasser abstrakter Überbau waren. Das wirkt bis heute nach.

In den westlichen Nationen hingegen, auf deren Boden die universalistischen Prinzipien entstanden sind, können sie mit dem Patriotismus verbunden werden, der dem Denken eine solidere Basis bietet als das, was an den Himmel geheftet ist. Sie sehen in diesen Prinzipien die geistige Grundlage für ihren militärischen Sieg über Hitler-Deutschland. („Verfassungspatriotismus" wurde in den neunziger Jahren eine kurz aufflackernde, von Habermas unterstützte Bewegung genannt, die versuchte, den Universalismus als das „Eigene" zu begründen. Bei der Anwendung auf Deutschland wurde allerdings übersehen, dass sie auf die hiesigen Verhältnisse nicht passte.)

Sollten im Nachkriegsdeutschland noch irgendwelche Illusionen darüber vorhanden gewesen seien, dass am Himmel tatsächlich ewige und unveräußerliche Rechte hängen, räumte der 1968 einbrechende Marxismus damit auf. Wir haben im 8. Kapitel gesehen, wie rigoros er die Menschenrechte relativierte, indem er ihre Gültigkeit auf einen historischen Kontext begrenzte: die Emanzipation des Bürgertums. Mit großer Schnelligkeit breitete sich diese Auffassung – dass die Menschenrechte nur die Rechte der gewinnsüchtigen Bourgeoisie seien – während der sechziger und siebziger Jahre in den Universitäten aus. Ihre Idee sei im Zuge der Industrialisierung geschichtlich hervorgetreten und habe sich in der Französischen Revolution die Bahn gebrochen; das Bürgertum habe die erkämpften Rechte dann aber nicht an das Proletariat weiter gegeben. Die Behauptung ihrer Universalität sei deshalb falsch und lügenhaft.

Da in dieser Epoche ohnehin alles Streben dahin ging Lüge zu entlarven – in Deutschland war das lügenhafte Schweigen über den Holocaust unerträglich geworden – konnte mit demselben Impetus auch der Menschenrechts-Gedanke als humanitäres Deckmäntelchen entlarvt werden.

Wenn wir gerade die spezifisch deutsche Entwicklung ins Auge gefasst haben, dürfen wir allerdings nicht übersehen, dass es auch in den westlichen Ländern, auch in den Heimatländern der Alliierten also, eine solche Linkswendung gab. Dort wurde der Begriff „Possessive Individualism" (Macpherson) als Kennzeichnung des angeblich bourgeoisen Naturrechts populär. Insofern handelte es sich bei der Studentenbewegung um ein Phänomen, das die ganze westliche Welt ergriff – und nicht um eine antiwestliche Erscheinung.

Wenn man das berücksichtigt, steht die manchmal (und auch in diesem Text) aufgestellte Behauptung in Frage, dass bei der deutschen Protestbewegung ein tiefsitzendes, aus der Kindheit stammendes Ressentiment gegen die Siegermächte mitgespielt und die Abneigung gegen die Menschenrechte gestützt habe. Man muss bedenken, dass der Anti-Amerikanismus angesichts der empörenden Ungerechtigkeit des Vietnam-Krieges aufkam und sich nicht prinzipiell von dem Widerstand unterschied, den die Jugend in den Vereinigten Staaten der eigenen Regierung entgegenstellte. Tatsächlich wurde der Protest von Amerika nach Deutschland importiert.

In der Abwehrhaltung, die die Studentenbewegung gegen das Menschenrechtskonzept entwickelte, steckte der Wunsch nach einem neuen, solidarischen Menschenbild – einem Konzept, in dem die Menschen in harmonischer Verbindung zueinander stehen, einträchtig miteinander wirtschaften, gemeinsam dem Allgemeinen dienen – statt sich, mit unsichtbaren Rechten bewehrt, gegenseitig zu bekämpfen. Der Antagonismus zwischen Mensch und Mensch sollte grundsätzlich überwunden und der Zustand hergestellt werden, den wir hier „rechtlose Brüderlichkeit" genannt haben.

Überall sprangen Lesezirkel aus dem Boden, in denen die marxistischen Originaltexte die Erklärung dafür geben sollten, warum die Menschen in eine so unsolidarische, antagonistische Beziehung zueinander geraten sind, dass sie sich mithilfe der Konstruktion von angeborenen Rechten gegeneinander abgrenzen und bekämpfen müssen. Gerne wurde dort Eugen Paschukanis „Allgemeine Rechtslehre und Marxismus" gelesen – ein kleines, als Raubdruck erschienenes Büchlein –, in dem der kluge sowjetische Jurist die naturrechtliche Lehre als krassesten Ausdruck der bürgerlichen Ideologie hinstellte. Wir hörten schon seine Worte: Diese Lehre sei im achtzehnten Jahrhundert hervorgetreten, als die Bourgeoisie als revolutionäre Klasse auftrat; sowie aber das revolutionäre Feuer nicht mehr gebrannt habe, sowie sich das Bürgertum erfolgreich von den feudalen Zwischenmächten emanzipiert habe, sei es von den Idealen der Freiheit und Gleichheit abgewichen. – Als man damals dieses Büchlein las, wusste man nicht, dass es Paschukanis nicht besser ergangen war als Gracchus Babeuf in seiner Zeit: er war im Zuge der stalinistischen Säuberungen von den eigenen Leuten exekutiert worden. Man hätte es wohl auch nicht wissen wollen.

Damals standen sich der Positivismus und der Marxismus frontal gegenüber. Tertium non datur – ein Drittes schien ausgeschlossen: „Naturrechtler" jedenfalls hätte niemand sein wollen. In der akademischen Welt der sechziger/siebziger Jahre wurde ein langwieriger und langweiliger Streit zwischen den Positivisten und den Linken geführt. Damals wurde der Positivismus als „rechts" eingestuft, als „bürgerliche Philosophie", auch wenn seine Anhänger vielleicht gar nicht darauf aus waren, den Kapitalismus zu unterstützen. Aber die Tatsache allein, dass sie ihn – weil sie wertfrei-wissenschaftlich arbeiten wollten – nicht bekämpften, genügte, um sie als Rechte anzusehen. Wer sich das nicht sagen lassen wollte, musste schon auf die linke Seite übergehen.

Den Linken, die damals einflussreich waren – Adorno, Marcuse, Bloch und Habermas – gelang es die rebellionsgeneigte Jugend hinter sich zu bringen. Obwohl die langwierige und langweilige Auseinandersetzung mit den Positivisten – deren Position von Karl Popper und Ernst Topitsch vertreten wurde – kaum zu verstehen war, nahm die Jugend Partei für die marxistische Ausrichtung. Im Unterschied zu dem trockenen Positivismus war sie auf Revolution aus, und das machte diese Ausrichtung sympathisch. (In dem Streit ging es tatsächlich um die akademische Hegemonie, um Lehrstühle. Assistentenstellen und Forschungsgelder.)

Das Konkrete bei Adorno

Eine spezielle Betrachtung verdient in diesem Zusammenhang der Einfluss Theodor Adornos. Wieweit man ihn trotz der Negativität seiner Dialektik, die nicht in die Befreiung führte, sondern in ein schwarzes Loch, als Marxisten auffassen kann, soll uns nicht interessieren. Auf jeden Fall teilte er die marxistische Abneigung gegen die metaphysisch am Himmel hängenden Menschenrechte; er brachte diese Abneigung sogar zu einem neuen Höhepunkt – nach Friedrich Nietzsche.

Sein (zusammen mit Horkheimer verfasstes) Buch „Dialektik der Aufklärung" war ein großer Erfolg; es stand damals in jedem besseren Bücherschrank. Tatsächlich ist der Titel irreführend. Es wird dort nämlich keine Dialektik, also kein Einerseits-Andererseits vorgeführt – es geht also nicht etwa um die Ambivalenz der Aufklärung, sondern nur um ihre rettungslose Verkehrtheit. Das Buch ist eine Schmähschrift über die Aufklärung, die die Kritik, die die Romantik nach 1800 geübt hatte, weit in den Schatten stellte. „Aufklärung ist totalitär", heißt es da; sie ist ein „totaler Betrug der Massen", „die radikal gewordene mythische Angst", sie ist „erstarrt in Furcht vor der Wahrheit".

Adorno begründete seine bis zum Ekel getriebene Abneigung gegen diese Epoche damit, dass sie die Menschenrechts-Idee so nachhaltig zur Geltung gebracht hatte. Er bestand – wie jeder Marxist – auf der Abhängigkeit der Werte von der Produktionsweise; hinzu kam aber in seinem Fall eine idiosynkratische Abneigung gegen die Gleichheitsidee. Nicht etwa kritisierte er sie als reine Isonomie, als lediglich formale Idee, die tatsächlich nicht durchgesetzt ist – so, wie es die Kommunisten, von Gracchus Babeuf bis Ernst Bloch, immer getan hatten. Oder als uneingelösten Scheck, wie Martin Luther King sich ausgedrückt hatte.

Nein: Ihm war die Gleichheit auch als Ideal unsympathisch; auch als Grund-
prinzips des formalen Rechts mochte Adorno sie nicht. Die Gleichheit wurde von
ihm – Karl Marx folgend – mit dem kapitalistischen Fetisch „Ware" in Verbindung gebracht. Das Recht war ihm gerade insoweit unangenehm, als es auf die
Gleichbehandlung aus ist. In der „Dialektik der Aufklärung" heißt es:

> „Recht ist das Urphänomen irrationaler Rationalität. In ihm wird das formale Äqui-
> valenzprinzip zur Norm, alle schlägt es über einen Leisten. Solche Gleichheit, in
> der die Differenzen untergehen, leistet geheim der Ungleichheit Vorschub; nach-
> lebender Mythos inmitten einer nur zum Schein entmythologisierten Menschheit.
> Die Rechtsnormen schneiden das nicht Gedeckte, jede nicht präformierte Erfah-
> rung des Spezifischen um bruchloser Systematik willen ab und erheben dann die
> instrumentale Rationalität zu einer zweiten Wirklichkeit sui generis."

Ich habe diese schwierige Argumentation in meinem Buch „Die Feier des Konkreten" erklärt; hier nur so viel: Kurz gefasst sagt Adorno in diesem Text, dass
das Recht, insoweit es auf Gleichbehandlung aus ist, die Besonderheit des Einzel-
falls übersieht und ihn einer generellen Norm unterordnet. Zugegeben: darin liegt
ein Nachteil. „Ohn' Ansehen der Person" heißt es, und Adorno kritisiert, dass
Justitia eine Binde vor den Augen trägt.

Die Lösung allerdings, die Adorno vorschlägt, vermeidet zwar diesen Nachteil, tauscht aber andere Nachteile dagegen ein, die dem Abendland seit zweitausend Jahren unerträglich erscheinen. (Von alters her wurde die Frage in der
Polarität „Einzelfallgerechtigkeit" versus „Rechtssicherheit" abgewogen.) Adorno stellt nämlich als Vorbild für eine richtige Rechtspraxis die Schilderung hin,
die Homer von der Welt der Zyklopen gibt: „Dort ist weder Gesetz noch Ratsver-
sammlung des Volkes, / Sondern all' umwohnen die Felsenhöhn der Gebirge /
Rings in gewölbten Grotten; und Jeglicher richtet nach Willkür / Weiber und
Kinder allein." (Max Weber würde von „irrationaler Kadijustiz" sprechen.)

Als abstrakte Rechtssubjekte ohne vitale Konkretheit schleichen die als Gleiche
angesehenen Menschen in der „Dialektik der Aufklärung" als Gespenster um
einander herum – das aber, was sie brauchen, um konkret zu werden, ist Blut.
Und Blut erhalten sie denn auch: Adorno lässt, angelehnt an die Nekya-Szene
in der Odyssee, einen Schafbock schlachten, dessen Blut, nachdem es in eine
Schüssel gestürzt ist, von den Schattenwesen getrunken wird. So werden die Unglücklichen aus ihrer Abstraktheit befreit und in die Konkretheit erlöst.

Zurück vor der Aufklärung! ist die Devise des Buches. „Aufklärung zer-
setzt das Unrecht der alten Ungleichheit, das unvermittelte Herrentum, verewigt
es aber zugleich in der universalen Vermittlung, dem Beziehen jeglichen Seienden auf jegliches."

Solche Aussagen sind, solange man nicht weiß, worauf sie hinauslaufen, schwer zu verstehen. Tatsächlich wurde Adorno auch selten verstanden. Man kann sich seine Texte nur erschließen, wenn man sich klar macht, dass er dem Atavismus anhing, der in den Zwanziger Jahren des vorigen Jahrhunderts in Mode gekommen war. Er strebte zurück in die Höhlen der Urväter, deren Entscheidungen über das Wohl und Wehe ihrer Horde noch nicht von generellen Maximen geleitet waren, sondern aus den Tiefen ihrer Bäuche kamen. (Ich habe diese Haltung in meinem Buch über Adorno als „Salon-Atavismus" bezeichnet, in Analogie zu dem Wort „Salon-Bolschewismus". Theodor Geiger sprach von „neoromantischem Antikapitalismus".)

Thomas Mann hat in seinem Doktor Faustus das atavistische Milieu der Zwanziger köstlich persifliert. Breisacher und Institoris sind dort die Figuren, die die zwischen den Weltkriegen in Mode kommenden archaischen Sentenzen vortragen; da ist denn auch viel von der Unmittelbarkeit und Konkretheit, die man besten auf blutigen Schlachttischen findet, die Rede.

Zumal gegen das Abstraktum „der Mensch" war Adorno eingenommen, und zwar so lächerlich eingenommen, dass ihn sogar die Antwort ärgerte, die Ödipus auf das Rätsel der Sphinx gibt: Wer geht zuerst auf vier, dann auf zwei und dann auf drei Beinen? Der Mensch. Für Adorno kommt in diesem Rätsel die Verehrung des farblosen Gespenstes zum Ausdruck, das ihm so zuwider ist. Wenn hier so oft – mit Ortega y Gasset – von der Souveränität des unqualifizierten Individuum gesprochen haben, so war es genau dieses Unqualifizierte, das Adorno nicht leiden konnte. Da half nur Blut.

Peinliche Konvergenz

Adorno wurde in den fünfziger Jahren von Günther Anders darauf hingewiesen, dass er sich bei seiner Bevorzugung des Konkreten als des Blutgefüllten in der Bildersprache der Nazis bewegte – auch sie hatten das Motiv von Odysseus und die Nekya für ihre eigene Blut-Bezogenheit entdeckt. Darauf erwiderte Adorno, dass den Nazis dieses Motiv nicht zugestanden habe – weil sie nicht auf das wirklich Konkrete aus gewesen seien, sondern den bleichen Kapitalismus beibehalten wollten.

Die 68er Generation war blind gegenüber der Tatsache, dass sie in die Falle der Konvergenz geriet, wenn sie sich der Adornoschen Abneigung gegen das Abstrakte anschloss. Hannah Arendt, die ihren Finger in die Wunde der Konvergenz gelegt hat, stellt in ihrem Buch über „Elemente und Ursprünge totaler Herrschaft" fest, dass die Übereinstimmung schon in der Zeit der Dreyfußaffäre zu erkennen gewesen war. Beide, die Chauvinisten und die Sozialisten, wandten sich damals gegen Clemenceaus „abstrakte Gerechtigkeitsidee".

Vor der Entdeckung der Konvergenz bestand (und besteht) in linken Kreisen
große Furcht. Wenn man ihr gegenüber nicht blind ist, so muss man sich doch so
stellen. Ihre Entdeckung wäre äußerst peinlich und ideologisch tödlich.

Der Grund für die Konvergenz liegt in der gemeinsamen Wurzel, die die
feindlichen Schwesterideologien haben: der Romantik, genau gesagt: im Monismus der Romantik. Von ihrem Impuls, der Ablehnung der Aufklärung, wurden
beide Ideologien getragen. Beide wollten sie den Dualismus zwischen dem Wirklichen und einer sie überschwebenden Kontroll-Idee überwinden; beide wollten
sie Stoff und Idee miteinander verschmelzen, beide waren sie deshalb auf das
Konkrete, Stoffliche, Wirkliche aus. Während sich der Marxismus auf die „Klasse" als sein stoffliches Substrat stützte, war es im Fall des Faschismus die „Rasse".
In beiden Fällen wollte man sich von dem Verdacht eines bodenlosen, abstrakten
Idealismus frei fühlen – frei von der ideologischen Schwäche, die dem Denken
der Aufklärung seit der Romantik angelastet wurde.

Wir hörten schon im vorigen Kapitel von Ernst Fraenkel, wie unglücklich
sich die konvergierende Ablehnung des Naturrechts im Nationalsozialismus aus-
gewirkt hat, als die Linken die Nazis philosophisch näher standen als den Na-
turrechtlern, die sie als „Utopisten" diffamierten. Dieser Missstand setzte sich
in der Studentenbewegung fort. Für ihre Anhänger war Ernst Fraenkel, der nach
Deutschland zurückgekehrt war, keine Autorität; sie ließ sich von der Frankfur-
ter Schule in die Falle führen, die man als „Konvergenz der Monismen" bezeichnen könnte.

Soweit Ideen sich verkörpern können, ist die „Konvergenz" Fleisch und Blut
geworden in Horst Mahler, dem ehemaligen Kommunisten und jetzigen Rechts-
radikalen, der die Menschenrechte leugnet und zur Begründung (in seinem
Buch „Schluss mit dem deutschen Selbsthass") sagt:
„Die Menschheit ist eine Abstraktion – so wie ‚Obst' eine Abstraktion ist.
Sie ist kein konkretes Gemeinwesen, deshalb auch nicht willensfähig. Konkretes
Dasein des Obstes sind Äpfel, Birnen, Erdbeeren usw." Nur ein bestimmtes Ge-
meinwesen könne das „konkrete Dasein der Menschheit" sein. Mahler brauchte
sein vertrautes kommunistisches Denkmilieu nicht zu verlassen, wenn er diesen
Standpunkt jetzt unter den Rechten vertritt.

Über die Konvergenz zwischen den beiden totalitären Ideologien muss endlich offen gesprochen werden. Der gesamt-totalitären Denkfigur muss endlich
entgegen getreten werden, weil sie die Abstraktheit, die die Stärke des Universalismus ist, in eine Schwäche ummünzt.

Der „Mensch an sich" ist zwar ein abstrakt-ideelles Gebilde, aber er ist deshalb doch keineswegs blass und schattenhaft – und insofern Blut-bedürftig –,
sondern in einer höheren Weise beseelt. Eine Gesellschaft, die den Menschen „an
sich" anerkennt, den von jeder konkreten Partikularität losgelösten Menschen, ist
nicht rationalistisch-entleert, sondern sie ist wärmer, reicher, unmittelbarer und

lebendiger als die Gesellschaften, die ihn noch nicht kennen. (Überdies werden wir im 12. Kapitel sehen, dass sich der „Mensch an sich" in der Wirklichkeit immer konkreter verkörpert.)

Statt die Gleichheitsidee als abstrakt-blutlos abzulehnen, hätten die jugendlich-kritischen Kräfte in den sechziger Jahren sehen können, wie der Gleichheits-Gedanke in der amerikanischen Bürgerrechtsbewegung wirksam wurde. Ihr wurde deshalb so wenig Beachtung geschenkt, weil es in den USA nicht um eine kommunistische Revolution ging, sondern um die Einlösung des universalistischen Versprechens, auf das man als Materialist nichts gab.

Die Tatsache, dass die Konvergenz der totalitären Schwester-Ideologien nicht deutlicher auffiel, hatte nicht nur mit Scham zu tun, sondern auch mit der – bis heute anhaltenden – Unkenntnis der Nazi-Philosophie. Das Konzept von Adorno und Horkheimer wurde ohne Skrupel rezipiert, weil seine Autoren als Emigranten gegen den Faschismus gefeit zu sein schienen. Es wurde übersehen, dass diese Autoren ihre geistigen Prägungen im anti-demokratischen Weimarer Milieu erfahren hatten, in den Zirkeln, die Thomas Mann im „Doktor Faustus" so gut beschrieben hat.

So kam es zu der absurden Verkehrung, dass die Aufklärung dem Holocaust seine Chance gegeben habe. Das Gegenteil ist der Fall: „Romantik als deutsches Schicksal" (Ferdinand Lion).

Postmoderne

1980. In der gegenwärtigen, nun schon etwa dreißig Jahre lang herrschenden Postmoderne wurde der Marxismus insofern überwunden, als er eine „Idée générale" ist – um den Ausdruck von George Sorel noch einmal aufzugreifen. Dem Naturrecht kam man dabei natürlich nicht näher – im Gegenteil. Die Postmoderne ist von der in der Deklaration der Menschenrechte verkündeten Auffassung, dass „eine gemeinsame Idee" für die Welt von größter Wichtigkeit sei, denkbar weit entfernt. Gerade das muss den Menschenrechten in den Augen des Zeitgeists schaden: dass sie einheitliche, universale, mit allgemeinem Geltungsanspruch auftretende Maximen sind. Gleichheit ist besser als Hierarchie, Freiheit ist besser als Sklaverei – das sind feste Prinzipien, die dem praktischen Leben Orientierung geben sollen. Die ganze Gegenwartskultur bäumt sich dagegen auf. Genau das ist ihr verhasst: allgemeine Richtlinien für das Gute.

„Postmoderne" nennt sich diese Kultur deshalb, weil sie stolz darauf ist, die Moderne überwunden zu haben, die solche Richtlinien entwickelt und gepflegt hat. Sie ist in den siebziger, achtziger Jahren aufgekommen, als es galt, in der akademischen Welt die angemaßte Universalität des marxistischen Denkens zurückzudrängen; sie hat ihre Ablehnung des Allgemeinen aber zu einer Höhe empor gesteigert, die schwindelerregend und frivol ist und von ihren Denkern schon lange nicht mehr verantwortet werden kann.

Das Konsistente und Geschlossene sei lediglich Konstruktion, sagen sie. Nur das Diversifizierte und Zerfetzte hat in ihren Augen Geltung. Sie verehren die Vielfalt und die Vieldeutigkeit; „Abschied vom Prinzipiellen", „Apotheose des Zufälligen", „Le Differend" – unter solchen Titeln haben sie in den letzten Jahrzehnten Einfluss genommen. Bis heute überstürzen sich die Autoren darin, alle denkbaren Ideen möglichst klein zu hacken und in so winzige Teile zu vaporisieren, dass sie in alle Winde gesprüht werden können.

Die Allgemeine Erklärung der Menschenrechte wurde bei diesem Verhackstücken nicht ausgenommen, und das war konsequent. Wir hörten schon, dass der Franzose Francois Lyotard die Auffassung vertrat, dass diese Erklärung eine Erzählung sei, die keine größere Bedeutung habe als der Ursprungsmythos, den sich der kleine Stamm der Cashinana in der Südsee ausgedacht hat. Die Tatsache, dass sich ein großer Teil der Welt ein und dieselbe Geschichte erzählt – dass die Menschen von Natur aus auf dem Fuße der Freiheit und Gleichheit zueinander stünden – nützt der Erklärung der Menschenrechte unter dem postmodernem Blick überhaupt nichts; sie schadet ihr eher. Der Philosoph Odo Marquardt sagte:

> „Es ist nötig für die Menschen, nicht nur eine einzige Geschichte oder wenige Geschichten zu haben, sondern viele Geschichten; denn hätten sie – jeder einzelne Mensch und alle Menschen zusammen – nur eine einzige Geschichte, wären sie dieser Alleingeschichte mit Haut und Haaren verfallen und ausgeliefert; erst sobald sie viele Geschichten haben, werden sie von jeder Geschichte durch die jeweils anderen Geschichten relativ frei und dadurch fähig, eine je eigene Vielfalt zu entwickeln, d. h. ein Einzelner zu sein, und sei es ein verzweifelter Einzelner, der weiß: nur eines hilft wirklich über eine Verzweiflung hinweg: die nächste."

Verzweiflung ist chic. Schlechte Zeiten für das „gemeinsame Ideal" der Allgemeinen Menschenrechtserklärung.

Übersehen wird in der Postmoderne zweierlei: die Tatsache der Vielfalt ist erstens im Schwinden (12. Kapitel); zweitens aber ist das Naturrecht deshalb entstanden,

> „w e i l es so viele verschiedene Rechtsordnungen und so verschiedene Meinungen über Recht und Unrecht gab. Diese Tatsache haben die Naturrechtler nicht etwa übersehen, sondern sie war der Ausgangspunkt ihres Nachdenkens." (Martin Kriele, Grundprobleme der Rechtsphilosophie)

Der Tod des Subjekts

„Macht oder Ohnmacht der Subjektivität" – dieser Titel eines Büchleins von Hans Jonas bezeichnet eine Wegscheide, an der die Philosophie immer wieder steht. Wenn sie das Menschenrechts-Konzept bejaht, vertraut sie auf die Macht der Subjektivität; wenn sie das Konzept verneint, glaubt sie nicht an diese Macht. Wenn die Fähigkeit des Menschen, eigenständig Kausalketten anzustoßen, geleugnet wird, macht es auch keinen Sinn, die Geltung von ewigen Rechten anzuerkennen. Sie sind in einem Weltbild ohne steuerbare Kausalität funktionslos. Nur der entscheidungs- und handlungsfähige Mensch, der etwas bewirken kann, hat Verwendung für äußere Maßstäbe.

Unterscheiden wir grob zwischen einer aktiven und einer passive Konzeption. Sie standen sich schon in Aufklärung und Romantik gegenüber – ihre Polarität ist „klassisch". In der Aufklärung, als die Französische Revolution in Gang kam, stellte man sich den Menschen als selbstbewusstes, autonomes Individuum vor (Kant zeichnete das scharfe Bild des „intelligiblen" Menschen, dessen ethisch motiviertes Handeln nicht kausal bestimmt ist, sondern autonom eine Kausalkette anstößt); in der Romantik hingegen, die gerade das Scheitern des aktiv handelnden Subjekts vor Augen gehabt hatte, nahm man den Menschen wieder in die Gesamtheit der kosmischen Ordnung hinein, in das Still-Wachsende Werden des Ganzen, in das undurchschaubare „Heimlich-stillvergnügte-Tauschen".

Der heutige Mainstream geht von der Ohnmacht der Subjekte aus. Wichtig sind nicht die einzelnen Menschen und ihre Handlungen, sondern ihre Interdependenzen, Vernetzungen und Kommunikationen: nicht das, was sie selbst sind, ist wichtig, sondern das, was zwischen ihnen ist. Als wirksam werden nicht ihre Aktionen angesehen, sondern die undurchschaubaren, hyperkomplexen, pluralistischen Kräftegeschiebe, die keinen Anfang und kein Ende haben.

Nur mit „dem Menschen" aber findet die Betrachtung einen Festpunkt. Ernst Bloch sagte in seinen Leipziger Vorlesungen, dass dieser Festpunkt nötig sei, damit die Analyse bei einem bestimmten Punkt stehen bleibe, statt sich selbst vollständig zu analysieren und aufzulösen – „so, wie der Magen alles verdaut mit Ausnahme seiner selbst – sonst hätten wir nichts zu lachen." Es gelte beim Menschen als Ausgangspunkt stillzuhalten – sonst werde „die ganze Welt der Geschichte und die ganze Welt der menschlichen Angelegenheiten verabschiedet, weggezaubert, weggeblasen, als wäre sie nie dagewesen." Er karikierte die subjektlose Sichtweise in einer Beschreibung der Schlacht bei Marathon, die das Geschehen in seine physischen und physiologischen Determinanten auflöst. Letzten Endes ist die Schlacht auf die Milchsäure reduziert, die die Muskeln der Kämpfenden produzieren. „Und am Schluss haben wir", sagte er abkürzend, „einen Tanz von Atomen. Das also ist des Pudels Kern – und wo ist die Schlacht von Marathon?"

Die Leugnung der Subjektivität kam während der achtziger Jahre in Mode. „Kaum jemand behauptet heute noch die Existenz einer vor aller Gesellschaftlichkeit bestehenden individuellen Freiheit, die durch Eintritt des Individuums in die Gesellschaft eingeschränkt wird, wie dies für die Naturrechtslehre charakteristisch war", sagte der ehemals marxistische Theoretiker U. K. Preuß, der inzwischen den Universalismus verbreitet. „Internalisierung des Subjekts" hieß sein Buch, und mit diesem Titel war das neue Programm gut gekennzeichnet. Das Subjekt nimmt seine potentiellen Kräfte nach innen und zieht den Schwanz ein. Man wollte in die Verhältnisse nicht mehr intervenieren. Ausgerechnet das linke Bremen wurde damals zum Zentrum des „post-interventionistischen Rechts".

Luhmanns Systemtheorie

Am konsequentesten wurde die Ent-Subjektivierung in Niklas Luhmanns Systemtheorie betrieben. Die Vorstellung von einem autonomen, seine Verhältnisse selbst gestaltenden Subjekt wurde durch ihn als „alteuropäisch" hingestellt – ein Wort, das in den neunziger Jahren durchaus als Schimpfwort eingesetzt werden konnte.

Soweit „der Mensch" an irgendeiner Stelle des Systemfunktionierens eine Rolle spielte, war das zufällig – er konnte immer durch ein Äquivalent – Geld, Macht, Liebe, was auch immer – ersetzt werden.

„Für die alteuropäische Tradition der Gesellschafts- und Rechtsphilosophie war die Prämisse selbstverständlich gewesen, dass der Mensch seine Freiheit und seine Tugend, sein Glück und sein Recht als lebender Teil der lebenden Gesellschaft findet. Die Gesellschaft wurde als Verband konkreter Menschen gesehen. Gerade darin, dass sie aus Menschen bestand, hatte sie ihre einleuchtende und einnehmende Humanität und ihren moralischen Anspruch".

Diese Zeiten sind aber vorbei.

„Die neueren Entwicklungen der soziologischen Systemtheorie zwingen dazu, mit dieser Vorstellung zu brechen. Als strukturiertes System sinnhaft aufeinander bezogener Handlungen schließt das soziale System den konkreten Menschen nicht ein, sondern aus." („Rechtssoziologie")

In Luhmanns System fallen die Menschenrechte unter den Tisch. Sie beschreiben die Verhältnisse nicht, wie sie sind, sondern geben ihnen vor, wie sie richtiger Weise sein sollten. Gegen diese Grundhaltung richtet sich Luhmanns Werk. Bei

ihm wird dem Recht nicht die Funktion zugeschrieben, Normen wie Gerechtigkeit oder Frieden durchzusetzen. Es ist ein blindes, sich selbst erhaltendes System,
nicht anders als eine Amöbe, nur, dass es größer, aus sehr viel mehr Elementen
zusammengesetzt und insofern komplexer ist. Ebenso wie die Amöbe aber hat es
die Autopoiesis zum Grundprinzip:

> „Die Autopoiesis des Rechtssystems ist normativ geschlossen insofern, als nur das
> Rechtssystem seinen Elementen rechtsnormative Qualität verleihen kann und sie
> dadurch als Einheiten konstituieren. Die Normativität hat keinen darüber hinausge-
> henden Zweck (im Sinne eines intendierbaren Endes). Ihre Funktion ist die kontinu-
> ierliche Selbstermöglichung von Moment zu Moment, von Ereignis zu Ereignis, von
> Fall zu Fall, und sie ist gerade darauf angelegt, kein Ende zu finden".

Da lassen sich die Ziele der Menschenrechte, da lassen sich ihre Weltverbesse-
rungs-Absichten nicht einfügen. Diese Theorie ist selbst ein geschlossenes System, das solche Fremdkörper selbsttätig ausscheidet.

Ganz unauffällig (er wollte ja nicht als Verfassungsfeind in Erscheinung treten) hat Niklas Luhmann das Menschenrechts-Denken unterminiert. Selten nur
nannte er es explizit als seinen Gegner. Verschleiernde Formulierungen halfen
ihm dabei: Statt „Menschenrechte" oder „naturrechtliche Maximen" benutzte er
Begriffe wie Transitivität, Werthierarchie, Legeshierarchie, konsistent-transitive
Wertordnung, Zweckgerichtetheit.

Er sprach von dem Irrtum der „basalen Linearität", wenn er die Nützlichkeit
regulierender Ideen bestreiten wollte. Er lastete ihnen an,

> „dass sie die Beziehung zwischen den regulierenden Systemen (Politik und Recht)
> und dem regulierten System (funktionales Subsystem, Organisation, Interaktion)
> als eine Beziehung zwischen Umwelt und System ansehen, in der die regulierenden
> Systeme die Ziele und die Prozesse des regulierten Systems aufrechterhalten und
> kontrollieren."

Wer würde da einen Angriff auf die Menschenrechte heraushören wollen? (Und
womöglich eine normative Aussage über das richtige Verhältnis von Staat und
Wirtschaft?)

Manchmal argumentierte Luhmann allerdings auch ganz offen anti-univer-
salistisch.

> „Die Aufhebung von Rassendiskriminierung, soziale Gerechtigkeit gegenüber
> Kinderreichen" sagte er 1972 (in seiner „Rechtssoziologie") ganz ungeniert, „sind
> Störungen von funktionierenden System-Umwelt-Beziehungen, die keine Chance
> haben, ihr Ziel zu erreichen."

Mit der nötigen Schärfe hat nur der (letzte große) Rechtsphilosoph Arthur Kaufmann auf diese Auflösung des Naturrechts reagiert. Er sagte 1984 über die
neueren Theorien: „Es geht darum, dass die Sprache (symbolisch interagieren,
Komplexität reduzieren, herrschaftsfrei kommunizieren) wieder bewusst zur
Verhüllung von Gedanken und zur Manipulation von Meinungen eingesetzt wird".
Wir hörten schon im 7. Kapitel, dass Kaufmann diese Wendung als „Verrat der
meisten führenden Schichten des Volkes an dem Ideengut des Liberalismus, der
nicht 1945 aufgehoben, sondern in die Gegenwart weiter gezogen wird", charakterisiert hat. Damit ist die These bezeichnet, die wir hier vertreten: der deutsche
Sonderweg wurde noch nicht wirklich verlassen.

Rawls Schleier der Unwissenheit

2011. Bis heute leidet die Menschenrechtsidee unter ihrer metaphysischen Herkunft, die philosophisch nicht anerkannt wird; sie muss ohne theoretischen Rückhalt auskommen und kann sich nur praktisch-politisch bewähren.

Auch in Amerika, wo sie durch das nationale Selbstbewusstsein gut fundiert ist, gibt es keine Theorie, die sie wirkungsvoll abstützt. Es müsste sich ja
um eine Ausformung des Idealismus handeln und eine solche Theorie ist auch
dort weit und breit nicht vorhanden – jedenfalls nicht explizit, nur in Form von
Inkonsistenz.

In wissenschaftlichen Kreisen wird die Theorie von John Rawls allgemein
anerkannt, die auch nach Europa abstrahlt und einen Metaphysik-freien Ersatz
für die Menschenrechts-Idee zu bieten verspricht. Rawls „Theory of Justice" hält
sich an das positivistische Gebot der Wertfreiheit, macht also keine idealistischen
Anleihen; sie schöpft andererseits auch nicht aus der Empirie, sondern ist eine
rationale und künstliche Konstruktion:

Man stelle sich vor, jemand habe die Aufgabe, eine gerechte Gesellschafts-
ordnung zu konzipieren. Damit er sie nicht – wie etwa Plato – hierarchisch-
geschichtet konzipiert, wird ihm folgende Schwierigkeit auferlegt: Er muss davon
ausgehen, dass er selbst in dieser Gesellschaft leben sollte, weiß aber nicht, in
welcher Position. „The veil of ignorance", der Schleier der Unwissenheit liegt
über dieser für ihn so wichtigen Frage. Unter diesen Umständen würde er sicherlich dafür sorgen, dass jeder es in seinem Utopia gut hätte, auch die Strafgefange-
nen und die Müllleute. In dieser Welt würden Freiheit und Gleichheit möglichst
gleichmäßig verteilt; bei aller notwendigen Arbeitsteilung wäre jede Position
annehmbar.

Die Idee ist nicht neu und wurde in der Rechtsphilosophie bislang unter dem
Stichwort „Reziprozität" erörtert. Martin Kriele verwendet in seiner „Einführung in die Staatslehre" als Beispiel dafür die Regeln des Kaufvertrags: Diese

Regeln werden deshalb allgemein anerkannt, weil jeder sich sowohl in der Rolle des Verkäufers wie des Käufers vorfinden kann; er ist deshalb mit dem BGB zufrieden, weil es keine dieser Positionen bevorzugt.

Im westfälischen Erbrecht wirkt sich der Schleier der Unwissenheit in dem Prinzip „Dele, wähle" aus. Der eine teilt, der andere wählt. Wer die Teilung vorgenommen hat, darf sich nicht selbst seinen Teil aussuchen. Engels berichtet, dass die Irokesen die Vermögen nach der Ehescheidung auf diese Weise verteilt haben. (Mein Bruder und ich pflegten einen kaum exakt durchzuschneidenden Schokoladen-Weihnachtsmann auf diese Weise aufzuteilen.)

Die Rawlsche Konzeption ist allerdings insofern nicht Metaphysik-frei, als sie das Ziel einer gerechten Gesellschaft als Vorgabe nimmt – so, als wäre es selbstverständlich, dass eine Gesellschaft gerecht sein müsse. Auf internationalen Kongressen kann man immer wieder feststellen, dass niemand so gut weiß, wie wenig selbstverständlich diese Vorgabe ist, wie wir Deutschen.

Habermas Diskurstheorie

Anders als in der Luhmannschen Systemtheorie hat das Menschenrechtsdenken in der Philosophie von Jürgen Habermas seinen Platz gefunden. Letzten Endes jedenfalls; zunächst war Habermas Marxist und als solcher dem materialistischen Monismus verschrieben. Seine historische Bedeutung besteht darin, dass er die Linken aus ihrer sozialistischen Verbohrtheit heraus in die westliche Denkwelt des Universalismus führen konnte. Das gelang ihm, weil er den Materialismus nicht anzutasten schien und der verpönte Idealismus, zu dem es jetzt überzugehen galt, bei ihm hinter der scheinbaren Anbindung an einen empirischen Sachverhalt versteckt blieb: durch die Anbindung an die Tatsachenwelt der menschlichen Diskurse. Die Schwelle vom materialistischen Monismus zum idealistischen Dualismus, die kein Linker hätte überschreiten wollen, schien respektiert zu sein.

Mit der Bezugnahme auf den Diskurs übernahm Habermas einen Gedanken des Philosophen Karl-Otto Apel, der behauptete, im Diskurs eine „Letztbegründung" des Guten und Richtigen gefunden zu haben, die ohne idealistische Anleihen auskam. Habermas entwickelte diesen Gedanken zur Diskurstheorie fort und pries sie den hilfesuchenden Linken als Theorie an, die die Richtigkeit von Wertungen begründen könne, „ohne dass der Idealismus wieder hergestellt wird, der mit den naturalistischen Einsichten des Historischen Materialismus unverträglich ist."

Das Sprechen im Diskurs habe die Eigenschaft, die Ansichten, auf die man sich letzten Endes einigt, mit inhaltlicher Richtigkeit zu versehen. Ansichten könnten keine objektive Gültigkeit haben, solange sie nur von Einzelnen im stillen Kämmerlein vertreten werden. In diesem Stadium fehle ihnen noch jeder Wahrheitsgehalt. Würden sie aber ausführlich in einer Kommunikationsgemeinschaft besprochen und in einem Konsens als maßgeblich erachtet, so ströme durch diese Prozedur die Wahrheit in sie ein. So sei es auch mit der Menschenrechtsidee geschehen. Sie sei wahr-geredet worden.

Nun weiß man aus langer Erfahrung, dass die empirischen Diskurse sehr wohl zu bösen, menschenrechtsfeindlichen Ergebnissen kommen können. Diesem Einwand begegnete Habermas damit, dass er die wahrheitsstiftende Wirkung des Miteinandersprechens nur den „idealen Diskursen" zusprach. Dieses Argument macht das Ideale, das doch scheinbar das Ergebnis des Diskurses ist, zu dessen Voraussetzung. Es liegt ein Zirkelschluss vor. Münchhausen zieht sich selbst am Schopf aus dem Sumpf.

Trotz ihres theoretischen Mangels hat die Habermassche Theorie aber das bleibende Verdienst, dass sie die deutsche Intelligenz jedenfalls oberflächlich von dem Sonderweg fort in die westliche Ideenwelt hinüberführen konnte. Die traditionelle Verachtung von Diskussion und Kompromiss, die Anhänglichkeit an die selbsttätige Dynamik von Klasse oder Rasse – und, nicht zuletzt, die Faszination durch die Gewalt – scheinen unter Habermas Einfluss überwunden zu sein.

Dunkel war's, der Mond schien helle

Theoretische Klarheit ist dadurch allerdings nicht eingetreten. Die gegenwärtige Menschenrechtsphilosophie befindet sich – zwischen den Polen Idealismus und Materialismus schwankend – im Chaos. Den meisten Theoretiker stehen, wenn es schon nicht ihre marxistischen Anfänge sind, noch ihre ganz frischen Bekenntnisse zur Postmoderne im Weg, die sich mit dem Universalismus nicht vereinbaren lassen.

Dieses Kunststück wird aber doch fertig gebracht. Die einschlägige Philosophie besteht sogar ganz wesentlich aus den Sophismen, die nötig sind, um die Gegensätze unter einen Hut zu bringen. Man bildet die merkwürdigsten Amalgamierungen (wie „Glokalisierung"); sie erinnern an das alte Kindergedicht: Dunkel war's, der Mond schien helle, als ein Wagen blitzesschnelle langsam um die Ecke fuhr. So heißt es in einem Aufsatz, der sich als „Begründung des Universalismus" versteht, dass sich diese Begründung nur aus der Perspektive der „Anerkennung einer Pluralität von konträren Moralentwürfen, von Moralen im Plural, der Anerkennung einer Vielgestaltigkeit der Gattung, zu der die Unterschiede im Individuellen, Sozialen und Kulturellen ebenso gehören wie gesellschaftliche Pluralität, ergibt." (Rolf Zimmermann)

In immer neuen Arabesken werden Elemente der gegensätzlichen Denkwelten zusammengefügt. Da ist es gut, dass alles Unlogische gerade als das „Paradoxe" geschätzt wird. Vorbei sind die Zeiten, als die „Paradoxenreiterei" schlecht angesehen war. So kommt es dazu, dass genau das eingetreten ist, was Kant so prägnant ausgedrückt hat: Wenn die Sittlichkeit kein Apriori sei, werde ihr ein „aus Gliedern ganz verschiedener Herkunft zusammengeflickter Bastard untergeschoben".

11. Kapitel: Menschenrecht im Krieg

Mentaler Kosmopolitismus

Obwohl die Menschenrechtsidee philosophisch auf schwachen Füßen steht, so wächst ihre Bedeutung im Bewusstsein der Menschen doch immer mehr. Auf dem Grunde des globalen Bewusstseins hat sich eine menschheits-solidarische humanitäre Grundhaltung herausgebildet, die es nicht mehr erlaubt, systematische Gräueltaten hinzunehmen, gleichgültig, ob sie diesseits oder jenseits partikularer nationaler Grenzen verübt werden. Das „Allgemeine" ist mehr als das, was es einmal war – mehr als das, was es zu Hegels Zeiten war: die öffentlichen Angelegenheiten innerhalb des eigenen Staates. Das „Allgemeine" ist jetzt alles, was sich auf dem Globus abspielt. Ein mentaler Kosmopolitismus ist entstanden, der immer mehr wächst und sich nicht mehr aufhalten lässt. Diese Bewusstseinslage drängt danach, dass die Nationen den Status naturalis, in dem sie sich im Verhältnis zueinander immer noch befinden, verlassen und in den globalen Status civilis eintreten; dass die Welt-Gewalt monopolisiert und dadurch in den Stand gesetzt wird die Menschenrechte von oben her polizeilich durchzusetzen.

Es gibt jetzt eine öffentliche Weltmeinung, die ihren Schirm über den abstrakten Menschen ausbreitet, über das unqualifizierte Individuum (sei es usbekischer oder kirgisischer Abstammung, wie ich aus gerade aktuellem Anlass sage). Eine Welt-Zivilgesellschaft baut sich auf, die keine Grenzen mehr kennt. Das alte Freund/Feind-Schema hat ausgedient; wer sich seinem Reiz noch nicht hat entziehen können, gilt mit Recht als primitiv.

Dieser mentale Kosmopolitismus hat sich in Deutschland gezeigt, als die öffentliche Meinung so hoch sensibel auf den Oberst-Klein-Vorfall reagiert hat; er hat sich in England gezeigt, als die Gefängnisse in Guantanamo und Abbu Graib geöffnet wurden: Ein junger Orientale, der sich – ohne die Staatsbürgerschaft zu genießen – einige Jahre in England aufgehalten hat, stand dort eine Weile im Mittelpunkt des Interesses. Unstreitig war, dass er Terrorist war. Er sei gefoltert worden, sagte er … und die Empörung in England war groß.

Die Menschheit kann stolz darauf sein, dass sie sich schon zu dieser moralischen Höhe emporgeschwungen hat. Hat es das denn bisher schon gegeben – eine solche Schutzhaltung gegenüber den Soldaten des Feindes? Nach Kants Ansicht zeigt sich der Ewige Friede dort, „wo die Rechtsverletzung an einem Ort der Erde zugleich an allen gefühlt wird". Das ist bereits der Fall.

Unreife des Völkerrechts

Der Ewige Friede ist aber insofern noch weit entfernt, als in der Welt noch ein anarchischer Naturzustand herrscht. Wenn der Weltgeist (um Hegels Begriff zu verwenden) auch schon kosmopolitisch orientiert ist, so entspricht die politische Struktur der Welt dem keineswegs. Die ethische Unparteilichkeit, die Solidarität mit dem Menschen an sich, eilt dieser Struktur voraus. „Seid umschlungen, Millionen! Dieser Kuss der ganzen Welt!" – so weit sind wir noch nicht.

Der mentale Kosmopolitismus ist dem Weltfrieden sogar gefährlich, solange die praktisch-politische Weltlage noch hinter ihm herhinkt. Denn er animiert zu Humanitären Interventionen, die im Völkerrecht aus guten Gründen verboten sind. Noch ist die Gewalt in der Welt nicht monopolisiert, noch kann keine Großmacht ohne die Gefahr, von einer anderen gehindert zu werden (und damit in die Eskalation eines Weltkriegs zu rutschen) eine Intervention vornehmen. Wie gefährlich war die Lage 1999 in Belgrad, als die Nato in Serbien intervenierte und ihr plötzlich russische Panzer gegenüberstanden! Der Vorfall ist schnell vergessen worden. Aber so war es: Dem Nato-General, der Michael Jackson hieß (ein anderer Held dieses Namens wird im nächsten Kapitel erwähnt werden), war aus Washington befohlen worden zu schießen. Gott Lob hat er den Befehl verweigert (mit der Begründung, er wolle keinen Dritten Weltkrieg auslösen); er verdient ein Denkmal.

Dieser Krieg war ein verbotener Angriffskrieg der Nato (wir sahen das schon im 7. Kapitel). Das wurde Ende der neunziger Jahre mit dem Argument bestritten, dass das Völkerrecht veraltet sei. Das ist aber keineswegs der Fall. Es ist unabdingbar, dass die Charta den Angriffskrieg auch weiterhin verbietet und die Humanitäre Intervention nur unter einer sehr eng gefassten Bedingung erlaubt: unter der Bedingung, dass alle Großmächte ihr zugestimmt haben. Nur wenn diese Mächte sämtlich auf ihr Veto verzichtet haben, kann ein militärischer Welt-Einsatz riskiert werden. Nur so kann verhindert werden, dass sich eine Großmacht dem Beschluss entgegenstellt und eine Eskalation eintritt. Die Charta hat nämlich nur ein großes Ziel: Weltkriegsverhütung.

Je weniger sich der mentale Kosmopolitismus aber mit dieser Völkerrechtslage arrangieren mag, je weniger er bereit ist „wegzuschauen", desto mehr muss er darauf dringen, dass die Welt institutionelle Konsequenzen zieht.

Wir haben es in der Gegenwart wieder mit der Konstellation zu tun, die in der Französischen Revolution vorlag. Ohne dass eine tatsächliche Ordnung dem Menschenrechtsbewusstsein einen Rahmen geben könnte, verlangt dieses Bewusstsein schon heftig nach seiner praktischen Durchsetzung – und wird dadurch gefährlich. „Weh denen, die dem Ewigblinden, des Lichtes Himmelsfackeln leihn. Sie strahlt ihm nicht, sie kann nur zünden und äschert Städt und Dörfer ein", kann man (mit Blick auf die Menschenrechtsdurchsetzung im Nahen Osten) wieder sagen.

Festung Europa

Eine andere Einschränkung ihrer Wirksamkeit erleiden die Menschenrechte durch die europäischen Grenzen. Das wird gern verdrängt, aber es ist die Wahrheit: Europa hat sich als Festung barrikadiert, um nicht einer Invasion von Menschen den Genuss der universalen Rechte verschaffen zu müssen. Die Universalität des Rechts auf Leben ist dadurch eingeschränkt, dass es nur diejenigen einbezieht, die sich mit beiden Beinen auf europäischem Boden befinden. Solange jemand nur darum bemüht ist, diesen Boden zu betreten und sich noch außerhalb der Grenzen befindet, ist er vogelfrei.

Man wird ja erst dadurch, dass man Europa betritt, ein Mensch im engeren Sinne des Wortes, man erwirbt ja erst dadurch den Anspruch auf Essen und Trinken und ein Dach über dem Kopf (und alles andere, was nach heutiger Ansicht dazugehört – Fernsehen, allerdings nicht Kabel-Fernsehen, nach einer neuen Gerichtsentscheidung, und so weiter). Die massenhafte Verwandlung in solche Vollmenschen muss von europäischer Seite aus unbedingt verhindert werden. Millionen von Afrikanern würden diesen Status für ihr Leben gern erreichen und streben auf europäisches Territorium.

Dagegen haben die Europäer die sorgfältigsten Vorkehrungen getroffen. Sie haben sich nach außen bis an die Zähne bewaffnet. Von den Wäldern hoch oben in Finnland, in denen Tag und Nacht bewaffnete Streifen auf und ab gehen, bis zu den Wassern, die die Felsen von Gibraltar umspülen, ist Europa eine schwer befestigte Anlage. In dem Begriff „Festung Europa" liegt keine Übertreibung. Der europäische Boden wird strengstens bewacht – und es wird geschossen. Schon im Jahre 2007, als das Schengen-Abkommen vierzehn Jahre alt war, hat eine NGO (United Against Racism) 11000 Tote gezählt – Menschen, die infolge der Bestimmungen dieses Abkommens an den europäischen Grenzen zu Tode kamen.

Wem es illegaler Weise doch gelungen ist, sich auf den magischen Boden zu stellen, auf dem man in einen Vollmensch verwandelt wird, wer angekommen ist und einen Asylantrag gestellt hat, ist noch nicht dauerhaft und zuverlässig in Sicherheit. Er kann seinen Status als „Mensch" immer noch verlieren und abgeschoben werden. Er darf nämlich nicht über ein „sicheres Drittland" eingewandert sein; er muss direkt aus dem Land kommen, in dem er (angeblich oder wirklich) politisch verfolgt wurde. Diese Frage, auf welchem Wege er gekommen ist, spielt heute in den Asylverfahren eine größere Rolle als die Frage der politischen Verfolgung. „Wenn Sie aus Nairobi nach Frankfurt eingeflogen sind – wie sah der Flughafen dort aus? Fuhr man mit der Rolltreppe nach unten oder nach oben?" – so sieht heute vor den Verwaltungsgerichten die Beweisaufnahme aus.

Internationale Anarchie

Eine viel gewohntere und selbstverständlichere Einschränkung der Menschenrechtsgeltung bedeutet die Tatsache, dass diese Rechte im Krieg außer Kraft gesetzt sind. Nach einem alten Wort von Cicero schweigen die Gesetze im Krieg: Inter arma silent leges.

Hier zeigt sich die mangelnde Universalität der ewigen Rechte am deutlichsten und schrecklichsten: in der Tatsache, dass sie im Ernstfall aufgehoben sind. Und zwar in zweierlei Hinsicht: in Hinsicht auf die eigenen jungen Männer, die zwangsrekrutiert werden können, und zweitens in Hinblick auf den Feind, der gänzlich zum Outlaw wird.

Obwohl der junge Mann mit einer gewissen Wahrscheinlichkeit in den Tod geht, wenn er in den Krieg geschickt wird, muss er sich fügen. Das war schon immer so, und das ist überall so. Und das muss wohl auch – in Ermangelung einer effektiven Weltpolizei – so sein. Deshalb hat sich die Genfer Konvention dieser Realität angepasst. Sie verlangt nur, dass der junge Mann, der mit vorgehaltener Pistole in den Krieg geschoben wird, mindestens fünfzehn Jahre alt ist.

Auch das deutsche Grundgesetz steht dem nicht entgegen. Das Grundrecht auf Leben, heißt es in Art. 2 Absatz 2, kann durch ein Gesetz eingeschränkt werden. Prinzipiell dürfen solche Einschränkungen eigentlich nicht in den „Wesensgehalt eines Grundrechts" eingreifen. Das Leben selbst dürfte eigentlich nicht preisgegeben werden. Der größte Kommentar zum Grundgesetz, Maunz-Dürig, gerät deshalb ins Stammeln, wenn er begründen will, dass der Staat trotz der Wesensgehaltsgarantie den „Lebenseinsatz" fordern darf – im Verteidigungskrieg: „Rechtfertigungsgrund ist der ungerechte Angriff auf die Lebensrechte der das Staatsvolk bildenden Menschen; diese aber sind der staatlichen Schutzverpflichtung anvertraut. Die Parallele zur individuellen Notwehr ist so offenkundig, dass die Rechtmäßigkeit eines Verteidigungskrieges an sich kaum zu beanstanden ist." An sich kaum? Das weist auf Unsicherheit hin – die begründet ist, denn tatsächlich gibt das individuelle Notwehrrecht keineswegs die Erlaubnis, einen anderen als den Angreifer in den Tod zu schicken. (Reden wir nicht von der Tatsache, dass die Streitkräfte heute nicht in Verteidigungs-, sondern in Angriffskriegen eingesetzt sind.)

Weiter heißt es in dem Kommentar: „Es ist auch vom Bürger her gesehen widersinnig, wenn er vom Staat Schutzverpflichtungen erwartet, ohne seinerseits die rechtlich relevante Bereitschaft zu solchen Opfern zu besitzen, die den staatlichen Schutz überhaupt erst möglich machen." Betrachten wir das Argument: Hier wird in einer Weise, die dem Menschenrechtsdenken völlig fremd ist, ein kollektives Subjekt, „der Bürger", gebildet, als ginge es nicht um verschiedene Bürger mit verschiedenen Leben, von denen die einen geschützt und die anderen preisgegeben werden.

Denkfigur Opfer

Das einzig wahre Wort in dem Text ist das Wort Opfer. Die dieser Denkfigur zugrunde liegende Vorstellung, dass einige Menschen das Recht haben, andere Menschen zugunsten eines höheren Zwecks dem Tod auszuliefern, passt zwar nicht in das säkulare Milieu der Menschenrechte; es gehört einer halbsakralen, vormodernen Sphäre an. Für die Rechtfertigung des Krieges ist diese Vorstellung aber bis heute unentbehrlich.

Ohne die Denkfigur Opfer wäre der ethische Missstand überhaupt nicht zu ertragen. Sie kann die Entziehung des Grundrechts auf Leben zwar nicht rational rechtfertigen, ist aber von alters her geeignet, eine beruhigte Gefühlslage herzustellen.

Der kulturelle Höhepunkt der Opfer-Verehrung liegt in der westlichen Welt Gott sei Dank hinter uns. Im Ersten Weltkrieg hat Walter Flex die Öffentlichkeit (im „Wanderer zwischen beiden Welten") für den Opfergedanken begeistert, und Ernst Jünger hat den „Typus jenes Menschen" gepriesen, „dessen tiefstes Glück darin besteht, geopfert zu werden"; weshalb „die höchste Befehlskunst darin besteht, Ziele zu zeigen, die des Opfers würdig sind".

In Deutschland wurde die Opferbereitschaft in der Person von Käthe Kollwitz zur Allegorie. Wie ihre Tagebücher aus dem August 1914 beweisen, wurde diese Frau – an sich Sozialistin und Pazifistin – von der massenhysterischen Opfersucht gepackt und schickte ihren noch nicht achtzehn Jahre alten Sohn in den sicheren Tod. Zur Strafe muss sie jetzt, vierfach vergrößert, mit seinem Leichnam zwischen den Beinen in der Berliner Neuen Wache sitzen.

Im Islam ist der Höhepunkt der Opferkultur noch nicht überschritten. Sie wird dort sogar noch einen schlimmen Schritt weiter getrieben. Die Selbstmordattentate, in die man dort die jungen Leute schickt, geben ihnen keine Überlebenschance und ihren Angehörigen keinen Raum für Hoffnung. Sie stellen das vollendete Menschenopfer dar. Dieser Perversion gegenüber kann sich das westliche Denken auf Dauer nur durchsetzen, wenn es selbst energisch von der atavistischen Opferidee abrückt.

Das ist angesichts der noch immer vorhandenen Notwendigkeit der Kriegsführung allerdings schwierig. Wie soll man der gefallenen Soldaten angemessen gedenken ohne die Heroisierung des Opfers? Wie soll man zu riskanten Einsätzen motivieren ohne diesen Hintergrund? In dieser Spannungslage wird sich das Weltgewissen weiter entwickeln müssen.

Die reinste und rationalste Ablehnung des Opfergedankens findet man bei Immanuel Kant, dessen „praktischer Imperativ" schon im 1. Kapitel genannt wurde: „Handle so, dass du die Menschheit sowohl in deiner Person als in der Person eines jeden andern jederzeit zugleich als Zweck, niemals bloß als Mittel brauchst". Damit ist das Verbot ausgesprochen, den Einzelnen aufzuopfern –

auch nicht für die Zwecke der Gemeinschaft. Kein Wunder, dass Kant derjenige war, der als Erster den Krieg ganz prinzipiell in einer Monographie („Zum ewigen Frieden") bekämpft hat.

Wenn wir im 2. Kapitel Albert Schweitzer zitierten:

> „Das Wesentliche der Humanität besteht darin, dass der einzelne Mensch nie Mittel zum Zweck werden kann. Die auf das Ergehen des Ganzen der Gesellschaft gerichtete Betrachtungsweise kommt aber notwendig dazu, einzelne oder Gruppen von einzelnen dem Ganzen zu opfern" –

so war das ein Rückgriff auf Kant.

Das Lebensrecht des Feindes

Zweitens aber ist im Krieg das Recht auf Leben des feindlichen Soldaten außer Kraft gesetzt – und zwar komplett. Er wird überhaupt nicht als „Mensch" angesehen; er darf und soll getötet werden. Dieser furchtbare, kulturell immer noch verdrängte Atavismus bringt die Unreife des Menschengeschlechts aufs Drastischste zum Ausdruck bringt. Kant spricht in der kleinen Schrift, in der er den „Ewigen Frieden" fordert, ganz deutlich davon, dass im Krieg Menschen „geschlachtet" werden. Die Grundregeln der Zivilisation werden für die Dauer des Krieges aufgehoben.

Auch was diesen Sachverhalt angeht, finden wir das offene Wort bei Friedrich Nietzsche in der „Genealogie der Moral". Er konnte über den Ausstieg aus der Zivilisation ohne Prüderie sprechen, weil er ihn billigte: Hier konnten sich die Übermenschen, die er „die Guten, Starken und Schönen" nannte, ungehindert entfalten.

> „Zuhause, im Frieden, verhalten sich diese Menschen zueinander beherrscht und rücksichtsvoll, aber sie sind nach Außen hin, dort, wo das Fremde beginnt, nicht viel besser als losgelassene Raubtiere."

Und das war in Nietzsches Augen gut so. Die Aufhebung des Tötungstabus war für ihn die Wiederherstellung eines gesunden Zustandes.

> „Sie genießen da die Freiheit von allem sozialen Zwang, sie halten sich in der Wildnis schadlos für die Spannung, welche eine lange Einschließung und Einfriedigung in den Frieden der Gemeinschaft gibt, sie treten in die Unschuld des Raubtiergewissens zurück als frohlockende Ungeheuer, welche vielleicht von einer scheußlichen

Abfolge von Mord, Niederbrennung, Schändung, Folterung mit einem Übermute und seelischem Gleichgewicht davongehen, wie wenn nur ein Studentenstreich vollbracht sei, überzeugt davon, dass die Dichter für lange nun wieder Etwas zu singen und zu rühmen haben."

Die leichte Ironie in der Formulierung möge nicht darüber hinwegtäuschen, dass Nietzsche dieses Singen und Rühmen für angebracht hielt.

Inzwischen ist man Gott sei Dank besser über das Kriegsgeschehen und seine Wirkung auf die Soldaten informiert. Das Wort „Trauma" schleicht sich unaufhaltsam in die Betrachtung des Krieges ein und lässt sich wohl kaum wieder eliminieren. Man weiß jetzt, dass Töten, Schänden und Foltern vielleicht im Moment Spaß macht, auf Dauer aber eine Störung des seelischen Gleichgewichts bewirkt, und man findet (jedenfalls in der westlichen Kultur) auch keine Dichter mehr, die es besingen. Auch wenn das Töten im Krieg noch immer rechtlich erlaubt wird, ist die menschliche Psyche ihm nicht mehr gewachsen.

Aber auch in früheren Zeiten mussten schon Anstrengungen vorgenommen werden, um das Tötungstabu vor dem Auszug aufs Schlachtfeld aufzuheben. Die Rituale, in denen das geschah zeigen das. Die Soldaten erhielten die Lizenz zum Töten in sakraler oder quasi-sakraler Form. Die Bewaffnung des Mannes ist eine Weihe. Sie machte in Rom den Mann zum miles und wurde sacramentum genannt.

Genfer Konvention

Wir sprachen schon von der Genfer Konvention. Sie ist ein Gesetz, das im Krieg nicht schweigt, sondern gerade dann seine Stimme erhebt.

Von dem großen Menschenfreund Henri Dunant veranlasst, gibt es seit 1864 ein humanitäres Kriegsrecht. Gerade dessen Regeln aber öffnen die Augen für das Schreckliche, das erlaubt ist. Junge Männer dürfen zwar nicht mit zackiger, wohl aber mit glatter Munition erschossen werden. Junge Männer (mehr und mehr gehören junge Frauen dazu) dürfen zwar nicht mit erstickenden und giftigen Gasen umgebracht, wohl aber erschlagen, erstochen, in Stücke gerissen und verbrannt werden. Wie ein Tierschutzgesetz verbietet das Genfer Protokoll bei ihrer Tötung „überflüssige Verletzungen oder unnötige Leiden" zu verursachen. Wenn es heißt, dass blinde Waffen verboten sind, insbesondere Massenvernichtungsmittel, so bedeutet das, das gezielte Waffen erlaubt sind. Gezielt auf wen: Auf Soldaten. Sie sind die Outlaws der Menschenrechte. Dabei sind sie in den meisten Fällen zwangsrekrutiert. Und selbst wenn sie „freiwillig" Soldaten geworden sind: Nach allgemeinen rechtlichen und sittlichen Grundsätzen kann man nicht wirksam darein einwilligen getötet zu werden.

Tödliche Angriffe, die versehentlich nicht Soldaten, sondern Zivilisten treffen, die als „richtige Menschen" angesehen werden, gelten als Kollateralschäden und sind peinlich; sie werden – wie wir am Fall von Oberst Klein sahen – sogar von der öffentlichen Meinung des eigenen Landes übelgenommen. Aber die „feindlichen" Soldaten, die massenhaft sterben, wenn ihre Stellung von einer Rakete getroffen wird, werden nicht gezählt. Auch die andere Seite zählt sie nicht gern, weil sie ihre Niederlage nicht eingestehen möchte. Beide Seiten der Front befinden sich in dieser Frage in Kollusion.

Weltstaatsbedürftigkeit

Die Begrenzungen des Menschenrechts lassen sich erst beseitigen, wenn der status naturalis, in dem sich die Nationen im Verhältnis zueinander befinden, beendet ist und die gesamte Menschheit sich unter der Herrschaft einer einzigen Gewaltzentrale befindet. Diese Aussicht erscheint aber genauso erschreckend wie der Naturzustand. Obwohl alle Zeichen der Zeit in diese Richtung weisen – nicht nur die Universalisierung des Welt-Bewusstseins, sondern auch die Zentralisierungsbedürftigkeit der großen Wirtschaftsentscheidungen und die notwendige Klima-Korrektur – gibt es keine politischen Bestrebungen in diese Richtung. Die Vereinten Nationen, die die demokratische Legitimität für die Gründung einer solchen Zentrale besitzen, haben nicht die nötigen Machtmittel. Die USA haben zwar die Machtmittel, aber keine Neigung, sie den Vereinten Nationen zur Verfügung zu stellen; sie rivalisieren mit der Weltorganisation und wollen sich ihr nicht unterwerfen.

Andererseits machen die USA keine Anstalten selbst die politische Weltverantwortung zu übernehmen. So sehr die Amerikaner imperialistisch in Erscheinung treten, so stark ist doch in ihrem Land der Isolationismus herrschend.

Er kam schon in den (im 7. Kapitel zitierten) Worten zum Ausdruck, mit denen sich 1821 der amerikanische Außenminister gegen den Einsatz der Amerikanische Flotte aussprach, der gefordert wurde, um die Chilenen und Columbianer von der quälenden spanischen Okkupation zu befreien: „America goes not abroad in search of monsters to destroy … The fundamental maxims of Her policy would insensibly change from liberty to force. She might become the dictator of the world; she would no longer be the ruler of Her own spirit." (Ich habe mich mit diesen Fragen in „Cosmopolis Now" ausführlich befasst.)

12. Kapitel: Angleichung und Amerikanisierung

Zunehmende Anähnelung

Das Haupt- und Kern-Menschenrecht – haben wir immer wieder festgestellt – ist die Gleichheit. Wo sie nicht im Vordergrund steht, wo sie der Freiheit und dem Eigentumsrecht aufgeopfert wird, ist die Vermutung angebracht, dass das Ansehen des Universalismus missbraucht wird. Seine legitimierende Wirkung verdankt er der Gleichheit; sie macht das Wesen der Gerechtigkeitsidee aus.

Vor einigen Jahren wurde der amerikanische Rechtsphilosoph Ronald Dworkin auf einem Kongress gefragt: „What is the relationship between equity and equality?" und seine Antwort war ganz kurz: „Identity".

Zwar ist die Gleichheit in der Tradition der Menschenrechte lediglich formal zu verstehen: als Gleichheit vor dem Gesetz, die wir Isonomie genannt haben, und nicht als Gleichheit der wirklichen Lebensumstände. Dennoch gehört doch auch die tatsächliche Gleichheit zum Gerechtigkeitsideal der westlichen Kultur. Von ihm kann nicht allzu weit abgewichen werden, die Schere zwischen Arm und Reich kann nicht allzu weit aufgehen, ohne dass sich das moralische Empfinden regt.

Ganz unabhängig aber von der Gleichheit als moralischem Postulat soll es im Folgenden um einen empirischen historischen Vorgang gehen: um die zunehmende tatsächliche Angleichung der Menschen aneinander.

Die Gleichheit, meinte Ortega, ist heute („Aufstand der Massen", 1929) mehr als ein Ideal, mehr als ein sittliches Postulat. Die Menschen fühlen sich auch als Gleiche, die Gleichheit ist Teil des allgemeinen Bewusstseins geworden –

> „im Herzen jedes einzelnen, wie er immer stehen möge, einschließlich des Reaktionärs; einschließlich desjenigen, der die Institutionen, in denen jene Rechte anerkannt werden, verletzt und mit Füßen tritt. Wer die wunderliche sittliche Lage der Massen nicht erfasst hat, kann nach meiner Meinung nichts von dem verstehen, was heute in der Welt geschieht. Die Souveränität des unqualifizierten Individuums, des Menschen als solchen, die früher eine Idee oder ein legislatives Ideal war, ist jetzt als wesentlicher Inhalt in das Bewusstsein des Durchschnittsmenschen eingegangen."

(Hier finden wir den vertrauten Begriff endlich in seinem Kontext.) Man muss diesen neuen, sich als Gleicher unter Gleichen fühlenden Menschen nicht mögen – Ortega selbst, dieser spanische Aristokrat, mochte ihn nicht. Die Tatsache, dass er sich überall vordrängt und die Bahnhöfe, Badestrände und Hotelhallen füllt, war ihm unangenehm. Dennoch konnte Ortega den Vorgang der Angleichung als den die Weltgeschichte dominierenden Prozess beschreiben. „Wir leben in einem Zeitalter des Ausgleichs", sagte er. „Die Vermögen gleichen sich aus. Die Kultur der verschiedenen Gesellschaftsklassen gleicht sich aus, die Geschlechter gleichen sich aus. Nun wohl: es gleichen sich auch die Kontinente aus." Ortega meinte, dass sich ein durchschnittlicher Deutscher, Spanier, Italiener in seiner Lebensführung weniger von einem Amerikaner oder Argentinier unterscheide als vor dreißig Jahren.

Der deutsche Philosoph Max Scheler, der ein Zeitgenosse von Ortega war, sagte fast wörtlich dasselbe:

„Wenn ich an das Tor des in Anzug befindlichen gegenwärtigen Zeitalters einen Namen zu schreiben hätte, der die umfassende Tendenz diese Weltalters wiederzugeben hätte, so schiene mir nur ein einziger geeignet – er heißt ‚Ausgleich' ... Ausgleich der Rassenspannungen, Ausgleich der Mentalitäten, der Selbst-, Welt- und Gottesauffassungen der großen Kulturkreise, vor allem Asiens und Europas, Ausgleich der Spezifitäten der männlichen und weiblichen Geistesart in ihrer Herrschaft über die menschliche Gesellschaft."

Dabei meinte Scheler keineswegs „friedlichen Ausgleich". Die Zeitalter des Ausgleichs, fügte er hinzu, seien die „todes- und tränentrunkensten." Die Prognose von Tod und Tränen hat sich leider als zutreffend erwiesen; aber auch Schelers Prognose der zunehmenden Angleichung ist seit der Zeit, in er sie stellte (1927) tatsächlich eingetreten – wahrscheinlich in viel höherem Maße, als er sich damals hat vorstellen können.

Überall in der Welt und in allen Schichten die gleiche Erscheinung: Der Mann, wenn er zu Hause angekommen ist, wirft sich aufs Sofa, lümmelt sich vor seinen Fernseher, trinkt Cola oder Bier und isst Chips. Er trägt Blue Jeans und hat eine Schirmmütze auf dem Kopf. Wenn man ihn auf der Straße sieht, muss man schon sehr nah herankommen, um zu sehen, welcher Ethnie er angehört und ob er vielleicht Millionär ist.

Es handelt sich bei dieser Angleichung um einen Prozess, der schon seit Jahrhunderten im Gange ist. Schon im 17. Jahrhundert hat Baruch Spinoza die Zunahme der Ähnlichkeit der Menschen untereinander gesehen. Mit dem Verlassen des Naturzustandes, mit dem Eintritt in den zivilisierten Gesellschaftszustand glichen sich die Lebensbedingungen an, meinte er. Die Gewaltmonopolisierung, die diesem Vorgang zugrundeliegt, führe dazu, dass alle Bürger die gleiche Ursache hätten sich entweder sicher zu fühlen oder sich zu fürchten.

In der Einleitung zu seinem berühmten Buch stellte Tocqueville die Behauptung auf: „Durchläuft man die Seiten unserer Geschichte, so findet man in den

letzten siebenhundert Jahren keine bedeutenden Ereignisse, die nicht die Entwicklung der Gleichheit gefördert hätten."
Schon durch die Kreuzzüge und die Kriege mit England sei der Adel stark dezimiert worden. Die technischen Fortschritte hätten ihr Übriges getan:

> „Die Erfindung der Feuerwaffen stellt den Bürger dem Ritter auf dem Schlachtfeld gleich, die Buchdruckerkunst öffnet ihrem Verstand gleiche Hilfsmittel; die Post trägt die Bildung in Hütte wie Palast; der Protestantismus versichert, alle Menschen seien gleicherweise imstande, den Weg zum Himmelreich zu finden."

Zunächst seien die Verhältnisse lange Zeit unbeweglich gewesen: „In den aristokratischen Völkern verharrt jeder einigermaßen fest innerhalb seines Bereiches; die Menschen aber sind einander außerordentlich unähnlich; sie haben von Grund auf verschiedene Leidenschaften, Ideen, Gewohnheiten und Neigungen. Nichts rührt sich, alles ist ungleich." Irgendwann aber sei der soziale Prozess in Bewegung gekommen. Wenn man sich, angefangen mit dem 11. Jahrhundert, ansehe, was in Frankreich nach jeweils fünfzig Jahren geschehen sei, könne man eine durchgehende Linie erkennen. „Der Adlige sinkt auf der sozialen Stufenleiter, der Bürger steigt auf. Alle fünfzig Jahre sind sie einander nähergekommen, und bald werden sie sich berühren."

„Der abstrakte Mensch" – dieses bisher lediglich als rationales Konstrukt vorhandene Produkt der Philosophie, dieses blutlose Gespenst ist immer mehr im Begriff, Wirklichkeit zu werden. Die rationale Konstruktion wird durch die historisch-empirische Entwicklung aufgefüllt.

Elias Canetti behauptet in seinem Buch „Masse und Macht", dass es ein inneres Bedürfnis der Menschen gebe, ihre Verschiedenheiten loszuwerden und sich als Gleiche zu fühlen. Unter diesen Verschiedenheiten, sagt Canetti, seien besonders die Unterschiede des Ranges, Standes und Besitzes drückend. „Die Menschen sind sich dieser Unterschiede immer bewusst und sie lasten schwer auf ihnen."

Abweichende Ansichten

Obwohl der zunehmende Ausgleich der Unterschiede, die zwischen den Geschlechtern, den Rassen und Klassen bestehen, offenkundig ist, wurde er doch oft auch geleugnet und sogar das Gegenteil behauptet. Emile Durkheim und Georg Simmel behaupteten, dass die Verschiedenheit der Menschen infolge der stärker werdenden Arbeitsteilung zunehme.

Auch Niklas Luhmann („Grundrechte als Institutionen") war dieser Ansicht. Er bezeichnete die Vorstellung von der zunehmenden Angleichung als „vorherrschendes Theoriemuster" – und hielt es für falsch. An die „sozial generalisierte, aber eben damit entindividualisierten personale Identität" wollte er nicht glauben. Er meinte im Gegenteil „evolutionär steigende Individualisierungschancen" zu erkennen, denen eine „strukturell steigende Individuierungnotwendigkeit" zugrunde läge. Bisher könne allerdings nur eine Elite diese Chancen nutzen. Den Angehörigen dieser Elite gelänge es, „sich selbst zu einem konsequent durchgehaltenen Selektionsprinzip" zu machen: „Er ist Designer, wählt sozialdemokratisch, fährt einen Porsche, trägt ein Béret usw." Auch in diesem Zusammenhang machte Luhmann einen Ausfall gegen den „rationalen Individualismus des 18. Jahrhunderts", der die „Gleichheit der Individuen in ihrer höchsten Möglichkeit, der Vernunft" postuliert.

Nicht nur Luhmann, sondern die gesamte Postmoderne konnte sich nicht auf den offenkundigen, überwältigenden Prozess der Angleichung einstellen. In eklatantem Widerspruch zu den sichtbaren Tatsachen leugnet sie die faktischen Universalisierungen und stellt nur Zersplitterung und Diversifizierung fest. Der Unterschied („Le Differend") wird von ihr verhätschelt und vergötzt. Die Diskrepanz zu dem globalen Angleichungsprozess ist so groß, dass man sich die Postmoderne nur als eine der irrationalen Gegenbewegungen erklären kann, wie sie von großen Metamorphosen immer provoziert werden.

Friedrich Nietzsche hat die Tendenz zur Nivellierung nicht geleugnet. Er sah sie im Gegenteil mit aller Deutlichkeit. Da er aber auf den hervorragenden Herrenmenschen aus war, konnte er in ihr nur Nachteile sehen:

> „Denn so steht es: die Verkleinerung und Ausgleichung des europäischen Menschen birgt unsere größte Gefahr, denn dieser Anblick macht müde … Wir sehen heute Nichts, das größer werden will, wir ahnen, dass es immer noch abwärts, abwärts geht, in's Dünnere, Gutmüthigere, Klügere, Behaglichere, Mittelmäßigere, Gleichgültigere, Chinesischere, Christlichere – der Mensch, es ist kein Zweifel, wird immer „besser" …".

Wir Intellektuellen sind im Allgemeinen gegen die globale Angleichung eingenommen. Wir haben selbst zwar Anteil an diesem Prozess und richten unseren persönlichen Lebensstil immer mehr an einem internationalen Prototyp aus, aber dennoch bedauern wir den Verlust an Vielfalt in der Weltkultur und wünschen uns – zumal in der Unterschicht fremder Länder – folkloristische Vielfalt; wir wollen uns, wenn wir verreisen, nicht langweilen. Wir wünschen uns in Sizilien barfüßige Fischerjungs, im Kongo Schwarze in Lehmhäusern und in Arabien verschleierte Frauen zu sehen. Wenn wir nach China fahren, wollen wir, dass die Chinesen flache Strohhüte tragen und auf dem Rücken einen Zopf (was dort auch in den hintersten Dörfern nicht mehr der Fall ist).

Die Verluste an Besonderheit im Äußerlichen, die unter ästhetischen Gesichtspunkten zwar zu beklagen sind, müssen aber unter ethischem Blickwinkel begrüßt werden: Sie wirken an der mentalen Vereinheitlichung, die in der Präambel der Allgemeinen Menschenrechtserklärung von 1948 angestrebt wird, mit, sie schaffen die Voraussetzung für das „von allen Völkern und Nationen zu erreichende gemeinsame Ideal".

Wenn man die Universalisierung der Weltkultur, die in Riesenschritten voranschreitet, verdammt, wenn man die Verluste, die sie – wie jede Nivellierung – einbringt, beklagt, übersieht man, dass sie ein Vorgang ist, in dem unerhörte Chancen für die Menschheitsentwicklung liegen. „Cool" darf man in China nicht sagen, es ist verboten – aber ist es nicht erfreulich, dass man es auch dort sagen möchte? Dass die Kinder der Welt für das, was ihnen gefällt, ein und dasselbe Wort gefunden haben? Wenn es auch „kühl" bedeutet. Aber damit ist gemeint: ohne fundamentalistische Überhitzung. Non-chalant.

Man mag die Lokale von McDonalds als tausendfach reproduziert und ewiggleich ablehnen, als Teile eines Monopols, das überall in der Welt die heterogenen kleinen Restaurants und Cafés zerstört hat und schlechtes Essen serviert – aber ist es nicht in erster Linie erfreulich, dass die Menschheit unaufhaltsam danach strebt, dasselbe auf dieselbe Art und Weise zu essen? Und die Schranken überwindet, die durch die unterschiedlichen Ernährungsweisen und -tabus über Jahrtausende aufrecht erhalten wurden? Die anachronistischen Schranken, die durch ethnische und religiöse Unterschiede über Jahrtausende aufrechterhalten wurden und sich nicht abbauen ließen – weil man nicht gemeinsam essen konnte? Gemeinsam muss die Menschheit über die Nachteile hinwegkommen, die mit dem Fast Food verbunden sind: Schlechternährung, Übergewicht – nachdem sie sich erstmal darauf verständigt hat, das Gleiche zu essen.

Anti-Amerikanismus

Ein Wort ist bisher noch nicht gefallen, dass sich bei unseren Überlegungen schon so deutlich aufgedrängt hat: Amerika.

Wenn Tocqueville sich so sehr für die Nivellierung der sozialen Schichten interessierte, lag das daran, dass sie ihm in den Vereinigten Staaten ins Auge gefallen war.

„Von allem Neuen, das während meines Aufenthaltes in den Vereinigten Staaten meine Aufmerksamkeit auf sich zog hat mich nichts so lebhaft beeindruckt wie die Gleichheit der gesellschaftlichen Bedingungen. Alsbald wurde mir der erstaunliche Einfluss klar, den diese bedeutende Tatsache auf das Leben der Gesellschaft ausübt; sie gibt dem öffentlichen Geist eine bestimmte Richtung und den Gesetzen ein bestimmtes Wesen; sie gibt den Regierenden neue Grundsätze und den Regierten besondere Gewohnheiten. Bald erkannte ich, dass diese Tatsache weit über das politische Leben und die Gesetze hinaus von Einfluss ist und dass sie die bürgerliche Gesellschaft nicht weniger beherrscht als die Regierung: sie erzeugt Meinungen, lässt Gefühle entstehen."

Auch Ortega fügte, nachdem er beschrieben hatte, dass die Menschen in ihrem Bewusstsein immer mehr zu Gleichen werden, hinzu: „Sie wussten es zuerst in Amerika, und sie wissen es jetzt auch in Europa." „Das Bewusstsein, Herr seiner selbst und jedem anderen gleich zu sein, ist eine Lebensstimmung, zu der in Europa nur hervorragende Gruppen gelangten; in Amerika herrscht sie seit dem 18. Jahrhundert, also praktisch von Anfang an."

Die Schere zwischen Arm und Reich geht doch im Amerika immer weiter auf, wird dem sicherlich entgegengehalten werden. Darum ist es so wichtig sich die Ortegas Formulierung einzuprägen: Es geht um die Bewusstseinslage, die Lebensstimmung, um das mangelnde Bedürfnis sich kulturell nach unten und nach außen hin abzugrenzen.

Wenn die allgemeine Nivellierung heute abgelehnt wird, so wird sie am Wirkungsvollsten abgelehnt, wenn sie als „amerikanisch" bezeichnet wird. Hier hat der Anti-Amerikanismus seinen Angriffspunkt. Dem Amerikanischen wird gern ein Konzept von Europa entgegengestellt, in dem das Heterogene gefeiert wird, das Eigentümliche und Besondere.

Zwei große Europäer, Jürgen Habermas und Jacques Derrida, haben vor einigen Jahren (im Jahre 2003 in der FAZ) ihre Anstrengungen in einem Zeitungsartikel vereinigt, um dem Europäischen dieses Profil zu geben. Dieses Unternehmen widersprach allerdings der postmodernen Abneigung gegen jede Vereinheitlichung, so dass dieses Profil denn auch etwas verzittert erschien: „Eine attraktive, ja ansteckende ‚Vision' für ein künftiges Europa fällt nicht vom Himmel", sagten die Philosophen. „Heute kann sie nur aus einem beunruhigenden Empfinden der Ratlosigkeit geboren werden. Aber sie kann aus der Bedrängnis einer Situation hervorgehen, in der wir Europäer auf uns selbst zurückgeworfen sind."

Wenn man sich fragt: Was haben die Europäer gemeinsam? Die Sizilianer mit den Finnen? Die Spanier mit den Isländern? Den American Way of Life. Kaum noch unterscheiden sich die nationalen Kulturen, nur die Geographie und das Klima geben Verschiedenheiten vor. Im Übrigen aber: Die gleichen Shopping Malls, die gleichen Handelsketten, die gleichen Gewohnheiten.

„Heute isst, trinkt, hört, tanzt und kleidet sich die ganze Welt amerikanisch – sogar im Iran, wo man sich heimlich in den eigenen vier Wänden am ‚Großen Satan' orientiert", sagt Josef Joffe („Die Hypermacht"). Er gehört zu den wenigen, die das Phänomen mit der nötigen Deutlichkeit sehen.

„Heutzutage ist es unmöglich, einen amerikanischen Jugendlichen anhand seiner Kleidung von seinen europäischen (oder chinesischen, japanischen, russischen, arabischen) Altersgenossen zu unterscheiden. Sie alle tragen Jeans, Sneakers, Buttondown-Hemden, Nikes, Baseballmützen, T-Shirts, Rucksäcke, iPods – alles entweder Made in USA oder zumindest dort erfunden." Auch die Sitten haben sich angeglichen. „Plötzlich wird Halloween mit all seinen amerikanischen Accessoires auch in Deutschland gefeiert, ja sogar in Frankreich, das sonst so stolz auf die Abwehr alles Amerikanischen ist."

Joffe kann noch viele Beispiele aufzählen: den Valentinstag, Santa Claus mit seinen Rentieren, Bagels und Muffins. „Amerikanisches Englisch ist die Lingua franca dieser Welt."

Joffe gehört, genauer gesagt, zu den Wenigen, die diese Erscheinungen nicht nur erkennen, sondern auch würdigen können. Sein Buch „Hypermacht" ist ein Plädoyer dafür, diese Macht anzuerkennen, auch in ihrer weltpolizeilichen Funktion – ohne dass Joffe aber die völkerrechtlichen Konsequenzen ziehen würde, die hier im vorigen Kapitel als notwendig hingestellt wurden.

Wir haben uns im 5. Kapitel gefragt, ob wir als Europäer Einspruch erheben müssen, wenn die Amerikaner ihr Land als die Wiege der Menschenrechte hinstellen. Und wir sahen, dass beide Parteien in diesem Streit gute Argumente haben. Dahinter steht die Gretchenfrage unserer Zeit: Wie hast du's mit Amerika? Man kann die Verkürzung des historischen Blickwinkels – wenn junge Europäer zwar den Namen Jefferson kennen, aber noch nie etwas von Sophokles gehört haben – als bedauerliche Folge der kulturellen Überlagerung durch ein vergleichsweise primitives Eroberervolk ansehen – und man liegt damit auch nicht ganz verkehrt. Wenn man diese Überlagerung aber als die wünschenswerte Vereinheitlichung der Weltkultur begrüßt, nimmt man keinen Anstoß daran, dass die Menschenrechtsidee von amerikanischer Seite aus usurpiert wird, obwohl ihre ideelle Grundlage vom europäischen Kontinent stammt.

Immerhin hat die politisch-praktische Umsetzung der Menschenrechtsidee in Amerika ihren Anfang genommen – und, anders als die Französische Revolution, ein gutes Ende gefunden. Über zweihundert Jahre schon hat sich diese Idee dort bewährt, weiter und immer weiter hat die amerikanische Öffentlichkeit auf ihrer Wahrung gedrungen ... bis hin zu der Besorgnis um ihre Feinde – die Gefangenen von Guantanamo.

Melting Pot

Es gibt keinen Grund, auf die USA eifersüchtig zu sein, weil sie immer deutlicher der kulturelle Mittelpunkt der Welt werden, und es gibt auch keinen Grund, sich

von ihnen überlagert zu fühlen. Die Tatsache, dass der globale Ausgleich der
kulturellen Differenzen durch die Angleichung an die USA geschieht, hat gute
Gründe: Sie sind erstens der Schmelztopf der Weltkulturen und zweitens die fort-
geschrittenste Industrienation.

Erstens: Diese Staaten sind der Ort, an dem sich die Einflüsse der ganzen
Welt getroffen haben, sie bilden den berühmten Melting Pot, in dem die kulturellen Einflüsse der Welt verschmolzen sind. Man braucht die zunehmende Amerikanisierung der Welt deshalb nicht als Überfremdung aufzufassen.

Nicht nur die europäischen Einflüsse sind sich dort amagalmiert. Auch Afrika und Asien haben eingewirkt – Afrika insbesondere durch seine Rhythmen,
durch Blues und Beat – eine Einwirkung, die anthropologisch sehr tief geht und
jetzt, wo sie die ganze Welt erreicht hat, das wesentliche Element der kulturellen
Globalisierung bildet. Asien beginnt sich in den letzten Jahrzehnten einzumi-
schen mit Zen-Meditation, Buddhismus, Yoga, Tai-Chi und Feng Shui.

Die Schmelztiegel-Eigenschaft der USA wurde besonders von Thomas
Mann immer wieder gewürdigt. Wir konnten schon sehen, dass niemand so viel
Bewusstsein für die Problematik der anti-westlichen Deutschtümelei hatte wie
er. Dabei hatte er sich in den „Betrachtungen eines Unpolitischen" unmittelbar
nach dem Ersten Weltkrieg selbst noch auf dem „deutschen Sonderweg" befun-
den. Gerade deshalb aber konnte er ihn so später so kompetent kritisieren. „Der
Zauberberg" ebenso wie „Doktor Faustus" sind ganz dieser Aufgabe gewidmet.
(Auf „Lotte in Weimar" haben wir im Zusammenhang mit den Befreiungskriegen schon hingewiesen.)

Selbst gerade Amerikaner geworden, sagte Thomas Mann 1946 in seiner „Rede an die Deutschen":

> „Wie heute alles liegt, ist meine Art von Deutschtum in der gastfreien Kosmopo-
> lis, dem rassischen und nationalen Universum, das Amerika heißt, am passendsten
> aufgehoben. Bevor ich Amerikaner wurde, hatte man mir erlaubt, Tscheche zu sein;
> das war höchst liebenswürdig und dankenswert, aber es gab keinen Reim und Sinn.
> Ebenso brauche ich mir nur vorzustellen, dass ich zufällig Franzose oder Engländer
> oder Italiener geworden wäre, um mit Befriedigung wahrzunehmen, dass ich Ame-
> rikaner geworden bin. Alles andere hätte eine zu enge und bestimmte Verfremdung
> meiner Existenz bedeutet. Als Amerikaner bin ich Weltbürger."

Die Vereinigten Staaten haben die Position des Römischen Reichs in der antiken
Welt eingenommen. Es bildete damals das kultur-nivellierende und -homogeni-
sierende Zentrum, von dem aus die heterogenen Einheiten aus ihrer Partikularität heraus ins Allgemeine hineingeführt wurden. Es stellte die damalige Lingua
Franca zur Verfügung und schuf das, was wir heute „das Abendland" nennen.

Friedrich Engels sprach von Rom als dem „nivellierenden Hobel", der über alle Länder Europas fuhr.

Der abstrakte Mensch wurde dort schon Wirklichkeit. Bei der Betrachtung der kosmopolitischen Struktur Roms haben wir dieses Zitat bereits gehört:

> „Die Herrschaft Roms über den Orbis Terrarum nähert alle Städte der einen Stadt, bringt alle bewussten, feilschenden Individuen, den ganzen Herrenstand des unermesslichen Reiches auf dem Forum zusammen, schleift ihre Unterschiede und Unebenheiten gegeneinander ab, gibt allen die gleichen Mienen, die gleiche Sprache und Aussprache, das gleiche Geld, die gleiche Bildung, gleiche Habsucht, gleiche Neugier – der abstrakte Mensch, die künstlichste, regelmäßigste aller Maschinen, ist konstruiert und erfunden, und ist anzuschauen wie ein Gespenst in nüchterner, heller Tageswahrheit". (Ferdinand Tönnies)

Gustav Radbruch kommentierte diese Textstelle so: „Es ist ein individualitätsloses Individuum, dem naturwissenschaftlichen Atom vergleichbar und oft verglichen, in tausendfacher Vervielfältigung, in unendlicher Spiegelung doch stets sich selber gleich."

Es war damals wie heute: Die Elite gleicht sich zuerst an. Insofern irrte sich Luhmann. Nirgends sind die Menschen einander so ähnlich wie in der Business-Class der Flugzeuge, wo auch die Frauen im grauen Hosenanzug zu sehen sind.

Künstlerisch gesteigert konnte man „das Gespenst in nüchterner Tageswahrheit" in Michael Jackson verwirlich finden; in ihm war der abstrakte Mensch Fleisch und Blut geworden: Er war nicht schwarz und nicht weiß, nicht Mann und nicht Frau, nicht jung und nicht alt – ein Mensch aus der Retorte, ein Homunculus, und dabei quicklebendig. Die überraschend große Resonanz, die sein Tod in allen Teilen der Erde fand – in allen Rassen, Schichten und Altersgruppen, zeigte, wie gefragt so ein Mischprodukt ist und wie vollkommen er diese Rolle gespielt hat.

Fortgeschrittene Industriegesellschaft

Mindestens genauso wichtig wie der Schmelztopf-Charakter ist die zweite Eigenschaft der Vereinigten Staaten, die zur Folge hat, dass die Angleichung an ihren Way of Life keinem Kulturimperialismus vorgeworfen werden kann: Sie haben die am meisten fortgeschrittene Industriegesellschaft ausgebildet; sie sind auf einem Weg vorangegangen, auf dem ihnen der Rest der Welt aus strukturellen Gründen folgen muss.

Wir sahen, wie deutlich der Spanier Ortega y Gasset die Vorreiterstellung der USA auf dem Wege der kulturellen Welt-Universalisierung gesehen hat. An einer Stelle im „Aufstand der Massen" aber sagte er plötzlich ganz dezidiert, Europa sei nicht amerikanisiert worden. Mit dieser Behauptung werde eine Frage verflacht, die „verästelter, überraschender und tiefer ist". Wir haben dieses Wort schon im 5. Kapitel angekündigt, um seine Bedeutung hervorzuheben. So geht es in seinem Text weiter:

> „Die Galanterie könnte mich verleiten, den Menschen über dem Meer zu sagen, Europa habe sich tatsächlich amerikanisiert und es sei dies dem Einfluss Amerikas auf Europa zu danken. Doch nein, gegen die Höflichkeit steht die Wahrheit, und sie muss siegen. Europa hat sich nicht amerikanisiert. Es hat noch keinen nennenswerten Einfluss von Amerika empfangen."

Die Anähnelung an die USA sei hingegen aus einer inneren, endogenen Entwicklung heraus erfolgt: der Industrialisierung. Diese innere Entwicklung werde überall in der Welt durchgemacht und scheine nur deshalb eine Amerikanisierung zu sein, weil die Amerikaner sie als erste vollzogen haben.

> „Wir stoßen hier auf ein hoffnungsloses Gewirr schiefer Vorstellungen, die uns, Amerikanern und Europäern, den Blick trüben. Der Triumph der Massen und die darauf folgende gewaltige Hebung des vitalen Niveaus sind in Europa aus inneren Gründen nach zwei Jahrhunderten fortschreitender Erziehung der Massen und einer damit gleichlaufenden wirtschaftlichen Bereicherung der Gesellschaft entstanden. Nur das Ergebnis fällt mit dem entscheidenden Zug des amerikanischen Lebens zusammen."

Es handele sich bei der Angleichung an Amerika deshalb nicht um eine Beeinflussung, sondern um den Ausgleich der unterschiedlichen Stadien einer ubiquitären historischen Entwicklung.

Wir werden die Auffassung, dass sich die Menschheit in einer unaufhaltsamen Entwicklung ihrer soziologischen Struktur befindet, im nächsten Kapitel als „Theorem" noch genauer behandeln. Es hilft dabei, die amerikanische Dominanz nicht als Fremdherrschaft, sondern als unvermeidliches Resultat eines historischen Vorsprungs zu verstehen.

Völlig offen ist bisher die Frage, ob sich aus der Vorreiterstellung der USA Folgerungen für die zukünftige politische Struktur der Welt ergeben. Wir sahen im vorigen Kapitel, dass die Weltpolitik, wollte sie den schrecklichen Ausnahmetatbestand des Menschenrechtssystem – den Krieg – beseitigen, den Naturzustand der Welt aufheben und ein Welt-Gewaltmonopol schaffen müsste. Da die Nation, die sich – als die militärisch mächtigste – für diese Rolle anbieten würde, auch die am stärksten durchmischte und am weitesten fortgeschrittene Industrienation ist, die mit der Hefe ihrer Kultur den ganzen Globus durchsäuert, drängt sich auch aus dieser Perspektive heraus die Frage auf, ob sie nicht die Weltmacht in die Hand nehmen – ob ihr nicht die Rolle angetragen werden sollte, die sie sich, wie man ihr immer wieder vorwirft, anmaßt. (Ich habe das in „Cosmopolis Now" im Einzelnen diskutiert.)

Ferdinand Tönnies, dessen Konzept jetzt in den Vordergrund treten wird, meinte 1912, in den Vereinigten Staaten von Amerika bereits den Ansatz für den Weltstaat vor Augen zu haben: Die bürgerliche Gesellschaft hat schon

„den Überstaat geschaffen in Gestalt der wesentlichen internationalen nordamerikanischen Union; sie ist das am meisten charakteristische politische Gebilde der Neuzeit, in ihrer zukünftigen Entwicklung ist gewissermaßen das zukünftige Geschick auch der europäischen Menschheit beschlossen."

13. Kapitel: Menschenrechte oder rechtlose Brüderlichkeit

Gemeinschaft und Gesellschaft

Nackt und hilflos wird der Mensch geboren. Als das Säugetier, das er bei biologischer Betrachtung ist, kann er nur dann überleben, wenn er aufgenommen, geborgen und genährt wird. Liegengelassen muss er sterben.

Zu seinem Glück hat die Natur dafür gesorgt, dass seine Mutter den unwiderstehlichen Antrieb hat, ihm die nötige Pflege angedeihen zu lassen. (Zunehmend wächst dieser Antrieb auch bei den Vätern.) Der natürliche Trieb funktioniert nicht absolut zuverlässig, aber immerhin zuverlässig genug, dass die Gattung Mensch überleben und sich immer weiter ausbreiten konnte.

Darüber hinaus kommt dem hilflosen Kind zugute, dass es in eine Gemeinschaft hinein geboren wird, die es schützt. Auch dieser Schutz ist zwar nicht absolut zuverlässig – es gibt Gegenden in der Welt, in denen es bis zum heutigen Tag als erlaubt angesehen wird, Mädchen „liegenzulassen". Aber das sind Ausnahmen. Im Allgemeinen übernimmt die Gemeinschaft – sollte die Mutter ausfallen – die Sorge für das Neugeborene.

Das ist nicht erst in hochzivilisierten Zeiten der Fall, sondern bereits seit Menschheitsgedenken. Schon lange kennt man die Sitte, dass ein Kind, das von seiner Mutter auf die Kirchentreppe gelegt wurde, als „Findelkind" aufgenommen und aufgezogen wird. (Heute gibt es die Babyklappen.) Die Gemeinschaft der Menschen hat es schon immer als ihre Pflicht angesehen, sich notfalls der unversorgten Kinder anzunehmen.

Wenn der Mensch aber nicht mehr klein und niedlich ist und seine bloße Existenz keinen Appell mehr an seine Umwelt auslöst, wenn die Wirkung des Kindchenschemas schon lange aufgehört hat und er vielleicht hässlich und abstoßend oder alt und gebrechlich ist – wenn ihn keiner mag und keiner haben will, weil er lästig ist; wenn er schädlich und gefährlich – im Extremfall: ein Mörder – ist, dann wird sein Menschenrecht praktisch.

Oder wenn er aufgrund seiner Abstammung, womöglich seiner Hautfarbe oder Physiognomie, einer Menschengruppe angehört, die als unerwünscht angesehen wird, wenn er vielleicht suspekt ist durch seine religiöse Orientierung – dann kommt es darauf an, ob er von dem Konzept der allgemeinen Rechtssubjektivität geschützt wird. Wenn die biologisch oder durch Sitte gegründete Pflicht der anderen, ihn zu erhalten, nicht mehr genügt – dann zeigt sich, ob die

Gesellschaft, in der er lebt, schon die nötige ethische Reife hatte, um die Menschenrechte zu institutionalisieren.

Die Mutterliebe kann, da sie hormonell ausgelöst ist, nicht der Ethik zugerechnet werden; auch die Hilfeleistung der Gemeinschaft steht noch nicht eindeutig auf der ethischen Seite, sondern ist der natürlichen Verbundenheit und der sie bestimmenden „guten Sitte" zuzurechnen. Erst die Zuerkennung des Lebensrechts an den abstrakten Menschen ist echte universalistische Ethik.

Zwei soziologische Welten haben wir bei dieser Betrachtung unterschieden und (mit Ferdinand Tönnies) Gemeinschaft und Gesellschaft genannt. Da gibt es einerseits die natürliche Verbundenheit, in der sich die Menschen, wie die Teile eines Organismus, von innen heraus gegenseitig fördern, und andererseits den sehr viel lockereren Zusammenhalt, in dem die Menschen existentiell getrennt – „individuiert" – sind und ihr Lebensrecht aus einer juristischen Konstruktion beziehen, die ethisch fundiert ist: den Menschenrechten.

Als empirische Verschiedenheit ist die Unterschiedlichkeit von Gemeinschaft und Gesellschaft trivial: Damals – heute, Dorf – Stadt, Vertrautheit – Fremdheit und so weiter. Die Unterscheidung bleibt in Plattitüden stecken, wenn mit ihrer Hilfe Tatsächliches sortiert wird. Die Realität besteht ohnehin aus Mischverhältnissen zwischen diesen beiden Idealtypen.

Die Unterscheidung erweist sich aber insofern als hilfreich, als sie innerhalb der Frage, inwieweit das Menschenrechtskonzept universal ist, eine Differenzierung erlaubt. Das soll hier gezeigt werden.

Die Ablehnung der Individuierung

Bei trivialer Verwendung hat die Unterscheidung zwischen einem „Gemeinschaft" und einem „Gesellschaft" genannten Sozialtyp schon oft zum Lobpreis der Gemeinschaft und zur Verdammung der Gesellschaft geführt. Denn diese Frage: Welchen dieser beiden Typen ziehe ich vor? – lässt sich, so unangemessen sie einer wissenschaftlichen Betrachtung auch ist, kaum unterdrücken.

Die positiven emotionalen Eigenschaften der Gemeinschaft liegen auf der Hand: Sie verbindet die Menschen, sie wärmt, sie schafft soziale Kohäsion – ein Wir-Gefühl, wie heute gern gesagt wird – während die Gesellschaft der kalte Zusammenhang prinzipiell getrennter Individuen ist (das war im 5. Kapitel unter dem Stichwort „Rechtlose Brüderlichkeit" unser Thema). Die Tatsache, dass nur hier, unter der Bedingung der Individuierung und Abstraktion, das Prinzip der Gleichheit zur Geltung kommen kann, wird bei dieser Bevorzugung übersehen. Denn nur unter der Voraussetzung, dass der Mensch sich aus seinem kollektivem Verbund herausgelöst hat, kann er als „unqualifiziertes Individuum" aufgefasst werden.

Wir haben gesehen, dass sowohl der Sozialismus als auch der Nationalsozialismus die Individuierung, die das Leben in der Gesellschaft kennzeichnet, abgelehnt und eine Groß-Gemeinschaft angestrebt haben, in der dieser unsympathische Zug überwunden sein würde. Sie versprachen, der modernen Gesellschaft die Wärme der Gemeinschaft zurückzugeben, in der nicht abstrakte Rechte, sondern konkrete, emotional gefüllte Bindungen den brüderlich verbundenen Menschen Sicherheit bieten. Die Unterintegration, die in der Gesellschaft oft so schmerzlich gefühlt wird, sollte durch eine künstlich betriebene Überintegration überwunden werden.

Solchen Bestrebungen dient „Gemeinschaft und Gesellschaft" nicht. Das Werk bietet nicht das, was es auf den ersten Blick verspricht: die Parteinahme für das Gemeinschaftlich-Partikulare, Eigene, Besondere; die Aufforderung, es wieder anzustreben und vor seinem Untergang zu bewahren. Der zu seiner Zeit schon sehr ernst genommenen Wertfreiheit (vgl. 9. Kapitel, Positivismus) verpflichtet, bemühte sich Tönnies, trotz der emotionalen Vorzüge der Gemeinschaft neutral zu bleiben; im übrigen aber lag ihm auch deshalb nicht daran die Individuierung zu geißeln, weil er sie für eine unumgängliche, historisch notwendige Erscheinung hielt.

Friedrich Engels hingegen fühlte sich der Wertfreiheit nicht verpflichtet und gab seiner Ablehnung der Individuierung offenen Ausdruck. Als Kommunist lag ihm daran, die Nachteile der egoistischen Gesellschaft drastisch zu beschreiben, um zur Revolution aufzurufen, die eine brüderliche, die bourgeoisen Einzelrechte auflösende Groß-Gemeinschaft schaffen sollte.

Voller Verachtung schilderte Engels deshalb (in seiner berühmten Schrift „Die Lage der arbeitenden Klasse in England") die Situation in London – der seinerzeit (1845) am weitesten fortgeschrittenen und entfalteten Großstadt:

„Schon das Straßengewühl hat etwas Widerliches, etwas, wogegen sich die menschliche Natur empört. Diese Hunderttausende von allen Klassen und allen Ständen, die sich da aneinander vorbeidrängen, sind sie nicht Alle Menschen, mit denselben Eigenschaften und Fähigkeiten und mit demselben Interesse glücklich zu werden? und haben sie nicht Alle ihr Glück am Ende doch durch ein und dieselben Mittel und Wege zu erstreben? Und doch rennen sie aneinander vorüber, als ob sie gar nichts gemein, gar nichts miteinander zu tun hätten, und doch ist die einzige Übereinkunft zwischen ihnen die stillschweigende, dass jeder sich auf der Seite des Trottoirs hält, die ihm rechts liegt, damit die beiden aneinander vorbeischießenden Strömungen des Gedränges sich nicht gegenseitig aufheben; und doch fällt es keinem ein, die Andern auch nur eines Blickes zu würdigen. Die brutale Gleichgültigkeit, die gefühllose Isolierung jedes Einzelnen auf seine Privatinteressen tritt um so widerwärtiger und verletzender hervor, je mehr diese Einzelnen auf den kleinen Raum zusammengedrängt sind; und wenn wir auch wissen, dass diese Isolierung des Einzelnen, diese bornierte Selbstsucht das Grundprinzip unserer heutigen Gesellschaft ist, so tritt sie doch nirgends so schamlos unverhüllt, so selbstbewusst auf, als gerade hier in dem Gewühl der großen Stadt. Die Auflösung der Menschheit in Monaden, deren jede ein apartes Lebensprinzip und einen aparten Zweck hat, die Welt der Atome ist hier auf die Spitze getrieben.

Daher kommt es denn auch, dass der soziale Krieg, der Krieg Aller gegen Alle, hier offen erklärt ist. Jeder beutet den Andern aus, und es kommt dabei heraus, dass der Stärkere den Schwächeren unter die Füße tritt."

Eine Korrektur muss an dieser Schilderung allerdings vorgenommen werden: In der modernen Gesellschaft darf der Stärkere den Schwächeren jedenfalls nicht buchstäblich unter die Füße treten. Diese Gefahr mag in einer hierarchisch geordneten Gemeinschaft größer sein. Es gibt in der Gesellschaft eine Polizei, es gibt ein Rettungssystem; es gibt Krankenwagen, es wurden Vorkehrungen getroffen, damit auch derjenige am Leben bleibt, an dessen Existenz niemand gelegen ist – und sei es in einem Männerwohnheim. Das ist den universalistischen Maximen zu verdanken. Sie kompensieren die schlimmsten Folgen der Individuierung. Dieses Element der modernen Gesellschaft hat seine Grundlage nicht in einer gefühlten Zuneigung, sondern in einer abstrakt-ethischen Gesamtorientierung.

Tönnies (der Engels in London besuchte) hielt die zunehmende Individuierung für eine Erscheinung, die unvermeidlich ist, wenn sich die Menschen unabhängig voneinander „in einem größeren Verband" bewegen.

> „Und in einem solchen sich ausdehnenden verlieren und vereinzeln sie sich, steht zuletzt als gleiches Individuum der Sohn gegen den Vater, das Weib gegen den Mann, der Knecht gegen den Herrn, berühren sich dagegen die entferntesten, einander gleichgültigsten, ja ihrem Wesenwillen nach feindlichsten Verkäufer von Waren mit angenommener Freundlichkeit, tauschen und schließen Kontrakte. Und diese Freiheit der Zusammenkunft, die Leichtigkeit, Geschäfte zu machen, und Gleichheit der vernünftigen Menschen, erscheint alsdann und ist ihnen das Natürliche."

In dieser Darstellung schimmert zwar Kritik durch, aber kein Protest.

Ebenso wie Engels wollte Fjodor Dostojewski die zunehmende Individuierung überwinden. In den „Brüdern Karamasoff" lässt er den Staretz Sossima über die modernen Zeiten klagen:

> „Jeder strebt jetzt danach, seine Person abzusondern, jeder möchte in sich selbst die Fülle des Lebens erfahren, indessen ergibt sich aus all seinen Anstrengungen nicht die Fülle des Lebens, sondern vollständiger Selbstmord, statt Selbstbestimmung die vollständige Isolierung. Alle sondern sich in unserem Jahrhundert zu Einzelexistenzen ab; jeder isoliert sich in seiner Höhle, jeder entfernt sich vom anderen, verbirgt

sich und verbirgt, was er hat, und es endet damit, dass er die Menschen abstößt und die Menschen ihn abstoßen. Er scharrt sich ein Kapital zusammen und denkt: ‚Wie stark bin ich jetzt, jetzt bin ich gesichert', und der Tor weiß nicht einmal, dass er, je mehr er ansammelt, umso gewisser einer selbstmörderischen Ohnmacht verfällt. Denn er hat sich daran gewöhnt, nur auf sich zu selbst zu hoffen, und er hat sich als Isolierter vom Ganzen abgetrennt, er hat seine Seele gelehrt, nicht an die Hilfe der Menschen zu glauben, weder an die der Menschen, noch an die der Menschheit."

Auch hier muss – so zutreffend die Beschreibung im Übrigen ist – ein Einwand gemacht werden: In der modernen Gesellschaft, die die Menschenrechte anerkennt und jedem ein Recht auf Leben gibt, glauben die Menschen sehr wohl an die Hilfe der Menschen und der Menschheit. Sie glauben an den Staat – und sie tun es im Sozialstaat sogar in einem so hohen Maße, dass ihre Eigeninitiative dadurch gelähmt sein kann.

Der Sozialstaat war noch nicht in Dostojewskis Blickfeld. Aber er hätte ihn auch abgelehnt. Er sah das Heil rückwärtsgewandt in der Ur-Gemeinschaft und unterstützte die Bestrebungen der Panslawisten, die zu der alten Brüderlichkeit der russischen Dorfgemeinde zurückstrebten.

So heißt es in den Brüdern Karamasoff weiter: „Zuerst muss die Periode der menschlichen Absonderung und Isolierung überwunden werden. Derselben, die jetzt überall herrscht, besonders in unserem Jahrhundert. Noch ist nicht alles dazu reif, noch ist die Zeit nicht gekommen." Was Dostojewski nicht vermuten konnte: Tatsächlich stand diese Zeit in Russland schon unmittelbar vor der Tür; kaum vierzig Jahre später sollte es dort zur Revolution kommen, die die moderne Entfremdung aufzuheben versprach. Dostojewski sah prophetisch:

„Aber gewiss wird es so sein, und die Stunde wird kommen, wo diese furchtbare Isolierung aufhören wird, und man wird plötzlich begreifen, wie unnatürlich es gewesen ist, sich voneinander abzusondern. Und der Geist der Zeit wird ein anderer sein, und man wird an ihm erkennen, wie lange man in der Finsternis gelebt hat, ohne das Licht zu erblicken."

Die Stunde kam zwar, aber sie führte den Geist der Zeit nicht ins Licht, sondern in die Finsternis der rechtlosen Groß-Gemeinschaft.

Das Tönniessche Theorem

Im Übrigen den Zielen des Sozialismus verpflichtet, war Tönnies nicht darauf aus die Gesellschaft in die Geborgenheit der Gemeinschaft zurückzuführen. Die Perspektive von Engels und Dostojewski, die das Leiden an der Vereinsamung

aufheben wollten, hielt er für eine Illusion. „Das neue Allgemeine" ist nicht auf-zuhalten", war seine Devise („Individuum und Welt in der Neuzeit").
Bisher sieht es so aus, als sollte sich diese Auffassung historisch bewähren.
Nur der Islam versucht der großen Tendenz zu widerstehen, aber der Versuch, der großen Umma (5. Kapitel) die bergenden Züge der Gemeinschaft zu geben, kann kaum überzeugen. Er erinnert an den Versuch der Nationalsozialisten, aus der Gesellschaft „im Handstreich eine Volksgemeinschaft zu machen" – wovor Ferdinand Tönnies 1928 „einen jungen Mann aus Österreich" warnte.

Der globale Prozess der Auflösung der Gemeinschaften schreitet überall, auch in der muslimischen Welt, immer weiter fort: Auch dort verlassen jeden Tag Tau-sende ihre Dörfer und strömen in die Städte. Sie suchen dort gerade das urbane Lebensgefühl, dem Engels in seiner Londoner Skizze so wenig gerecht werden konnte; sie suchen dort das neue, andersartige Sicherheitsgefühl, das sie in ihren Dörfern nicht empfinden – das ihnen nur die moderne Gesellschaft bieten kann.
   Die massenhafte Emanzipation aus den traditionellen Bindungen erfolgt aber nur scheinbar freiwillig. Die kleinen gemeinschaftlichen Sozialgebilde, in denen die Sicherheit aus Verwandtschaft und Vertrautheit bezogen wurde, lö-sen sich nämlich auf, ob die Beteiligten wollen oder nicht. Die Einzelnen mögen meinen, dass sie sich aus eigener Entscheidung aus den gemeinschaftlichen Bin-dungen befreien; im Großen und Ganzen gesehen aber werden sie, ob sie wollen oder nicht, aus diesen Bindungen gelöst und weggeschwemmt. Es handelt sich um den großen Prozess, der die Weltgeschichte bestimmt, alle mitreißt und un-widerstehlich ist.
   Wenn Tönnies den Wandel von Gemeinschaft zu Gesellschaft für irreversi-bel hielt, bedeutete das nicht, dass er die kulturellen Verluste, die dieser Wandel bringt (wir denken dabei heute an das weltweite Wuchern von McDonalds), nicht bedauert hätte: An einigen Stellen seines Werkes kommt ein starkes tragisches Bewusstsein zum Ausdruck. In dem Vortrag „Individuum und Welt in der Neu-zeit" sagte er 1912 über die Kultur:

> „Ihr Fortschritt ist ihr Untergang. Das ist schwer zu denken, und noch schwerer ist
> es, sich darein zu finden, es zu bejahen und doch an diesem Prozess wollend, ja hei-
> ter mitzuwirken, die Tragödie anzuschauen, sich hindurch ringend durch Furcht und
> Hoffnung, um beide von sich abzutun und die reinigende Wirkung des Schauspiels
> zu genießen. Das zu leisten vermag die Erkenntnis, wenn sie in Philosophie – als
> Weltweisheit – sich zu verdichten reif geworden ist."

Volenti facta docunt, nolenti trahunt; den Willigen führen die Ereignisse; den Unwilligen ziehen sie.

Ernst Fraenkel („Der Doppelstaat") hat die große Bedeutung der Unauf-
haltsamkeits-These erkannt. So einfach dieser Gedanke auch ist, so bedeutend
sind doch seine Konsequenzen. Fraenkel sagte in seinem „Doppelstaat" über
das Tönniessche Theorem:

> „Trotz seiner persönlichen Vorliebe für die Gemeinschaft, die durch verwandt-
> schaftliche, nachbarliche Bindungen zusammengehalten wird (wie dies heute noch
> bei gewissen Dorfgemeinschaften der Fall sein mag), hegt Tönnies keine Illusionen
> über den Weg, der der westlichen Zivilisation seit langem vorgezeichnet ist: er führt
> von der Gemeinschaft zur Gesellschaft."

Fraenkel fügte hinzu, dass der Nationalsozialismus, ohne es zu wollen, die Richtigkeit des Tönniesschen Theorems bestätigte. Er förderte nämlich den Mono-
polkapitalismus, obwohl er – seiner Philosophie und Lebensstimmung nach,
glühend gern das Element der Gemeinschaft ausgeprägt hätte. Seine Ideologie
war eigentlich restaurativ-rückwärts auf ein mittelständisch-bäuerlich geprägtes
Gemeinschaftsleben ausgerichtet und stand der Monopolisierung des Kapitals
entgegen. Der historische Zug zur modernen Gesellschaft setzte sich aber unaufhaltsam durch – und der Nationalsozialismus stand gegen seinen Willen in
dessen Dienst.

Die Unaufhaltsamkeit der Abfolge bestimmter Epochen ist ein Gedanke, den Hegel am weitesten vorangetrieben hat. Wir sahen im 8. Kapitel, dass Karl Marx ihn
übernommen und die Behauptung, dass sich der Kommunismus mit naturwissenschaftlicher Notwendigkeit durchsetze, zu einem wesentlichen Mittel seiner
Agitation gemacht hat. (Carl Schmitts spöttisches Wort von der „Peristaltik des
Weltgeists" mag in Erinnerung sein.) Seit dem Ende des vorigen Jahrhunderts,
spätestens seit 1990, als die kommunistische Prognose gescheitert war, ist die gesamte Denkweise in Verruf geraten: Von der unabänderlichen Aufeinanderfolge
von Epochen will heute niemand mehr etwas wissen.
   Gegen diesen Zeitgeist anzukommen hat es die Behauptung, der Typus der
Gesellschaft würde sich mit historischer Notwendigkeit durchsetzen, schwer. Sie
ist aber historisch evident – nur ein tödlicher „Clash of Civilizations" (Hunting-
ton) könnte den Fortgang dieser Entwicklung noch verhindern.
   Tönnies war bei der Entwicklung seines Theorems nicht von Hegel und
Marx, sondern von Alexis de Tocqueville beeinflusst, den keine dialektische
Philosophie, sondern die Anschauung der amerikanischen Verhältnisse zur Behauptung eines unaufhaltsamen sozialen Wandels bewogen hatten. Die Polarität „Gemeinschaft zu Gesellschaft" wurde zu dem Zweck geschaffen den Anfang
und das Ende diese sozialen Wandels zu präzisieren. Tocqueville hatte 1834 in
der Einleitung zu seinem Buch geschrieben:

„Ich habe Amerika nicht nur betrachtet, um eine – übrigens durchaus legitime –
Neugierde zu befriedigen; ich wollte dort Belehrung schöpfen, die wir nutzen können. Wer annimmt, ich wollte ein Loblied auf Amerika anstimmen, täuscht sich
sehr; wer dieses Buch liest, wird sich überzeugen, dass ich das durchaus nicht be-
absichtigte."

Die Belehrung, auf die es ihm ankam, betraf den Wandel, den er die „soziale
Revolution" nannte:

„Ich habe diese Revolution als eine vollzogene oder doch sich vollziehende Tatsache
genommen und habe mir unter den Völkern, die sie bei sich erlebt haben, dasjenige
ausgesucht, das diese Entwicklung am vollständigsten und am friedlichsten durchgemacht hat, um hier klar ihre natürlichen Folgen zu untersuchen und womöglich
die Mittel zu finden, wie man sie für die Menschen fruchtbar machen kann."

Er habe nicht einmal daran gedacht ein Urteil darüber zu fällen, ob die „soziale
Revolution" für die Menschheit vorteilhaft oder verderblich sei – er sei aber aufs
Tiefste von ihrer Unaufhaltsamkeit beeindruckt gewesen. Sie habe ihn bis in sei-
ne Grundfesten erschüttert. Tocqueville sagte:

„Das vorliegende Buch ist völlig unter dem Eindruck einer Art religiösen Schauders
geschrieben, den der Anblick dieser unwiderstehlichen Revolution, die seit Jahrhunderten über alle Hindernisse hinweg ihren Weg fortsetzt und die wir heute inmitten
der Trümmer, die sie geschaffen hat, immer noch weiter vordringen sehen."

Er sah in der unaufhaltsamen Entwicklung, in der Amerika vorrangging, Gottes
Willen wirken:

„Gott muss nicht unbedingt selbst sprechen, damit wir untrügliche Zeichen seines
Willens wahrnehmen; wir brauchen nur den gewöhnlichen Gang der Natur und die
beständige Tendenz der Ereignisse zu beobachten; ich weiß, ohne dass der Schöpfer
seine Stimme erhebt, dass die Gestirne im Raum den Bahnen folgen, die sein Finger
gezogen hat."

In der „stufenweise fortschreitenden Entwicklung der Gleichheit" offenbarte sich
für Tocqueville der „heilige Charakter des Willens unseres höchsten Gebieters".

Die geheimnisvolle Gesetzmäßigkeit

Ob uns die Vorstellung von der historischen Unausweichlichkeit nun ebenso er-schüttert wie Tocqueville oder nicht – auf jeden Fall hat sie große Konsequenzen für die Frage nach dem Universalismus der Menschenrechtsidee. So notwendig wie sich die Gesellschaftsstruktur ausdehnt, so notwendig dehnt sich nämlich auch die Geltung diese Idee aus.

Wir sind hier ja von der „geheimnisvollen Gesetzmäßigkeit" ausgegangen (die Albert Schweitzer so genannt hat): dass die universalen ethischen Normen nicht in intakten Gemeinschaften gedeihen, sondern dort, wo diese sich aufgelöst und der Gesellschaft Platz gemacht haben. Zusammen mit dem Theorem der Un-ausweichlichkeit dieses Wandels begründet die Anerkennung der „geheimnisvol-len Gesetzmäßigkeit" die Universalität der Menschenrechte.

Genau genommen ist diese Gesetzmäßigkeit gar nicht so geheimnisvoll. Sie ist eigentlich sehr plausibel. Die Menschenrechtsidee, die den traditionellen Ver-hältnissen so künstlich und fremd aufliegt, hatte erst Platz, als sich diese auf-lösten und der Mensch seine Sicherheit nicht mehr aus der organischen, auf die Mütterlichkeit zurückgehenden Verbundenheit bezog; sie konnte erst wirksam werden, als er diesen Rahmen gesprengt und sich aus seinem Herkunfts-Kollek-tiv emanzipiert hatte. Die Konstruktion, dass er mit einem unsichtbaren Kordon von Rechten geboren sei – einem Patronengürtel –, kompensiert den durch seine Emanzipation ausgelösten Mangel an existentieller Sicherheit.

Schon als wir das erste keimhafte Aufkommen des universalistischen Kon-zepts unter den Kynikern betrachteten, sahen wir, dass es nicht Ausdruck der tatsächlichen Verbundenheit des Menschen mit seiner konkreten Polis war, son-dern – im Gegenteil – Ausdruck der abstrakten Verbindung mit einer (damals noch fingierten) universalen Kosmopolis. Vom alten Rom bis zum modernen Amerika – immer wieder zeigte sich in unserer geschichtlichen Betrachtung: Das Konzept der allgemeinen Menschenrechte gedeiht nur dort, wo die ursprüngli-chen Gemeinschaften aufgelöst sind und entwurzelte Menschen in neuen Ver-bindungen zusammenleben: in Großstädten; oder da, wo ein Neuanfang gewagt wurde: in Kolonien. Beides zusammen fand sich in dem Schmelztopf Amerika.

Wenn man diese (gar nicht so geheimnisvolle) Gesetzmäßigkeit mit dem Theorem der Unaufhaltsamkeit der gesellschaftlichen Entwicklung koppelt, er-gibt sich, dass nicht nur diese Entwicklung, sondern auch der ihr aufruhende Universalismus unaufhaltsam fortschreitet – dass er eine notwendige historische Erscheinung ist und früher oder später die ganze Welt beherrschen wird.

Daraus ergibt sich ein starkes Argument in der Frage „Kulturimperialismus". Von diesem Standpunkt aus kann den Verfechtern des Universalismus nämlich kein Vorwurf daraus gemacht werden, dass sie die asiatische Bevorzugung der rechtlosen Brüderlichkeit als rückständig und vormodern bezeichnen. Von diesem Standpunkt aus ist diese Brüderlichkeit tatsächlich rückständig und vormodern. Nur echten Gemeinschaften, deren Struktur sich organisch ergeben hat, ist sie adäquat. Diese Gemeinschaften aber gibt es fast gar nicht mehr. Deshalb hat die rechtlose Brüderlichkeit in der ganzen Welt so gut wie ausgedient und muss dem Universalismus Platz machen.

Namensregister